Politische Theorie des Verfassungsstaates
Eine Einführung

Von Peter Cornelius Mayer-Tasch
in Verbindung mit
Armin Adam, Franz Kohout,
Bernd M. Malunat, Hans Martin Schönherr

Deutscher
Taschenbuch
Verlag

dtv

Originalausgabe
Mai 1991

Umschlaggestaltung: Celestino Piatti
Vorlage: Unterzeichnung der Unabhängigkeitserklärung
der Vereinigten Staaten von Amerika (Archiv für Kunst
und Geschichte, Berlin)
Gesamtherstellung: C. H. Beck'sche Buchdruckerei,
Nördlingen
Printed in Germany · ISBN 3-423-04557-6

Das Buch

Im Vorwort wird diese Einführung in die politische Theorie des Verfassungsstaates als »eine Art Lehrbuch« bezeichnet – und ein Lehrbuch, das Studierenden der Rechts-, Sozial- und Wirtschaftswissenschaften diese für das politische Leben unseres Gemeinwesens grundlegende Materie nahebringt, ist dieses Buch in erster Linie. Es führt nicht nur in die geistigen und sozialen Grundbedingungen von Staat und Politik ein, sondern analysiert auch die philosophischen und rechtlich-politischen Grundlagen und Entwicklungstendenzen der Verfassung des vereinten Deutschland, sowie jedes Verfassungsstaates des euroamerikanischen Typs. Da es sich jedoch nach Stil und Aufbau von den meisten herkömmlichen Lehrbüchern unterscheidet – es ist zwar aus der Fülle des Wissens, jedoch mit leichter Hand geschrieben –, eignet es sich auch als (streckenweise) geradezu spannende Lektüre für jeden politisch Interessierten.

Die Autoren

Peter Cornelius Mayer-Tasch (geb. 1938) ist seit 1972 Professor für Politikwissenschaft und Rechtstheorie an der Universität München. Er ist Mitglied des Direktoriums des Geschwister-Scholl-Instituts, des Senats der Hochschule für Politik und der Kuratorien mehrerer ökologischer Institute und Vereinigungen sowie Leiter der Forschungsstelle für Politische Ökologie. Er ist bekannt geworden durch eine weitgespannte Vortragstätigkeit und zahlreiche Bücher, u.a.: ›Die Bürgerinitiativbewegung‹ (5. Aufl. 1985); ›Die Luft hat keine Grenzen‹ (1986); ›Die verseuchte Landkarte‹ (mit F. Kohout, B. M. Malunat und K. P. Merk, 1987); ›Transit‹ (1990), ›Ein Netz für Ikarus‹ (2. Aufl. 1990); ›Natur denken‹ (mit A. Adam und H.-M. Schönherr; 2 Bde, 1991).

Dr. phil. Armin Adam (geb. 1960), Dipl. sc. pol. Franz Kohout (geb. 1953), Dr. rer. pol. Bernd M. Malunat (geb. 1943) und Dr. phil. Hans-Martin Schönherr (geb. 1952) sind Mitglieder der Forschungsstelle für Politische Ökologie und Lehrbeauftragte am Geschwister-Scholl-Institut, München. Publikationen aus dem Bereich der Politischen Philosophie, der Politischen Rechtslehre und der Politischen Ökologie.

Inhalt

Vorwort

Als Curt Goetz (1888–1960) zur Abwechslung einmal keine Komödie, sondern vielmehr eine pikante Satire auf einen Bestseller – ›Die Tote von Beverly Hills‹ – geschrieben hatte, widmete er dieses Buch seiner Lebensgefährtin Valérie von Martens, die laut Widmung behauptet hatte, er »könne keinen erotischen Roman schreiben«.

Obwohl es sich bei der nun vorliegenden Einführung in die politische Theorie des Verfassungsstaates beileibe um keinen Psycho-Erotic-Thriller handelt, ist sie doch einem wissenschaftlichen Genre verpflichtet, zu dem der Autor dieser Zeilen bislang eine ebenso geringe Affinität zu entwickeln vermochte wie Curt Goetz vor der Niederschrift seines delikaten Kriminalromans zu dieser Literaturgattung entwickelt hatte. In dankbarer Erinnerung an diesen begnadeten Lustspielautor widme ich dieses Buch all denen unter meinen Freunden und Schülern, die nicht glauben konnten, daß aus meiner Werkstatt ein Lehrbuch kommen würde. So etwas wie ein Lehrbuch nämlich will und soll diese Einführung durchaus sein, wenn sie sich auch weniger dogmatisch-katechetisch gewandet als manches andere Werk dieser Gattung. Systematisches Wissen und Problembewußtsein soll durch dieses Buch gleichwohl vermittelt werden – wenn auch in der spezifischen Art und Weise, in der den Autoren der Sinn steht und die Feder geht.

Die Systematik des Hauptteils orientiert sich an den für moderne Verfassungsstaaten charakteristischen Staatsstruktur- und Staatszielprinzipien, wobei das deutsche Grundgesetz im Hinblick auf seine – trotz aller Korrekturbedürftigkeit vergleichsweise ausgereifte – Struktur immer wieder exemplarisch herangezogen werden konnte. Zur systematischen Darstellung gelangen sowohl die »klassischen« Verfassungsprinzipien der Rechts-, Volks-, Sozial- und Bundesstaatlichkeit als auch das sich erst allmählich abzeichnende der – hier so genannten – Naturstaatlichkeit. Nicht entschließen konnten wir uns, auch das von manchen Autoren (und der Bayerischen Verfassung) als solches anerkannte Prinzip der Kulturstaatlichkeit in diesen analytischen Reigen einzureihen. Dies vor allem deshalb nicht, weil uns der – von dem lateinischen Verb *colere* (bebauen, ackern, pflügen) abgeleitete – Kulturbegriff einerseits zu weitläufig-vage, andererseits allzu eng gefaßt erschien, um zur Charakterisierung der Verfassungsstaatlichkeit heutiger Prägung Wesentliches beitragen zu können. Nicht auszuschließen ist freilich, daß so beachtliche

(Vor-)Arbeiten wie die von Peter Häberle in dem Sammelband über ›Kulturstaatlichkeit und Kulturverfassungsrecht‹ (Darmstadt 1982) zusammengefaßten und auch die von der Sachverständigenkommission beim Bundesinnen- und Bundesjustizminister zur Erweiterung der Staatszielbestimmungen etc. (Bonn 1983) geleisteten langfristig dazu führen könnten, daß so etwas wie ein – in den Kreis der verfassungsrechtlichen Fundamentalnormen einzureihendes, mehr oder minder klar konturierbares – Staatsstruktur- und Staatszielprinzip entsteht. Heute jedenfalls und in naher Zukunft wird man damit noch nicht rechnen können.

Eingebettet ist diese aus systematischen wie auch didaktischen Gründen auf die Grundprinzipien der Verfassungsstaatlichkeit konzentrierte Einführung in eine Erörterung der Politik als Bewegungs- und des Staates als Hegungsstil des sozialen Lebens. Während diese Dimension im ersten Teil des Buches eher im Hinblick auf ihre Grundstrukturen und -funktionen analysiert wird, wird sie im dritten Teil in den Relativierungszusammenhang von Zeit und Raum gestellt, der im Wahrnehmungsvermögen eines jeden Einzelnen seinen letzten kognitiven Bezugspunkt findet. Das Tasten nach den gleichsam fließenden (um nicht zu sagen: flüchtigen) Konturen der Verfassungsstaatlichkeit in diese ›Politische Theorie des Verfassungsstaates‹ miteinzubeziehen, war uns ein – wohl durchgängig erkennbares – Anliegen. Bei der Erörterung der einzelnen Verfassungsprinzipien wurde daher nicht nur eine Bestandsaufnahme des Ist-Zustandes ihrer rechtlich-politischen Bedeutung, sondern auch eine Skizze sowohl ihrer Entwicklungsgeschichte als auch ihrer absehbaren Zukunftstendenzen versucht. Mit dieser Darstellungsweise hoffen wir, nicht nur den Studien- und Prüfungsvorbereitungsbedürfnissen aller einschlägig interessierten Studierenden zu genügen, sondern auch den allgemeinen Informations- und Bildungsbedürfnissen des »interessierten Laien« entgegenzukommen. Und dieses Interesse dürfte eigentlich nicht fehlen, da die »Politische Theorie des Verfassungsstaates« zu den wichtigsten Rahmenbedingungen unseres sozialen Lebens zählt, ob wir dies nun wahrhaben (wollen) oder nicht.

Am Ende dieses Vorwortes mögen Worte des Dankes stehen. Zu danken habe ich dem (inzwischen emeritierten) Fakultätskollegen Paul Noack, der mir die erste Anregung zu diesem Buch gab. Zu danken habe ich den zahlreichen Studenten, Diplomanden, Magistranden und Doktoranden an der Universität München und an der Münchner Hochschule für Politik, die mich mit der mehr oder minder stereotypen Vor-Examens-Frage »Was soll ich (noch) lesen?« in einen gewissen Zugzwang gebracht haben. Zu danken habe ich den Mitarbeitern und Mitautoren Armin Adam, Franz Kohout, Bernd M. Malunat und Hans-Martin Schönherr, die ebenso dediziert wie kompetent an dieser Einführung mitgewirkt haben. Und zu danken habe ich schließlich Frau Georgette Neu, die den bibliographischen Rahmen betreut hat, ebenso wie Frau Ilse März, ohne die »gar nichts« (oder doch wenig) »geht« und die das Buch daher letztlich auch ganz allein geschrieben hat.

München, im Winter 1990/91 P.C. Mayer-Tasch

A. Dynamik und Statik als Stoff und Form des Politischen

Wenn von der »politischen Theorie des Verfassungsstaates« die Rede ist, so ist dies keine tautologische Rede. Der Begriff des Politischen ist zwar auf die Polis[1] – auf das Gemeinwesen also – bezogen, hat aber doch eher die dynamische als die statische Dimension des öffentlichen Lebens im Auge, während der Begriff des Verfassungsstaates die in der Ver-fassung und Ver-rechtlichung zur Ruhe gekommene oder doch Ruhe suchende, die (zumindest tendenziell) »statisch« gewordene Dynamik des Politischen meint. Die Verfassung eines Gemeinwesens verkörpert daher nicht zuletzt auch die politische Tradition gegenüber der stets aufs neue zu deren Fortschreibung bzw. Umdeutung drängenden Aktion.

Aristotelisch gesprochen ist die Dynamik des Politischen der »Stoff«, aus dem sich die – ihr als Zielbild und Zielkraft (»entelechisch«) innewohnende – Form oder Idee der Verfassungsstaatlichkeit entwickelt. Dynamik und Statik sind aber nicht nur in diesem Sinne aufeinander bezogen; sie sind auch nahezu unbegrenzt konvertibel. Zu Recht hat schon Carl Schmitt in seiner ›Verfassungslehre‹ aus dem Jahre 1927 betont, daß das Politische nicht vom Staat getrennt werden könne und daß das Staatsrecht zu entpolitisieren soviel heiße, wie den Staat zu entstaatlichen[2] – eine (auch von anderen Staats[rechts-]lehrern aus unterschiedlichen Gründen vertretene[3]) Position, in der sich die moderne Tendenz zur Aufhebung des Dualismus von Staat und Gesellschaft spiegelt. Kommt man von der Rechtswissenschaft her, so läuft man Gefahr, das Politische, kommt man von der Politikwissenschaft her, so steht man in der Gefahr, das Normative zu unterschätzen. Eine »politische Theorie des Verfassungsstaats« wird sich jedenfalls bemühen müssen, im steten Blick auf die Medien der Konvertibilität von Statik und Dynamik beide Ebenen im Auge zu behalten. In diesem Sinne mag zunächst von der Politik als *Bewegungs-* und sodann vom Staat als *Hegungs*stil des öffentlichen Lebens die Rede sein.

[1] Griechische Bezeichnung für »Burg«, »Feste«, »Stadt«, »Stadtgemeinde«, seit dem 8. Jh. v. Chr. Organisationsform des antiken Stadtstaates, die im 5. Jh. v. Chr. ihren Höhepunkt erreichte und mit dem Aufkommen der hellenistischen Monarchien endete.

[2] Vgl. Carl Schmitt (1970), S. 125.

[3] Vgl. etwa Hermann Heller (1983).

I. Die Politik als Bewegungsstil des öffentlichen Lebens

Wenn der schon erwähnte – wegen seiner nationalsozialistischen Affinitäten und Affiliationen ins Zwielicht geratene, für einen Juristen jedoch erfrischend relieffreudige – Staatstheoretiker Carl Schmitt die Unterscheidung von Freund und Feind zum Kriterium des Politischen[1] erklärt, so hat er damit zwar eine häufig genug wahrgenommene, aber eben doch nur *eine* von mehreren Wahrnehmungs- und Orientierungsmöglichkeiten der auf das Leben und Überleben im Gemeinwesen ausgerichteten menschlichen Dynamik ins Blickfeld gerückt. Sehr viel näher kommt man dem Phänomen des Politischen, wenn man seinen Brennpunkt in der auf Selbsterhaltung und Selbstentfaltung gerichteten Lebenskraft des Menschen sieht. Die um Selbsterhaltung und Selbstentfaltung bemühten Impulse und Bewegungen der Menschen stoßen zwangsläufig auf die ebenfalls um Selbsterhaltung und Selbstentfaltung bemühten Impulse und Bewegungen ihrer Mitmenschen und verbinden sich mit diesen zu einem – sehr unterschiedlich akzentuierbaren – Bewegungsstil des Politischen. Ganz unabhängig nämlich von der jeweiligen Art dieses Bewegungsstils sind die in ihn mündenden Bewegungskräfte stets auf ein Miteinander in kleineren oder größeren Koordinationszusammenhängen gerichtet: Stets ist das Bewegungsziel die (hier nicht als konkrete historische Form verstandene) »Polis« und das (Über-)Leben in der Polis.

Über die Motive dieser – das Phänomen des Politischen charakterisierenden – Bewegung ist im Laufe der Geschichte viel nachgedacht, gesprochen und geschrieben worden. Man hat sie als gleichsam naturhaft mit innerer Zwangsläufigkeit und Zielsicherheit ablaufenden Prozeß eines – zum *zoon politikon* (Aristoteles) und *animal sociale* (Thomas von Aquin) stilisierten – menschlichen Gesellschaftswesens gesehen, oder auch als Dauerflucht mehr oder minder isolierter Sozialatome aus einem menschlichen Wolfskrieg aller gegen alle (Thomas Hobbes), der dann bei Karl Marx zum Klassenkampf zwischen Kapitalisten und Proletariern fortgeschrieben wurde. Logische Mythen all dies, die in immer neuen Varianten ausgeschmückt und abgewandelt wurden.

Ebenso wie den Motiven hat man auch dem – bald unter empirischen, bald unter normativen Aspekten gesehenen – Stil der im hier

[1] Carl Schmitt (1963) [1932], S. 26f.

vorausgesetzten Sinne »politischen« Bewegungen bis in die letzten Winkel der Erfahrbarkeit und der Normierbarkeit hinein nachzuspüren versucht. Der politischen Kinetik eines fiktiven vorstaatlichen Urzustandes wandten sich vor allem die Naturrechtstheoretiker der frühen Neuzeit von Thomas Hobbes (1588–1679) bis Jean-Jacques Rousseau (1712–1778) zu. Mit dem tatsächlichen und (mehr noch) dem wünschbaren Verhalten der Herrscher befaßten sich insbesondere die Fürstenspiegel der Antike, des Mittelalters und der Renaissance. Niccolo Machiavellis berühmt-berüchtigtes Buch über den Fürsten (›Il Principe‹, 1514/32) ist ein Glanzbeispiel für dieses Genre der politischen Bewegungslehre, wenn es auch durch seine teilweise Trennung von Politik und Ethik durch die Jahrhunderte hindurch für viel – echte wie geheuchelte – Aufregung gesorgt hat. Die moderne Nachfolge dieser Art von politischer Kinetik hat dann im 19. und 20. Jahrhundert die Politische Soziologie angetreten, die sich zum einen mit der »Staatsräson« der »Staat« genannten politischen Schutz- und Trutzbünde und zum anderen mit dem öffentlichen Verhalten des (inzwischen zum kollektiven Titularsouverän aufgerückten) Wirtschafts- und Staatsbürgers befaßte.

Im Facettenreichtum der Darstellung von Politik als faktischem wie hypothetischem Bewegungsstil des öffentlichen Lebens – einer Darstellung, die von skrupelloser, allenfalls noch im Hinblick auf ihr Endziel ethisch legitimierbarer Machtpolitik machiavellistischer Prägung bis zur stets um Rechtfertigung und Billigung von Gottes, der Edlen oder des Volkes Gnaden bemühten Legitimitätspolitik reicht – spiegelt sich der Facettenreichtum des menschlichen Vorstellungs-, Einsichts-, Reaktions- und Überzeugungsvermögens. Mit ihren Zyklentheorien, die die Ideal- und die Verfallsformen von Monarchie, Aristokratie und Demokratie in stetem Wechsel ineinander, über- und auseinander hervorgehen sahen, hatte die griechisch-römische Antike von Platon (427–347 v. Chr.) und Aristoteles (384–322 v. Chr.) bis Polybios (200–120 v. Chr.) und Cicero (106–43 v. Chr.) ein probates Mittel zur Verfügung, dieser Vielfalt ordnend gerecht zu werden. Das spätere, vor allem aus der christlichen Eschatologie gespeiste lineare Geschichtsdenken mit seinen nicht minder linearen Legitimitätsvorstellungen tat sich sehr viel schwerer, die stets nur zum Teil oder auf Zeit zähmbare Ungebärdigkeit des Politischen in sein Weltbild einzufügen. Was von dem manichäisch inspirierten Kirchenvater Augustinus (354–430) und der unter seinem Einfluß stehenden mittelalterlichen Staatsphilosophie noch bis zu einem gewissen Grade in der Lehre von den zwei sich wechselseitig durchdringenden Reichen – der jenseitsbezogenen *civitas Dei* und der diesseitsbezogenen *civitas terrena* – aufgefangen werden konnte, geriet im Zuge der sukzessiven Säkularisierung der christlichen Geschichtsphilosophie und der damit Hand in Hand gehenden Privilegierung des demokratisch-konsensualen Legitimationselementes im Gefolge der Aufklärung mehr und mehr ins normative Abseits.

Um wieder die ganze Bandbreite des Politischen in ihr Koordinationssystem einzubinden, mußte die politische Philosophie und Theorie daher auch immer wieder auf Fiktionen und Präsumtionen – unwiderlegbare und widerlegbare Rechtsvermutungen also – rekurrieren, die Ausnahmezustand und Norm zu versöhnen versprachen. Die Politik als Bewegungsstil des öffentlichen Lebens wurde mithin auf Legitimationsbrücken (wie etwa die der Identifikation von empirischem Mehrheits- und normativem Gemeinwillen im Sinne von Jean-Jacques Rousseau)[2] verwiesen, ohne sich freilich auf Dauer auf diesen Weg festlegen zu lassen. Insofern war es auch erfrischend und befreiend, als – wenn auch aus einer konkreten historischen Situation heraus (der Übergangsstimmung nämlich der Weimarer Republik) – klar ausgesprochen wurde, daß »souverän ist, wer über den Ausnahmezustand entscheidet«[3]. Über seine – hier nur am Rande interessierenden – staatsrechtlichen Implikationen hinaus verweist dieser berühmt-berüchtigte Satz nicht zuletzt auf die Unzähmbarkeit des Politischen als Lebens- und Legitimationsmacht. Neben dem Thron der Könige, soll Anaxarchos einst zu Alexander dem Großen gesagt haben, »sitzt Themis und stempelt ihre Willkür zu Recht«[4].

Potentieller »König« im Sinne dieses Wortes freilich ist nicht nur der über den Ausnahmezustand Entscheidende, sondern auch der ihn herausfordernde »Rebell«. Rebell (das heißt also: ein Den-Krieg-wieder-Aufnehmender) ist er deshalb, weil er die ungehegte Dynamik des Politischen wieder in Gang setzt, um eine neue Form gehegter Statik zu erreichen, weil er die ewig junge, alte Bewegung der menschlichen Selbsterhaltungs- und -entfaltungskraft im Blick auf eine neue Art der Hegung eben dieser menschlichen Selbsterhaltungs- und -entfaltungskraft einleitet und damit – je nach seiner politischen Potenz – für sich allein oder auch für die ganze Gesellschaft den Ausnahmezustand herstellt. Der »Ausnahmezustand« steht mithin als Chiffre für den stets möglichen Einbruch der nicht-dome-

[2] Vgl. dazu Mayer-Tasch (1976), S. 11ff., S. 16ff.
[3] Carl Schmitt (1979), S. 11.
[4] Zit. nach Paul Johann Anselm Feuerbach (1789), S. 127.

stizierten in das Gehege der domestizierten Dynamik des Politischen[5].

Anlaß für einen solchen Einbruch mag das Unbehagen einzelner oder vieler über die Legitimitätsvorstellungen und die Legalitätspraxis der jeweiligen Exponenten des politischen Systems sein, das im Extremfall zu Widerstandsaktionen und – in deren Gefolge – zur Verhängung des Ausnahmezustands im rechtstechnischen Sinne des Wortes führen mag. Der Ausnahmezustand mag aber auch durch Eintritt des Verteidigungsfalls oder gar durch kriegerische Invasion des eigenen Staatsverbandes auf fremdes Staatsgebiet beschworen werden. Es sind dies politische Extremsituationen, die der Menschheit in dieser oder jener Form zu allen Zeiten schicksalhaft auferlegt waren. Trotz aller Friedensbemühungen erleben wir sie weltweit auch heute noch, und wenn das von Joachim von Fiore (1130–1202) prognostizierte (dritte) »Reich des Heiligen Geistes«[6] nicht tatsächlich noch anbrechen oder das Evolutionsrad der (Über-)Menschwerdung auf andere Weise weitergedreht wird, so werden wir und unsere Nachfahren sie wohl auch in aller Zukunft noch erleben müssen.

Ganz unabhängig davon, ob sich die Dynamik des Politischen gerade auf der Bühne des Normalzustandes oder aber auf der Bühne des Ausnahmezustandes zu entfalten sucht – nahezu stets ist es ein Legitimitätsdissens, der im Proszenium des Konfliktspiels steht. Und da sich die Grenzen des Legitimitätskonsenses ständig verschieben (können), entspricht die Austauschbarkeit von (politischer) Dynamik und (politischer) Statik der Austauschbarkeit von Illegitimität und Legitimität in Zeit und Raum. Der erfolglose Widerstandskämpfer endet im Gefängnis oder auf dem Schafott, der erfolgreiche auf dem Thron und (oder) dem Denkmalssockel[7]. Die christlichen Indianerschlächter des 16. Jahrhunderts führten einen »Heiligen Krieg«; wer es ihnen heute gleichtut oder gleichtun wollte, begeht oder beginge »Völkermord«[8]. Die Reihe der Beispiele für solche Legitimitätsverschiebungen ließe sich beliebig verlängern. Und was für Ausnahmezustände gilt, gilt erst recht für den Normalzustand des Politischen. Hier gleiten verschiedenartige Legitimationsformen und Legitimitätsinhalte oft nahezu unmerklich inein-

[5] Zur Dialektik von Ausnahmezustand und Norm vgl. Peter Schneider (1957), sowie Armin Adam, Die Zeit der Entscheidung. Carl Schmitt und die politische Apokalyptik. In: Georg Christoph Tholen u. Michael O. Scholl (Hrsg.) (1990), S. 106.

[6] Joachim von Fiore (1955).

[7] Vgl. Mayer-Tasch, (1988), S. 29–43.

[8] Vgl. den Tatbestand des § 220 des deutschen Strafgesetzbuches.

ander über. Verschiebungen lassen sich oft nur noch durch eine bewußte zeit-räumliche Markierung »fest-stellen«.

Was einzig unveränderlich zu sein scheint, ist der all diesen Verschiebungen zugrundeliegende menschliche Selbsterhaltungs-, Selbstentfaltungs- und Gestaltungstrieb – das also, was in der politischen Philosophie von den Anfängen bis zur Gegenwart immer wieder beschworen wurde und in der deutschen Sprache seit Friedrich Nietzsche (1844–1900) als »Wille zur Macht« zum geflügelten Wort geworden ist. »Wo ich Lebendiges fand«, heißt es bei Nietzsche, »fand ich den Willen zur Macht«[9]. Dafür, daß »gut« und »böse« Kategorien sind, die in der – uns höchstens punktuell oder peripher zugänglichen – Dialektik des Metaphysischen auflösbar sind, sprechen viele Indizien. Zumindest im Hier und Jetzt unauflösbar aber ist das Phänomen größerer oder geringerer Mächtigkeit. Sub specie aeternitatis ist der Mensch also vielleicht weder gut noch böse; mit Gewißheit aber ist er während seines irdischen Daseins in größerem oder geringerem Maße mächtig[10]. Er ist aber nicht nur in unterschiedlichem Maße mächtig, sondern auch unverkennbar an Machtgewinn interessiert, so vielfältig sich dieses Interesse auch darstellen mag, das in vergleichsweise seltenen Fällen sogar auf die völlige Überwindung der eigenen Triebhaftigkeit gerichtet zu sein scheint – auf die Entflechtung von jenem »Rad der Gier«, von dem im Bilde bei Buddha, der Sache nach auch bei allen anderen großen spirituellen Meistern die Rede ist.

Auch in dieser Form des Interesses an (tendenziell absoluter) Macht über sich selbst mag der menschliche Wille zur Macht noch von politischer Bedeutung sein. Die Regelform des politisch bedeutsamen Willens zur Macht freilich ist auf den Gewinn von spiritueller oder materieller Macht über andere gerichtet. Und dieser »Hunger nach Macht und abermals Macht, der erst im Tode endet« (Thomas Hobbes)[11] bildet den – sich in immer neue Legitimitätsgewänder hüllenden – dynamischen Kern des Politischen. Jede Form und Stufe der Statik hat für diese Dynamik letztendlich nur eine vorläufige, vorübergehende Bedeutung, ist also Transit-Station, auf deren – zumindest gradueller – Durch- und Überschreitung stets zahlreiche Kräfte von innen und von außen hinarbeiten.

Daß diese – seit dem 16. Jahrhundert »Staat« genannten – Transit-Stationen ungeachtet ihres unverkennbaren Durch- und Übergangs-

[9] Nietzsche (1913), S. 167.
[10] Vgl. dazu Carl Schmitt (1954).
[11] Hobbes (1969), S. 75.

charakters immer wieder mit besonderer Sorgfalt normativ ausgestattet bzw. »verfaßt« werden, hat sehr viel mit dem »Prinzip Hoffnung« (Ernst Bloch) zu tun. In erster Linie mit der Hoffnung derer nämlich, die sich in dem vor-statischen (= vor-staatlichen) Ringen um die Festlegung eines neuen Modus vivendi spirituelle oder materielle Sonnenplätze erobert haben, diese Sonnenplätze auf Dauer sichern zu können. Und nicht selten auch mit der Hoffnung derer, die sich in eben diesem Ringen nicht oder nur in geringerem Maße durchzusetzen wußten, die ihnen zugefallenen Schattenplätze nicht mit noch weniger Erstrebenswertem vertauschen zu müssen.

So unterschiedlich die Beweggründe aber im einzelnen auch sein mögen – Angelpunkt der politischen Kinetik ist die Tatsache, daß politische Bewegungen stets auf Umhegungen der erreichten Bewegungsziele gerichtet sind. Hegung aber bedeutet – um es in die von Heinrich Popitz[12] geprägten Kategorien zu fassen – Institutionalisierung, Formalisierung und Integrierung der jeweils in Gang gesetzten politischen Bewegungskräfte in einen normativen Koordinationszusammenhang.

Paradoxerweise drängt politische Bewegung jeglicher Art aber nicht zuletzt deshalb auf politische Hegung, um als *Bewegung* – und sei es auch nur als Bewegung mit erheblich eingeengtem Radius – überleben zu können. Und so mündet denn letztlich auch die Frage nach der Politik als Bewegungsstil des öffentlichen Lebens in die Frage nach der Politik als Hegungsstil des öffentlichen Lebens. Nicht zuletzt die Mäßigungs- und Ausgleichskraft dieses Hegungsstiles ist es, die darüber entscheidet, ob sich die jeweils vorhandenen Bewegungspotentiale auf einem symbiotischen Niveau entfalten können, das eine wechselseitige Verstärkung aller gedeihlichen Lebensimpulse verspricht.

[12] Vgl. Heinrich Popitz (1986).

1. Der Staat als Status quo

Bewegung und Hegung gehören zusammen, bedingen und durchdringen sich wechselseitig. Bewegung bedarf der Hegung; sie entfaltet sich im umhegten Raum, drängt dann aber auch immer wieder zur Überschreitung dieses Raumes. Das An- und Innehalten der Bewegung – der Umschlag der Dynamik zur Statik – ist daher stets nur ein An- und Innehalten auf Zeit. Der Staat ist mithin nur Status quo, ist vorläufige Festschreibung des jeweils erreichten Hegungsstandes.

Vor der Formierung des neuzeitlichen Staatsbegriffes hatte der Status-Begriff nicht das geordnete Ganze des Gemeinwesens im Auge, sondern nur statische (Zwischen-)Glieder dieses geordneten Ganzen, das aus einem vielgliedrigen Gefüge von *status* bestand[1]. Diese *status – états, estates,* Stände – waren gesellschaftliche Formationen eines vergleichsweise hohen Verdichtungsgrades, die der rechtlich verfaßten Ganzheitsordnung des Heiligen Römischen Reiches mehr oder minder stringent eingegliedert waren[2]. In ihnen war die soziopolitische Dynamik bereits zu einer vorläufigen (Zwischen-)Ruhe gekommen. Ihre innere Gliederung folgte eigenen Ordnungsgesetzen, und ihr Verhältnis zum Reichsganzen war insoweit (noch und schon) tendenziell »außenpolitischer« Natur, als sie die von der Reichsverfassung gegebenen rechtlichen Spielräume nach Maßgabe ihres eigenen soziopolitischen Potentials zu nutzen suchten – ganz so, wie dies etwa auch im Rahmen eines Bundesstaates im Verhältnis von Gesamtstaat und Gliedstaaten der Fall ist.

Daß Niccolo Machiavelli der erste politische Denker war, der (zu Beginn des ersten Kapitels seines Buches über den Fürsten) den neuzeitlichen Status quo des politischen Hegungstils angesprochen hat, lag nicht zuletzt daran, daß sich dieser Typus in Italien besonders früh angekündigt hatte – früher jedenfalls als in den übrigen Teilen des christlichen Abendlandes. Sowohl der sizilianische Kern»staat« Kaiser Friedrichs II. (1194–1250) als auch der Kirchen»staat« und auch die oberitalienischen Stadt»staaten« wiesen schon nahezu alle

[1] Vgl. Helmut Quaritsch (1970) sowie Heinrich Mitteis (1955).

[2] Zur Verfassung des Reiches vgl. Samuel von Pufendorfs unter dem Pseudonym Severinus von Monzambano 1667 in Den Haag erstmals erschienene Schrift ›Über die Verfassung des deutschen Reiches‹.

Charakteristika neuzeitlicher Staatlichkeit auf. Zurückzuführen war diese Vorreiterrolle nicht nur auf die Prägekraft so machtvoller Herrschergestalten wie des schillernden Hohenstaufen, der Priesterkönige Gregor XII. (1078–1098) und Innozenz III. (1198–1216) wie auch – ihre Herrschaften mit eherner Hand erobernder und regierender – Condottieri vom Schlage eines Francesco Sforza (1401–1466), eines Sigismondo Malatesta (1417–1468) oder eines Cesare Borgia (1474–1507), sondern vor allem auch auf die fortgeschrittenen zivilisatorischen Verhältnisse des mediterranen Raumes mit seinem frühen Vordringen der Geld- und Handelswirtschaft zu Lasten der Agrarwirtschaft und seiner hohen soziokulturellen Transparenz, die geistigen Impulsen aus allen Himmelsrichtungen bereitwillig Einlaß bot.

Im übrigen Abendland freilich ging(en) die Zeit(genossen) noch in einem sehr viel gemächlicheren Schritt. Selbst in den – mehr als ein halbes Jahrhundert nach dem ›Principe‹ verfaßten – ›Six livres de la République‹ (1576) Jean Bodins (1529/30–1596)[3] taucht der Begriff *l'état* noch in der Doppelbedeutung von »Stand« und »Staat« (bzw. Staatsform) auf, was der zeitlichen Phasenverschiebung in der sozioökonomischen und soziokulturellen Entwicklung dieser politischen Räume durchaus entsprach. Spätestens seit dem Erscheinen von Bodins Hauptwerk wird dann aber das staatstheoretische Instrumentarium erarbeitet, das den neuzeitlichen Staatsbegriff formen und tragen sollte. Der Status-Begriff steht nun mehr und mehr für das Ganze der rechtlich-politischen Ordnung, der soziale »Stand« aber, als primäre politische Aggregations-, Integrations- und Präsentationsform der Individual- und Kollektivdynamik rückt zunächst ins zweite Glied, um dann – im Zuge der politischen Verwirklichung absolutistischer Ordnungsvorstellungen – nach und nach ganz aus dem Blickfeld zu entschwinden.

Das Strukturmuster des Sachverhalts ist unübersehbar: Ein mehr oder minder klar umrissener Hegungsstil wird durch soziopolitische Dynamik in einen anderen überführt; der Status quo gesellschaftlicher Verfaßtheit verändert sich, weil die zivilisatorischen Verhältnisse sich verändern. Und dies in stetem Wechselspiel von Form und Inhalt, außen und innen, oben und unten.

Auch der (Territorial- und National-)»Staat« als neuzeitliche Hegungsform soziopolitischer Dynamik ist dieser Entwicklungsgesetzlichkeit unterworfen. Auch er wird in seiner heutigen Form nur so lange bestehen können, wie die zivilisatorischen Verhältnisse, die

[3] Vgl. Jean Bodin (1981; 1986).

ihn formten und die ihn tragen, sich nicht grund-stürzend und grund-legend verändern bzw. verändert haben. Denkbar und absehbar ist etwa sein »äußeres« Aufgehen in komplex-verschränkten großräumigen Hegungsstrukturen mit bundesstaatlichen Verdichtungstendenzen. Und denkbar wie absehbar ist auch sein »inneres« Aufgehen in komplex-verschränkten Regionalstrukturen.

Beide Tendenzen zeichnen sich – im Blick zurück wie im Blick nach vorne – deutlich ab. Viele Staaten, die in der Zeit der Entwicklung des neuzeitlichen Staatsbegriffs zu Staaten im heutigen Sinne des Wortes wurden, sind inzwischen (mehr oder minder homogenisiert) in Bundes- oder gar in Zentralstaaten aufgegangen. Es ist dies ein Prozeß, der sich noch immer – nicht zuletzt im Sog der Europäischen Gemeinschaft – fortsetzt und möglicherweise eines nicht allzufernen Tages bei zunehmender Einsicht in die sozioökologischen Verflechtungen von »Weltnatur und Staatenwelt« (Malunat)[4] in der gezielten Bemühung um die Herstellung einer Art von Weltstaat seinen Höhepunkt erleben wird[5]. Zugleich ist aber auch eine teilweise Umkehrung dieses Prozesses erkennbar. Unter dem Druck der katastrophalen sozioökologischen Folgen von – nicht zuletzt durch mannigfache sozioökonomische und soziopolitische Zentralisationsimpulse ausgelösten oder doch verstärkten – zivilisatorischen Fehlentwicklungen besinnt man sich in wachsendem Maße wieder auf die lebens- und überlebensfördernden Implikationen einer intensiven Pflege regionaler Wirtschafts- und Gesellschaftsstrukturen.

Auch der neuzeitliche Staat gegenwärtiger Prägung ist also – recht besehen – ein »sterblicher Gott« (Thomas Hobbes)[6]. Auch er ist nur vorläufiger Status quo der Hegung soziopolitischer Bewegung, der durch eine allfällige Veränderung der Verhältnisse ins historische Wörterbuch unserer Zivilisation verwiesen werden könnte. Eine Fülle von Indizien weist jedenfalls darauf hin, daß die Tendenz zur Auflösung starrer Strukturen in allen Lebensbereichen zum Signum unseres Fin de siècle und der sich in ihm ankündigenden Jahrtausendwende werden wird. Daß auch der Staat neuzeitlicher Provenienz und Prägung von dieser Auflösungsdynamik erfaßt werden könnte, ist mithin alles andere als unwahrscheinlich. Und dies um so weniger, als bei einer allfälligen Verdichtung der – auch heute schon immer häufiger auftretenden – vielen »kleinen«

[4] Bernd M. Malunat (1988).
[5] Vgl. in diesem Zusammenhang Felix Ermacora (1970), S. 1198ff.
[6] Hobbes (1969), S. 137.

zu einer »großen« (sozio-)ökologischen Katastrophe kleinräumig-autarke Überlebensgemeinschaften den Problemen eher gewachsen sein dürften als die hochtechnisierten und hochzentralisierten (und daher auch in hohem Maße störanfälligen) gesellschaftlichen Organisationssysteme, die unser Leben heute prägen.

Noch aber ist es nicht so weit. Und daher nun ein Blick auf Provenienz und Prägung des neuzeitlichen Staatsbegriffes.

2. Der neuzeitliche Staatsbegriff

Für Generationen von Studenten der Rechts- und Sozialwissenschaften wurde Georg Jellineks – im Jahre 1900 erschienene und danach immer wieder aufgelegte – ›Allgemeine Staatslehre‹ zum Rückgrat ihres staatstheoretischen Wissens. Was dieses Werk zu einem Klassiker werden ließ, war nicht zuletzt die Tatsache, daß es Jellinek gelungen war, aus der Vielzahl theoretischer Versuche, den »Staat« der Neuzeit als soziales, politisches und rechtliches Phänomen auf den Begriff zu bringen, unmittelbar einleuchtende Kriterien der Staatlichkeit herauszukristallisieren, mit denen sich staatstheoretisch leicht arbeiten ließ.

»Der Staat«, heißt es bei Jellinek, »ist die mit ursprünglicher Herrschermacht ausgerüstete Verbandseinheit seßhafter Menschen.«[7] Diese Definition klingt zwar recht hölzern; in der steten Weitergabe wurde sie dann allerdings zur sogenannten Drei-Elemente-Lehre abgeschliffen, die besagt, daß der Staat aus einer (zur »realen Verbandsperson« im Sinne des Sozial- und Staatstheoretikers Otto von Gierke[8] zusammengefaßten) Dreiheit von Staatsgebiet, Staatsvolk und Staatsgewalt bestehe. Mit dieser Trias waren die konstituierenden und integrierenden Grundelemente der Staatlichkeit benannt, die sich zur Zeit der Entstehung des neuzeitlichen Staatsbegriffs erst allmählich zu unübersehbaren Strukturmerkmalen der politischen Landschaft zu entwickeln begannen. Daß die politische Philosophie und Theorie durch die Dynamik dieses Entwicklungsprozesses einerseits angeregt wurde, ihn aber andererseits auch durch ihre Einsichten und Folgerungen nach Kräften förderte, gehört zur zeitlosen Dialektik ihres Wirkens.

[7] Jellinek (1959), S. 180f.
[8] Otto von Gierke (1954), S. 13, S. 27.

Nicht gerade die ersten Konkretisierungen moderner Staatlichkeit (die, wie schon erwähnt, in Italien erfolgten), wohl aber der moderne Staatsbegriff selbst ist eine bittere Frucht der konfessionellen Bürgerkriege des 16. und 17. Jahrhunderts. Hatte Machiavells »allgemeine Staatslehre« noch auf die älteren und jüngeren Erfahrungen des Mittelmeerraumes Bezug nehmen können, so waren es schon ein halbes Jahrhundert später bei dem Franzosen Jean Bodin und erst recht dann im 17. Jahrhundert bei dem Engländer Thomas Hobbes die Eindrücke des blutigen konfessionellen Bürgerkriegs in ihren Heimatländern, die den geistigen Hintergrund für deren Grundlegung des modernen Staatsbegriffes bildeten[9].

Was die von diesen Staatsdenkern vorgenommene Neuorientierung unausweichlich erscheinen ließ, war zum einen die – alles andere als friedensfördernde – Komplexität des soziopolitischen Loyalitäts- und Abhängigkeitsnetzes der teils (noch) feudalen, teils (schon) ständischen Gesellschaftsstrukturen des 16. und 17. Jahrhunderts, die für die grellen Mißklänge der Glaubensspaltung einen geradezu mörderischen Resonanzboden abgab. Und was die Neuorientierung nicht minder unausweichlich erscheinen ließ, war zum anderen der gerade im Zeichen der wachsenden religiösen Spannungen mit besonderer Härte vertretene, jeden weltlichen Ordnungsruf schon im Ansatz transzendierende Loyalitätsanspruch der Konfessionen, der für die – von dem Oxforder Natur- und Völkerrechtler Albericus Gentilis (1552–1608) zum Postulat erhobene – Vorstellung vom *iustus hostis*, vom gerechten Feind, kaum mehr Raum bot[10].

Daß der Begriff des (nur) Politischen unter solchen soziokulturellen Umständen über kurz oder lang eine Renaissance erfahren mußte, war absehbar. Und so geschah es denn auch. »Les Politiques«, eine – zumindest in ihrem gesellschaftlichen Engagement mehr am irdischen Gemeinwesen als am »himmlischen Jerusalem« interessierte, vom gemeinsamen Toleranz- und Einheitsstreben beflügelte – Gruppe von Politikern, Juristen und Philosophen boten Jean Bodin das geistige Milieu, aus dem heraus er seine Neukonzeption des Staatsbegriffs entwickeln konnte[11]. Daß diese Neukonzeption unter den gegebenen soziokulturellen und soziopolitischen Verhältnissen im Zeichen einer Befriedung versprechenden Ordnungslegitimi-

[9] Vgl. Mayer-Tasch, Einführung in Jean Bodins Leben und Werk. In: Jean Bodin (1981), S. 11-51; vgl. auch Mayer-Tasch (1965); sowie ders. (1976).

[10] Vgl. Carl Schmitt (1950), S. 91 f.

[11] Vgl. hierzu und zum folgenden Mayer-Tasch, Einführung in Jean Bodins Leben und Werk, S. 11–51.

tät stehen mußte, liegt auf der Hand. Zum Angelpunkt dieser Ordnungslegitimität wurde der – von Bodin aus einem rechtlich-politischen Komparativ in einen rechtlich-politischen Superlativ verwandelte – Begriff der Souveränität, ohne dessen Entwicklungsgesetzlichkeit die von Georg Jellinek vorgenommene Bestimmung der Grundelemente moderner Staatlichkeit kaum denkbar gewesen wäre.

»La souveraineté«, heißt es zu Beginn des berühmten 8. Kapitels des ersten der ›Sechs Bücher über den Staat‹, »est la puissance absolue et perpétuelle d'une République.« Und präziser noch formuliert Bodin in der lateinischen Fassung, wo es heißt: »Maiestas est summa in cives ac subditos legibusque soluta potestas.« Diese höchste, (selbst) von den Gesetzen entbundene bzw. über den Gesetzen stehende Gewalt ist für den französischen Staatsdenker eine unabdingbare Qualität des Staates, den er definiert als »die am Recht orientierte, souveräne Regierungsgewalt über eine Vielzahl von Haushaltungen und das, was ihnen gemeinsam ist«[12].

Das grundstürzend und grundlegend Neue an dieser Definition eines erwünschten Status quo des Politischen war zum ersten die Idee einer unmittelbaren (das heißt also: nicht mehr feudal oder ständisch vermittelten) Vertikalbindung von Regierenden und Regierten und einer daraus folgenden direkten Durchgriffsmöglichkeit der Staatsgewalt auf die Bürger bzw. ihre »Haushaltungen«. Und durchaus neu war zum zweiten auch die Aufwertung des als Sprachform schon zuvor bekannten Souveränitätsbegriffs zur – zumindest im Prinzip – unbedingten, die Unabhängigkeit des Staates nach innen und nach außen sichernden Rechtsqualität der Staatsgewalt. Für Thomas Hobbes, den Vollender des neuzeitlichen Staatsbegriffes, war all dies schon eine Selbstverständlichkeit. Und dies nicht nur deshalb, weil die soziopolitische Entwicklung inzwischen erheblich fortgeschritten war, sondern nicht zuletzt auch deshalb, weil dem Verfasser des ›Leviathan‹ (1651) ein Medium der Darstellung seiner Staatstheorie überaus geläufig geworden war, das für den Verfasser der ›Sechs Bücher über den Staat‹ (1576) eine noch eher periphere Rolle gespielt hatte. Was für Bodin im Grunde nur als eine der prinzipiell unbeschränkten Souveränität dann doch Schranken auferlegende Größe auftaucht – die »göttlichen und natürlichen Gesetze« nämlich –, bildet für Hobbes zumindest formal das Fundament der Staatlichkeit.

Den Staat auf ein vor- und überstaatliches Naturrecht zu gründen

[12] Bodin (1961), S. 205.

hieß in dieser Epoche des Umbruchs nicht nur, ihm Legitimation und Akzeptanz zuzuführen; es hieß auch, ihn in einen logisch überzeugenden Begründungszusammenhang zu stellen. Vor allem aber bot die Naturrechtsidee mit ihren – auf einen vorstaatlichen *status naturae* bzw. *status naturalis* projizierbaren und projizierten – Freiheits- und Gleichheitsvorstellungen die Möglichkeit, in Jahrhunderten gewachsene soziokulturelle, sozioökonomische und soziopolitische Ordnungsmuster mit einem Federstrich abzuschaffen und wieder völlig neu zu beginnen. Völlig neu zu beginnen hieß in diesem Falle, bei dem – nun als mehr oder minder isoliertes Sozialatom verstandenen – Individuum zu beginnen, dessen (als logischer Mythos unterstellte) ursprüngliche Freiheit und Gleichheit aus dieser Sicht nur durch ein Naturrecht der Vernunft relativiert werden. Und gerade in dieser sowohl grundstürzenden als auch grundlegenden Nivellierungs- und Renovierungskraft der Naturrechtsidee dürfte die Erklärung für den epochalen Erfolg liegen, der sie vom 16. bis zum 18. Jahrhundert und damit von der Begründung des neuzeitlichen Staatsbegriffes bis zur Schwelle der modernen Verfassungsstaatlichkeit getragen und begleitet hat. Was diesen Erfolg im übrigen noch verstärkt hat, war der gleichsam fluidale, sehr unterschiedlichen Akzentuierungen zugängliche Charakter der Naturrechtsidee, der bei der Begründung neuer Ordnungszusammenhänge mannigfachen Gestaltungsbedürfnissen Raum bot.

Eine *more geometrico* konstruierte und daher auch besonders klar konturierte Naturrechtsbrücke zur Staatlichkeit spannte Thomas Hobbes, die die sich auf ein unbegrenztes Recht aller auf alles berufenden und daher auch in einen ständigen Krieg aller mit allen verstrickten Menschenwölfe im Lichte eines vor- und überstaatlichen Naturgesetzes aus dem *status naturalis* in den *status civilis* führt. Das Naturgesetz (das nichts anderes ist als die Sonne der Vernunft) bietet sowohl die Einsicht in die Unerträglichkeit des vorstaatlichen Chaos als auch den – in der Maxime »Pacta sunt servanda« zum Ausdruck kommenden – Geltungsgrund des Vereinigungs- und Unterwerfungsvertrages aller mit allen, der die staatliche Ordnung formal begründet. Daß zu diesem formalen Staatsvertrag noch das (auch von Hobbes selbst hervorgehobene) Element der *tatsächlichen* Unterwerfung hinzukommen muß, um einen Staat zu begründen – das also, was als ein »Mehrwert der Macht« erscheinen mag –, ist unverkennbar, hat aber in der weiteren Entwicklung des naturrechtlich akzentuierten Staatsdenkens kaum mehr eine Rolle gespielt.

Hobbes' Staatskonstrukt stellt die Ordnungslegitimität noch bedingungsloser in den Mittelpunkt des öffentlichen Lebens, als dies bei Bodin der Fall ist. Hier gilt unmißverständlich die Maxime »Auctoritas, non veritas facit legem«. Wenn Hobbes der »Autorität« den Vorrang vor der »Wahrheit« einräumt, so deshalb, weil ihr unbedingter Geltungsanspruch für ihn die Wahrheit des Friedens verkörpert – jenes Friedens, der durch die gerade im Zeichen der konfessionellen Bürgerkriege mit besonderer Deutlichkeit in Erscheinung getretene Pluralisierung und Antagonisierung unterschiedlicher Wahrheitsansprüche immer wieder zunichte gemacht wird. Daß auch die Verabsolutierung des obrigkeitlichen Autoritätsanspruches den Frieden gefährden kann und daß sich die Dynamik des menschlichen Selbsterhaltungs- und -entfaltungstrebens nicht auf Dauer in einem politischen Zwinger zur Ruhe bringen läßt, ist eine Erkenntnis, die gerade im Lichte der von Hobbes gesetzten anthropologischen Prämissen unübersehbar ist und die dann auch in der Entwicklung des neuzeitlichen Status quo zur Verfassungsstaatlichkeit rechtlich-politische Gestalt annehmen sollte.

Wenn in dieser Frühphase der Ausformung des modernen Staatsbegriffs die souveräne Staatsgewalt »wie ein *rocher de bronce* stabiliere(t)« wurde (um mit König Friedrich Wilhelm I. von Preußen zu sprechen), so waren damit auch zwei weitere von Georg Jellinek hervorgehobene Elemente der Staatlichkeit indirekt mitbestimmt: Das »Staatsgebiet« wurde letztlich durch die rechtliche und tatsächliche Reichweite der jeweiligen souveränen Staatsgewalt begrenzt. Und das »Staatsvolk« bestand aus den auf diesem Staatsgebiet ständig (und nicht nur als Gäste) Lebenden, ohne daß dabei jene ethnischen Homogenitäts- und Kohäsionsüberlegungen eine bedeutsame Rolle spielten, die ab dem 19. Jahrhundert immer wieder territoriale Revisionsansprüche begründen sollten.

Am schwierigsten erwies sich die Ausformung des letzten der Jellinekschen Kriterien der Staatlichkeit – der Rechtspersönlichkeit nämlich. Besonders schwer tat sich damit Jean Bodin, der noch nicht zwischen der Macht *der* Staatsorganisation und der Macht *über* diese Organisation, zwischen Staats- und Herrschersouveränität also, zu unterscheiden wußte. Voll ausgebildet wurde die Lehre von der Staatspersönlichkeit erst von Thomas Hobbes. Der »sterbliche Gott« Leviathan ist für ihn ein veritables kollektives Lebewesen, eine »reale Verbandsperson« – das also, was die heutige Rechtssprache als »juristische Person« des »Öffentlichen Rechts« zu bezeichnen pflegt.

Daß auch bei der – zunächst den Feudal- und dann den Ständestaat ablösenden – Ausformung des territorialen Flächenstaats die

Entwicklung der soziopolitischen Verhältnisse und die Herausbildung einer diese Entwicklung stützenden Begrifflichkeit Hand in Hand gingen, ist unübersehbar. Die Etablierung souveräner Territorialgewalten im Zuge des Zerfalls des Reiches bedurfte eines theoretischen Überbaues, und dem theoretischen Überbau hätte ohne diesen Zerfallsprozeß das gesellschaftliche Fundament gefehlt. Zu dem theoretischen Überbau gehört im übrigen nicht nur die Herausbildung des modernen Staatsbegriffs Bodinscher und Hobbesscher Prägung, sondern nicht zuletzt auch die Überlagerung der vielfach verschlungenen Muster der (von der deutsch-rechtlichen Reaktion des 16. bis 19. Jahrhunderts viel beschworenen) »guten alten Rechte und Gewohnheiten« germanischen Ursprungs durch die Rechtwinkligkeit des Römischen Rechtes, das die Zentralisierung und Territorialisierung des politischen Lebens in besonderem Maße zu fördern versprach und aus diesem Grunde von den Territorialherren auch mehr als bereitwillig rezipiert wurde[13].

Die Etablierung des nach außen wie nach innen unabhängigen, mit umfassender Machtvollkommenheit ausgestatteten Flächenstaates schien spätestens nach Abschluß des Dreißigjährigen Krieges durch die Anerkennung des fürstlichen *ius territorii et foederis* im Friedensvertrag von Münster und Osnabrück endgültig besiegelt. Auch dieses, aus einem langandauernden De- und Rekonstruktionsprozeß hervorgegangene Staatsgebilde war jedoch nicht mehr als ein Merkzeichen im Strom der soziopolitischen Entwicklung. Und in besonderem Maße galt dies im Hinblick auf die Frage nach den Grenzen der souveränen Staatsgewalt. Zwar war es letztlich der »Mehrwert der Macht« gewesen, der den Status quo neuer Prägung hatte entstehen lassen; auch Macht und Machtstrukturen lassen sich jedoch auf die Dauer nur im direkten oder indirekten Konsens mit den dieser Macht Unterworfenen erhalten – eine Dialektik, die den Weg vom bloßen Ordnungsstaat zum Verfassungsstaat sowohl theoretisch als auch praktisch-politisch skandiert hat. Wo sich die Einsicht in diese Dialektik im politischen Leben vergleichsweise früh durchzusetzen vermochte – wie dies nach dem Fiasko der beiden Stuartkönige Karl I. (1649) und Jakob II. (1688) in England der Fall war –, gelang auch die Integration der anthropologischen Dynamik in die Gestaltung des Gemeinwesens ohne allzu harte Zäsuren. Wo sie sich überhaupt nicht bzw. erst zu spät durchzusetzen vermochte – wie dies im Frankreich des Ancien régime der Fall war –, zog sie das ganze Gemeinwesen in den Strudel ihres destruktiven Potenti-

[13] Vgl. in diesem Zusammenhang Paul Koschaker (1958).

als, um dann (in der großen Revolution von 1789) aus der völligen Destruktion die völlig neue Rekonstruktion zu versuchen.

Wie bei der theoretischen Grundlegung der modernen Staatlichkeit, so bot auch bei ihrem theoretischen Ausbau zur Verfassungsstaatlichkeit die Naturrechtsidee mannigfache Hilfestellungen. Insbesondere war es die – auf dem naturrechtlichen Grundsatz »Pacta sunt servanda« gründende – Urvertragslehre, deren Flexibilität ein verfassungsstaatliches Spiel mit und ohne Grenzen ermöglichte. Hatte sie bei Thomas Hobbes noch zur Zeugung und Mästung des – nach dem biblischen Seeungeheuer benannten – Leviathan herhalten müssen, so wurde sie unter der Feder von Hobbes' theoretischen Widersachern zum Instrument der Zähmung. Hobbes hatte auf den überkommenen Dualismus von Vereinigungs- und Unterwerfungsvertrag verzichtet, um den zum Volkskörper vereinigten Individuen die Rechtsgrundlage für einen Entzug des Herrschaftsmandats wegen Machtmißbrauches zu entziehen. Daß jedoch der von ihm konstruierte Vertrag aller mit allen nicht nur als Medium bedingungsloser Unterwerfung genutzt werden konnte, sondern auch als eine – unter dem Vorbehalt des Machtmißbrauches stehende – Ermächtigung, führte John Locke (1632–1704) in seinem – gerade rechtzeitig zur »Glorreichen Revolution« von 1688 erschienenen – ›Second treatise on government‹ vor. Lockes politische Theorie des »Besitzindividualismus« (Macpherson)[14] bot dem inzwischen erheblich gewachsenen Bedürfnis nach Zubilligung sozioökonomischer Freiheits- und Bewegungsräume sowie auch dem Verlangen insbesondere des Landadels und des aufstrebenden Bürgertums nach Beteiligung an der politischen Willensbildung eine Anspruchsbasis.

Der weitere Ausbau des Staatsgehäuses zum wohlausgestalteten Verfassungsstaat war dann nur noch eine Frage der Zeit. Jean-Jacques Rousseau brach der Volkssouveränität eine Gasse, und die Zuspitzung der sozialen Frage im Zeichen der heraufkommenden Industriellen Revolution des 19. Jahrhunderts bereitete den Boden für die allmähliche Integration sozialstaatlicher Ansätze in das – zumindest rudimentär – in Jahrhunderten gewachsene rechtsstaatlich-demokratische Verfassungsraster, das sich im Zuge der nachrevolutionären Konstituierungswelle über alle von der europäischen Kultur geprägten Regionen der Alten und der Neuen Welt ausbreiten sollte. Es ist dies ein Prozeß, der noch heute andauert und sich auch aller Voraussicht nach weiter fortsetzen wird. In Europa konnte er

[14] C.B. Macpherson (1973).

im Laufe des sich nun seinem Ende zuneigenden 20. Jahrhunderts durch die kommunistischen und faschistischen Umformungen und Umdeutungen nur verzögert, nicht aber aufgehalten werden. Und überall dort, wo sich prononciert autoritäre oder gar totalitäre Systeme noch heute zu halten vermögen, ist dies eine Folge des zivilisatorischen Rückstandes der diesen politischen Systemen zugrundeliegenden Gesellschaften. Besonders deutlich wird dies in jenen – nach den Vorstellungen der fortgeschrittenen Industriegesellschaften – »unterentwickelten« Ländern, die (wie es etwa in Mittel- und Südamerika der Fall ist) von einem Ausnahmeregime ins nächste taumeln. Daß jedoch auch der vom technisch-ökonomischen Fortschrittsdenken geprägte und beherrschte zivilisatorische Prozeß – auf dem Umweg der von seiner Dynamik verursachten sozioökologischen Zerstörungen – zur (Selbst-)Aufhebung der Verfassungsstaatlichkeit führen kann, ist unabweisbar. Was er zur Ermöglichung und Sicherung seines eigenen Wachstums sozial und politisch erzwungen hat – den seine Dynamik bergenden Hort der Verfassungsstaatlichkeit nämlich –, droht ihm nun im Gefolge seiner eigenen Unfähigkeit, dieses Wachstum in lebensgerechten Grenzen zu halten, wieder zu entgleiten. Auf welche Weise der Verfassungsstaat trojanischen Pferden mit konstitutionellem Anstrich die Tore öffnet, läßt sich nur verstehen, wenn man einen genaueren Blick auf das Mosaik dieser Verfassungsstaatlichkeit wirft. Dies soll im folgenden Teil geschehen.

Literatur

Gierke, Otto von (1954): Das deutsche Genossenschaftsrecht. 4 Bde. Graz

Gough, J. W. (1967): The social contract. A critical study of its development. Oxford (2. Aufl.)

Jouvenel, Bertrand de (1972): Über die Staatsgewalt. Die Naturgeschichte ihres Wachstums. Freiburg i. Br.

Kohr, Leopold (1983): Die überentwickelten Nationen. Salzburg

Malunat, Bernd M. (1988): Weltnatur und Staatenwelt. Gefahren unter dem Gesetz der Ökonomie. Zürich, Osnabrück

Mayer-Tasch, Peter Cornelius (1965): Thomas Hobbes und das Widerstandsrecht. Tübingen

Ders. (1980): Ökologie und Grundgesetz. Irrwege, Auswege. Frankfurt a. M.

Strauss, Leo (1956): Naturrecht und Geschichte. Stuttgart

Voigt, Alfred (Hrsg.) (1965): Der Herrschaftsvertrag. Neuwied, Berlin

Welzel, Hans (1962): Naturrecht und materiale Gerechtigkeit. Göttingen (4. Aufl.)

B. Das Mosaik der Verfassungsstaatlichkeit
Gestalt, Idee und Geschichte

Prolog

Erkennt man im Staat die Großform, in der die im Ansatz ungehegte Bewegung der (vor-)gesellschaftlichen Lebenskräfte in mehr oder minder wohl umhegte Bahnen findet, so markiert die Verfassung die im Rahmen dieser Großform sich begegnenden, überschneidenden und vernetzenden Richtungen und Kreuzungen, Be-grenzungen und Ent-grenzungen, markiert sie die Enge, die Breite und die Weite, in deren Spannungsfeld sich die Dialektik von politischer Er- und Ent-mächtigung vollzieht.

Die Frage, auf welche Weise diese Ver-fassung des Gemeinwesens erfolgt, ist letztlich von untergeordneter Bedeutung. Dem – unseren Kulturkreis prägenden – Denken der griechisch-römischen Antike genügte noch die gemeinsame Rechtsüberzeugung und ihre Befolgung, um im Bewußtsein so oder so beschaffener Verfaßtheit zu leben. Über lange Zeiträume hin, die sich von der Antike über das Mittelalter und die Renaissance bis in die Blütezeit der Aufklärung erstreckten, wand sich um wenige konstitutionelle Normsäulen ein dichtes Rankenwerk regional und lokal differenzierter und differenzierender »gute(r) alte(r) Rechte und Gewohnheiten«. Und dies ganz unabhängig davon, ob nun gerade der (griechischen) Polis, dem (römischen) Imperium oder dem (germanischen) Stammeskönigtum, dem Lehens-, dem Stände- oder dem absoluten Staat die geschichtliche Stunde schlug.

Unter dem Einfluß des Naturrechtsdenkens, insbesondere aber auch unter dem Einfluß der – aus dem Naturrechtsdenken erwachsenen – Lehre vom Sozialvertrag entstanden dann nach und nach bei politischem Reformierungs- oder Stabilisierungsbedarf die ersten Verfassungen der Neuzeit. Dokumente wie die schwedische ›regierungsform‹ von 1634, das Statut von Connecticut von 1639 oder Cromwells ›Instrument of government‹ von 1654 mag man noch als Vorboten des modernen Konstitutionalismus betrachten. Mit der amerikanischen Unionsverfassung von 1787 (der die Konstitutionen einiger Unionsstaaten vorangegangen waren) und der französischen Revolutionsverfassung von 1789 begann dann unumkehrbar das, was Karl Loewenstein den »Universalismus der geschriebenen Verfassung« genannt hat[1] . Der um die Sicherung der revolutionären Errungenschaften besorgte und bemühte Konstitutionalismus war von nun an auch durch reaktionäre Rückschläge nicht mehr aufzuhalten. Die liberalen, nationalen und sozialen Bewegungen des 19. Jahrhunderts wie auch die mehrdimensionalen Erschütterungen des Ersten Weltkrieges verhalfen ihm dann auf dem europäischen und auf dem amerikanischen Kontinent zum Durchbruch. Die Götterdämmerung der faschistischen Reaktion (die ihm stets nur formale Reverenz erwiesen hatte) ermöglichte dem Konstitutionalismus schließlich nach dem Zweiten Weltkrieg, auch noch auf zahlreiche – zum Teil neu entstandene, zum Teil (nur) unabhängig gewordene – Staaten Afrikas und Asiens überzugreifen. Heute zählen geschriebene Verfassungen – mit ganz wenigen Ausnahmen – zu den Selbstverständlichkeiten der politischen Weltkultur.

In der Verfassungspraxis freilich ist der Unterschied zwischen den – selten gewordenen – Ländern ohne geschriebene Verfassung (zu denen etwa Großbritannien zählt)[2] und den – zur Regel gewordenen – Ländern mit geschriebener Verfassung nicht übermäßig groß. Ersetzt bei den ersteren ein Geflecht von Verfassungsgesetzen, Verfassungsbräuchen und Judikaten das einheitliche Verfassungsdokument, so muß dieses Dokument auch bei den letzteren ständig durch Gesetze sowie durch Verwaltungs- und Gerichtsentscheidungen präzisiert und aktualisiert werden. Hier wie dort lebt die geistige Substanz dieser Präzisierungen und Aktualisierungen aus einer – von Land zu Land variierenden – Verfassungstradition. Ob es nun um die Modalitäten der politischen Willensbildung geht, ob um das Verhältnis der Bürger zueinander und zum Staat oder auch um Zielvorgaben – stets ist das Mosaik des Verfassungsstaates in all seinen Bestandteilen Reaktion auf Geschehenes, stets ist es zur Verfassungstradition geronnene Geschichte, in der sich das kollektive Schicksal eines Volkes sammelt und in die Zukunft hinein neu entwirft.

Daß sich dieses kollektive Schicksal eines Volkes nur äußerst selten als ein isoliertes darstellt, daß es vielmehr in aller Regel in einen geistigen und damit letztendlich auch sozioökonomischen und so-

[1] Karl Loewenstein (1959), S. 137.

[2] Die wichtigsten Verfassungsgesetze Großbritanniens sind abgedruckt in Mayer-Tasch (Hrsg.) (1975), S. 229ff.

ziopolitischen Kontext eingebunden ist, läßt sich nicht zuletzt daran ablesen, daß man verschiedene – zumeist in einem ganz bestimmten zeitlichen Zusammenhang entstandene – Verfassungsfamilien unterscheiden kann. In jüngster Vergangenheit etwa stand den im geistigen Bann der Französischen Revolution befindlichen, trotz aller Differenzierungen grundlegende Gemeinsamkeiten aufweisenden, liberal-demokratischen Verfassungen der westlichen Welt[3] die »volksdemokratische« Verfassungsfamilie der marxistisch-leninistisch geprägten Welt gegenüber[4], die im Zuge der Gorbatschowschen Reformen mehr und mehr unter den Einfluß der liberal-demokratischen Verfassungsfamilie gerät. Daß jedoch die Kohäsionskraft vergleichbarer Völkerschicksale nicht der einzige prägende Faktor konstitutioneller Prozesse sein kann, liegt auf der Hand. Auch geographische, klimatische, ethnische und soziokulturelle Besonderheiten der sich (neu) konstituierenden Völker pflegen für die konkrete Ausbildung von Verfassungen eine (zumindest mit)entscheidende Rolle zu spielen.

Ganz unabhängig freilich von der jeweiligen Gewichtung verschiedener Entstehungsfaktoren ist jede Verfassung ihrer rechtlich-politischen Natur nach nicht zuletzt auch eine konkrete Entscheidung – eine Entscheidung für ganz bestimmte (und damit indirekt auch gegen zumindest bestimmbare) Gestaltungsmöglichkeiten des menschlichen Zusammenlebens in Staat und Gesellschaft. In manchen Verfassungen muß die Art dieser Entscheidung aus zahlreichen Einzelbestimmungen abgelesen werden; andere Verfassungen machen es dem Leser leichter, indem sie die ihnen zugrundeliegenden Fundamentalentscheidungen in zentralen Verfassungsartikeln niederlegen.

Ein besonders »sprechendes« und insoweit auch besonders eindruckvolles Beispiel hierfür bietet das Grundgesetz der Bundesrepublik Deutschland vom 23. Mai 1949, dessen Fundamentalnormen in den Artikeln 1, 20 und 28 verankert sind.

Das Mosaik der bundesdeutschen seit dem 3. Oktober 1990 gesamtdeutschen Verfassungsstaatlichkeit setzt sich aus den in diesen Artikeln enthaltenen Staatsstruktur- und Staatszielbestimmungen[5] zusammen. Gemeint ist das grundgesetzliche Bekenntnis zum »demokratische(n) und soziale(n) Bundesstaat« (Art. 20 GG) bzw. zum

[3] Vgl. dazu ausführlich Mayer-Tasch (Hrsg.), Europäische Verfassungshomogenität als politisches Erbe. In: ders. (1975), S. 1–39.

[4] Vgl. Georg Brunner u. Boris Meissner (Hrsg.) (1979).

[5] Zur Begriffsbildung vgl. des näheren Ion Contiades (1967), passim. Vgl. auch: Der Bundesminister des Innern u. der Bundesminister der Justiz (Hrsg.) (1983), passim.

»republikanischen, demokratischen und sozialen Rechtsstaat« (Art. 28 GG) oder, mit anderen Worten, das Bekenntnis zum Rechtsstaat, zum Volksstaat, zum Sozialstaat und zum Bundesstaat. In den Art. 20 und 28 GG noch nicht verankert, aber in Vorbereitung und unter dem Eindruck der desolaten Situation unserer Um- und Mitwelt auch kaum mehr zu umgehen, ist darüber hinaus ein Bekenntnis zur Staatsaufgabe Umweltschutz und damit zu dem soziopolitischen Komplex, der in der staatsrechtlichen Literatur vereinzelt schon als »Umweltstaat«[6] firmiert und in dieser Einführung in die politische Theorie des Verfassungsstaates – mit einem noch zu begründenden Hauch von Sarkasmus – als »Naturstaat«[7] bezeichnet wird.

In diesen Staatsstruktur- und Staatszielbestimmungen hat sich die Ideen-, Sozial-, Politik- und Rechtsgeschichte des Abendlandes kristallisiert. Sie repräsentieren aber nicht nur in einem allgemeinen Sinne das politische Erbe des europäischen Kulturkreises, sondern auch in einem (rechts-)spezifischen Sinne den Kern dessen, was sich in der Zusammenschau als eine vergleichsweise hohe Verfassungshomogenität dieses Kulturkreises erweist[8].

Die Funktion dieser Staatsstruktur- und Staatszielbestimmungen ist eine vielfältige. Zum einen spiegeln sie den konstitutionellen Grundkonsens und haben somit eine Integrations-, Legitimations- und Edukationswirkung für das Gemeinwesen[9]. Insoweit bilden sie die psychokulturelle Ebene, auf der sich die Identifikation des Bürgers mit seinem Staat vollziehen kann. Zum anderen sind sie aber auch konstitutionelle Leitlinien und damit Rechtsgrundsätze, die sich in ihrer normativen Kraft und Wirkung sowohl – als Handlungsaufträge – an den Gesetzgeber als auch – als Abwägungs- und Auslegungsrichtlinien – an die Verwaltung und die Rechtsprechung wenden.

Was die im Prinzip unbezweifelbar normative Kraft der Staatsstruktur- und Staatszielbestimmungen allerdings relativiert, ist die Tatsache, daß sie in ihrer allgemeinen Fassung ohne rechtliche Konkretisierung nicht anwendungsfähig sind. In dieser Konkretisierung aber liegt ihre eigentliche Problematik. Wie schon der – im verfassungstheoretischen und verfassungsrechtlichen Schrifttum nicht ganz einheitlich gebrauchte – Name sagt, handelt es sich bei den Staatsstruktur- und Staatszielbestimmungen der Art. 20 und 28 GG

[6] Vgl. Michael Kloepfer (Hrsg.) (1989).
[7] Vgl. hierzu Mayer-Tasch (1990b), S. 161–179.
[8] Vgl. oben, Anm. 3.
[9] Vgl. hierzu und zum folgenden oben, Anm. 5.

sowohl um Struktur- als auch um Zielnormen. Soweit sich die – gewisse Politikbereiche geistig ordnenden und rechtlich gestaltenden – Verfassungsideen und -normen bereits seit Jahrhunderten (wenn nicht im eigenen Land, so doch in Nachbar- oder Bezugsländern) zunehmend verdichtet haben, steht der Strukturakzent im Vordergrund. Soweit sie sich erst in den letzten Jahrzehnten oder Jahren durchzusetzen wußten oder durchzusetzen begannen, liegt der Akzent auf der Zielperspektive. Rechts-, Volks- und Bundesstaatlichkeit sind Beispiele für den erstgenannten, Sozial- und (demnächst) Naturstaatlichkeit für den letztgenannten Lebensbezug. In beiden Fällen von Staatsstruktur- *und* Staatszielbestimmungen zu sprechen, ist dennoch angemessen, weil auch dort noch manches abzurunden bleibt, wo sich schon seit langem tragfähige Strukturen entwickelt haben, und weil sich umgekehrt auch dort, wo die Zielsetzung noch im Vordergrund steht, schon mehr oder minder klar ablesbare Normstrukturen entwickelt haben bzw. zu entwickeln beginnen.

Daß die Hauptproblematik der Staatsstruktur- und Staatszielbestimmungen – wie schon betont – in ihrer Konkretisierung liegt, läßt sich aus mehreren Blickwinkeln zeigen. Ist es schon bei vergleichsweise konkreten Rechtsnormen aus erkenntnistheoretischen wie auch aus rechtslogischen Gründen nahezu unmöglich, vorhersehbare Anwendungssicherheit zu erreichen, so gilt dies erst recht für Normen dieser Abstraktionsstufe. Der Input »sozialeudämonistischer« Erwartungshaltungen (Arnold Gehlen)[10] kann hier den interpretatorischen Output in hohem Maße präformieren. Hinzu kommt, daß es Staatsstruktur-und Staatszielbestimmungen gibt, die als »dilatorische Formelkompromisse«[11] konzipiert wurden bzw. werden. Dies gilt für die Sozialstaatsklausel und dies wird auch für die – auf Bundesebene in Vorbereitung befindliche und auf Landesebene zum Teil schon verwirklichte – »Naturstaats«klausel gelten. Vorhersehbare Anwendungssicherheit ist bei derartigen Staatsstruktur- und Staatszielbestimmungen überhaupt nicht erwünscht. Erwünscht ist lediglich eine Art von soziopolitischer Befriedung durch die normative Pauschalbefriedigung bislang noch wenig befriedigter gesellschaftlicher Bedürfnisse, wobei deren rechtliche Konkretisierung dem freien Spiel der Kräfte überlassen wird.

Selbst dort aber, wo sich ein weitgehender rechtlich-politischer

[10] Arnold Gehlen, Industrielle Gesellschaft und Staat. Über einige Triebkräfte des politischen Lebens der Gegenwart. In: Wort und Wahrheit 11 (1956), S. 670.

[11] Carl Schmitt (1970), S. 32.

Konsens über die Art und Weise der Interpretation einzelner Staatsstruktur- und Staatszielbestimmungen herauskristallisiert hat, kann dieser Konsens durch das potentielle Spannungsverhältnis zwischen verschiedenen Bestimmungen dieser Art wieder in Frage gestellt werden. Die in der staatsrechtlichen Literatur wie in der politischen Praxis immer wieder auflebende Spannung zwischen einem expansiven Rechtsstaats- und einem ebenfalls expansiven Sozialstaatsverständnis mag hier exemplarisch genannt werden.

Nicht nur, aber vor allem in solchen Spannungsfällen müssen die – schon im Hinblick auf ihren »eigentlichen« Bedeutungsgehalt durch Gesetzgebung, Verwaltung und Rechtsprechung zu konkretisierenden – Staatsstruktur- und Staatszielbestimmungen auch noch im Geiste »praktischer Konkordanz« (Konrad Hesse)[12] interpretiert werden, da ja die Idee der »Einheit der Verfassung«[13] zur Geltung kommen muß, wenn man nicht lediglich »die Stücke« (des Mosaiks) in der Hand behalten will. Daß diese theoretische wie praktische Notwendigkeit, dem Grundsatz der »Einheit der Verfassung« zur Geltung zu verhelfen, zusätzliche Probleme aufwerfen kann, ist unverkennbar. Und doch zeigt nicht zuletzt die höchstrichterliche Rechtsprechung – insbesondere die Rechtsprechung des Bundesverfassungsgerichtes – immer wieder, daß sich durchaus so etwas wie ein Grundmuster des Mosaiks der Verfassungsstaatlichkeit herauskristallisieren läßt, dem auch eine ganz bestimmte Aura eignet[14]. Je genauer man sich die einzelnen Bausteine betrachtet und je eher man bereit ist, seine eigenen (Vor-)Akzentuierungen zu relativieren, desto größer ist die Chance, diese Aura zu erfassen und damit im Interesse der Schaffung einer tragfähigen Identifikationsbasis für alle Staatsbürger dem letztlich von jeder Verfassung stillschweigend vorausgesetzten Prinzip der »Einheit der Verfassung« gerecht zu werden.

[12] Vgl. Konrad Hesse (1988), Randnummern 72, 317ff., 325, 332, 393, 400, 423, 448, 472.

[13] Vgl. ebd., Randnummern 18, 20, 71, 271, 312, 499.

[14] Vgl. die Rechtsprechung des BVerfG zur »freiheitlichen demokratischen Grundordnung«: BVerfGE 5, 139; 10, 123; 2, 1 (12f.). Vgl. auch Leibholz u. Rinck (1971), Anm. 1 zu Art. 18 und Maunz, Dürig u. Herzog (1987), Bd. 2, Anm. 46-57 zu Art. 18.

1. Was ist ein »Rechts«staat?

Spanien sei »un pleno y auténtico Estado de Derecho« (»ein voller und authentischer Rechtsstaat«) schrieb der in Politik und (Politik-)Wissenschaft gleichermaßen angesehene Manuel Fraga Iribarne[1] im Jahre 1962 – zu einem Zeitpunkt also, als die sich selbst als Rechtsstaaten verstehenden Länder der sogenannten freien Welt mit entschiedener Zurückhaltung auf das in ihren Augen alles andere als rechtsstaatlich verfaßte Franco-Regime blickten und die Internationale Juristenkommission gerade erst einen äußerst kritischen Spanien-Bericht veröffentlicht hatte[2]. Diese Episode *nur* als Paradefall einer die tatsächlichen Verhältnisse verschleiernden Systemrhetorik zu deuten hieße die Ambivalenz des Rechtsstaats-Begriffes zu verkennen. Von ihr mag vorab (und dann nochmals am Ende dieses Kapitels) die Rede sein.

Verwendet man den Begriff ohne in einem rechtlich-politischen Vorverständnis »befangen« zu sein, so mag man im Rechtsstaat ganz einfach das spiegelbildlich verkehrte Pendant zum Unrechtsstaat sehen – zu einem Staat also, in dem nicht Gerechtigkeit, sondern Ungerechtigkeit herrscht. In diesem Sinne wäre jeder Staat ein »Rechts«staat, der den Gerechtigkeitsvorstellungen der jeweiligen Rechtsgemeinschaft genügt.

Diese tendenziell augustinische Sichtweise – nach Augustinus kann nur ein gerechter Staat überhaupt als Staat gelten[3] – hat allerdings mit dem Rechtsstaats-Verständnis der abendländischen Verfassungstradition wenig gemein. Sie versteht den Rechtsstaat in erster Linie als Gegensatz zum Macht- und Willkürstaat – zu einem Staat also, dessen Entscheidungen und Entscheidungsverfahren

[1] España – Estado de Derecho. Madrid 1962, S. 62. In »Así se gobierna España« (Madrid 1952, S. 85ff.) verstieg sich Fraga Iribarne sogar zu der Aussage, Spanien sei »un pais liberal« (»ein liberales Land«). Daß jeder Staat ein Rechtsstaat sei, behauptet Carl Schmitt schon 1923. Vgl. Schmitt (1984), S. 41.

[2] Internationale Juristenkommission (1962). Vgl. zu dieser Thematik ausführlich Mayer-Tasch (1971), S. 147ff., passim, insbes. S. 173ff.

[3] Staaten ohne Gerechtigkeit sind für Augustinus nicht viel mehr als »Räuberbanden«. Vgl. Augustinus (1979), Bd. 1, S. 223.

nicht durch positives (im Unterschied zum meta-positiven Naturrecht von Menschen »gesetztes«) Recht regelhaft vorgezeichnet sind und dessen Grund- und Zielwert – im Sinne der berühmten Unterscheidung Montesquieus – eher der Ruhm des Staates als die Freiheit seiner Bürger ist[4].

Die Anforderungen der freiheitlich(-demokratisch) verfaßten Gemeinwesen an die (Rechts-)Staatlichkeit sind also höher und niedriger zugleich als die Anforderungen der augustinisch geprägten christlichen Staatslehre. Höher deshalb, weil sie nicht nur gewisse (Rechts-)Inhalte, sondern vor allem auch gewisse (Rechts-)Formen vorauszusetzen scheinen; niedriger deshalb, weil sie es bei genauerem Zusehen im wesentlichen bei der »Legitimation durch Verfahren«[5] bewenden lassen. Und dies wird auch durchaus verständlich, wenn man bedenkt, daß der Frage nach dem Gerechten und dem Ungerechten die Frage »Quis iudicabit«? – die Frage also, wem die Unterscheidung zwischen Gerechtigkeit und Ungerechtigkeit zustehen soll – auf dem Fuße zu folgen pflegt. Schon das Verfassungs-Dokument, das dem modernen Rechtsstaatsverständnis den Weg bereiten sollte, nennt daher neben einem – scheinbar – harten Kern ein Verfahrenselement: »Eine jede Gesellschaft, in der weder die Gewährleistung der (Grund)Rechte zugesichert, noch die Trennung der Gewalten festgelegt ist, hat keine Verfassung« heißt es in Art. 16 der französischen Menschen- und Bürgerrechtserklärung vom 16. August 1789, die heute noch Bestandteil der Verfassung der V. Republik ist[6].

Mit der Nennung dieser beiden Grundvoraussetzungen von Verfassungsstaatlichkeit – Grundrechte und Gewaltenteilung – waren zugleich auch die beiden Hauptsäulen des Normengebäudes aufgerichtet, das ab der ersten Hälfte des 19. Jahrhunderts in Deutschland als »Rechtsstaat« firmieren[7] und im Laufe der zweiten Hälfte des Jahrhunderts von Rechtswissenschaftlern wie Otto Bähr, Rudolf von Gneist und Robert von Mohl kreuz und quer vermessen wer-

[4] »Die uns bekannten Monarchien«, schreibt Charles de Montesquieu zu Beginn des 7. Kapitels des XI. Buchs seines Werks ›Vom Geist der Gesetze‹, »haben nicht wie die eben beschriebene die Freiheit als ihren unmittelbaren Gegenstand; sie erstreben den Ruhm ihrer Bürger, des Staats und der Fürsten.« (Montesquieu 1951, S. 229.)

[5] Vgl. hierzu ausführlich Gerd Roellecke (1969), sowie Niklas Luhmann (1983).

[6] Abgedruckt in Mayer-Tasch (Hrsg.) (1975), S. 210–212. In die Verfassung der V. Republik rechtlich eingegliedert wird die Menschen- und Bürgerrechtserklärung durch die Präambel der Verfassung der Französischen Republik vom 28. September 1958.

[7] Vgl. hierzu Ernst-Wolfgang Böckenförde, Entstehung und Wandel des Rechtsstaatsbegriffs. In: Ehmke, Schmid u. Scharoun (Hrsg.) (1969), S. 54–76 (S. 54f.).

den sollte[8], um dann schließlich im Rahmen der Weimarer und der Bonner Republik weiter ausgebaut zu werden. Diese – in Deutschland durch die Regression der Hitler-Ära brutal unterbrochene – Entwicklung erfolgte in ähnlicher Weise auch in den meisten anderen Ländern Europas und der westlichen Welt, wobei die Rechts- und Politiktradition der jeweiligen Staaten diesen oder jenen Sonderakzent zu setzen wußte. Das Grundkonzept der Rechtsstaatlichkeit aber war und blieb überall dasselbe, zumindest aber vergleichbar. Im Grundgesetz der Bundesrepublik Deutschland hat es – wohl nicht zuletzt wegen des Distanzierungsbedürfnisses der »Väter des Grundgesetzes« gegenüber dem »totalen Staat« des Nationalsozialismus – eine besonders klare Ausformung erfahren. Aus ihr lassen sich nahezu alle sozusagen klassischen Prinzipien der Rechtsstaatlichkeit mehr oder minder direkt ablesen: die unverkennbar formellen (wie das Gewaltenteilungsprinzip, das Prinzip der Verfassungsmäßigkeit der Gesetzgebung und der Gesetzmäßigkeit von Verwaltung und Rechtsprechung, die Rechtsweggarantie, das Prinzip der Unabhängigkeit der Gerichte sowie das Recht auf den gesetzlichen Richter) ebenso wie die – scheinbar – materiellen (wie die Garantie von Grundrechten).

1.1 Die formellen Strukturprinzipien der Rechtsstaatlichkeit

Im 4. Buch der ›Politik‹ hat Aristoteles die aus demokratischen, aristokratischen und monarchischen Elementen gemischte Verfassung als die bestmögliche bezeichnet und begründet[9]. Alle modernen rechtsstaatlichen Verfassungen sind insoweit gemischte Verfassungen, als das in ihnen verwirklichte Prinzip der funktionalen *Gewaltentrennung* (Art. 20 Abs. 2 GG) das Zusammenwirken dieser Elemente impliziert. In der Organisation der Gesetzgebung dominiert das demokratische, in der Organisation der Rechtsprechung das (wahl-)aristokratische und in der Organisation von Regierung und Verwaltung das (wahl-)monarchische Element. Vom In- und Gegeneinander dieser (die Staatsgewalt nicht eigentlich teilenden, sondern lediglich differenziert vollziehenden) Staatsfunktionen erhofft sich das – insoweit an der klassischen *divide-et-impera*-Idee orientierte – rechtsstaatliche Zielkonzept die Eröffnung und Ausgrenzung von

[8] Vgl. Otto Bähr (1864), Rudolf von Gneist [1879] (1958), Robert von Mohl [1860ff.] (1962).

[9] Vgl. Aristoteles (1981), S. 136ff.

Freiräumen, in denen sich die staatsbürgerliche Eigeninitiative entfalten und im Konfliktfall auch gegenüber dem staatlichen Ein- und Zugriff behaupten kann. Die politischen Ideale der (Rechts-)Freiheit und der (Rechts-)Sicherheit verbinden sich mithin in ein und demselben Strukturkonzept.

Das Prinzip der Gewaltentrennung ist nicht zuletzt auch deshalb eine der Hauptsäulen der Rechtsstaatlichkeit, weil sich die meisten anderen rechtsstaatlichen Grundsätze um dieses Prinzip herumranken.

Vorab gilt dies für das Prinzip der *Gesetzmäßigkeit von Verwaltung und Rechtsprechung.* Ebensowenig wie ein Gesetz der Verfassung widersprechen darf, welche die oberste Stufe der Normenpyramide einnimmt, darf eine administrative oder judikative Entscheidung einem Gesetz widersprechen (Art. 20 Abs. 3 GG). Dieses Widerspruchsverbot firmiert in der staatsrechtlichen Literatur und Rechtsprechung auch als »Vorrang des Gesetzes«. In der Praxis spielt dieser Vorrang des Gesetzes heute vor allem für das Verhältnis von Gesetzen zu (Verwaltungs-)Verordnungen, aber auch im Hinblick auf die Abgrenzung des administrativen und judikativen Ermessens eine Rolle. Das Zwillingsprinzip zum »Vorrang des Gesetzes« ist der (sich mit dem »Gesetzesvorbehalt« der Grundrechtslehre nur teilweise überschneidende) »Vorbehalt des Gesetzes«, der nach staatsrechtlicher Tradition Eingriffe in Freiheit und Eigentum der Bürger nur aufgrund einer (direkten oder indirekten) gesetzlichen Ermächtigung zuläßt – eine Rechtstradition, die vom Bundesverfassungsgericht der BRD inzwischen konsequenterweise auf Zuwendungen ausgedehnt wurde[10], da die Begünstigung des einen sich sehr wohl als Benachteiligung des anderen auswirken kann.

Weitere Trabanten des Gewaltenteilungsprinzips sind das Prinzip der *Unabhängigkeit der Richter* (Art. 97 GG), die *Rechtswegegarantie* (Art. 19 Abs. 4 GG) und das *Recht auf den gesetzlichen Richter* (Art. 101 Abs. 1 GG). Um den freien Zugang zu den Gerichten und um das Prinzip der Unabhängigkeit der Gerichte mußte jahrhundertelang gerungen werden. Die durchgängige Kontrollierbarkeit der Verwaltung durch eine von den Zivilgerichten organisatorisch klar geschiedene Verwaltungsgerichtsbarkeit und (erst recht) die durchgängige Kontrollierbarkeit der Gesetzgebung durch eine Verfassungsgerichtsbarkeit auf Bundes- und auf Länderebene, wie sie das Rechtssystem der Bundesrepublik Deutschland als krönenden Schlußstein im Schutzgewölbe der Rechtsstaatlich-

[10] Vgl. BVerfGE 49, 89, 126ff. sowie auch BVerfGE 58, 257, 268ff.

keit kennt, gehört noch keineswegs in allen europäischen Ländern zum gesicherten Rechtsstandard. Wie dünn überdies der Faden ist, an dem das Damoklesschwert des Rückfalls in vor-rechtsstaatliche Zustände hängt, wurde uns in der nationalsozialistischen Ära Deutschlands, in der marxistischen Ära Osteuropas und wird uns auch heute noch weltweit im Banne autoritärer bis totalitärer Regime vorgeführt. Ganz abgesehen von dieser groben Regressionsgefahr ist aber auch im biedersten Gemeinwesen der freie Zugang zu den Gerichten kein Schutz vor der interpretatorischen Begrenzung der gerichtlichen Durchsetzung von Rechtspositionen und die Unabhängigkeit der Gerichte kein Schutz vor mangelnder Kompetenz, Gewissenhaftigkeit und »Erleuchtung« der Richter. Da die sogenannte juristische Logik an der Ambivalenz der formalen Logik partizipiert (die u.a. den Analogie- und den Umkehrschluß als gleichwertig anerkennen muß und daher aus demselben Sachverhalt heraus zu sehr unterschiedlichen Schlüssen führen kann), sind aber nicht zuletzt gerade diese Qualitäten des Richters – ganz unabhängig von der »positiven« Rechtslage – der Schlüssel zu wirklich gerechten Entscheidungen.

In ganz besonderem Maße bedarf es dieses Schlüssels zur sinngerechten Anwendung eines weiteren formalen Funktionsprinzips der Rechtsstaatlichkeit – zur Anwendung des *Verhältnismäßigkeitsprinzips* nämlich –, das alle staatlichen Eingriffe in die Freiheit und das Eigentum des einzelnen Bürgers unter das Gebot der Angemessenheit von Mittel und Zweck stellt und damit sogenannte Übermaßaktionen indiziert. Aufzuschlüsseln versucht man dieses Prinzip in (Rechts-)Theorie und Praxis unter den Aspekten der Geeignetheit, der Erforderlichkeit und der Zumutbarkeit (der Anwendung des jeweiligen Eingriffs-Mittels zu dem jeweiligen Eingriffs-Zweck). Daß die Handhabung dieser – aus der alt- und neuhumanistischen Tradition des antiken und (nach-)mittelalterlichen Mitte-und-Maß-Denkens erwachsenen – Kriterien sehr viel Fingerspitzengefühl (und damit die oben genannten richterlichen Qualitäten) voraussetzt, bedarf keiner besonderen Betonung. Auch diese rechtsstaatliche Sicherung ist mithin nur ein sehr grober Filter; ob er im Ernstfall »hält«, was er verspricht, gerät hier ebenso zum Glücksspiel wie bei den übrigen formalen Freiheitssicherungen auch.

1.2 Die sogenannten materiellen Rechtsstaatsgarantien

Zu den »materiellen« Rechtsstaatsgarantien pflegt man insbesondere die – schon in der französischen Menschen- und Bürgerrechtserklärung geforderten – (Grund-)Rechte zu zählen, die im Unterschied zu den formellen Sicherungsprinzipien konkrete Rechtsinhalte zu versprechen scheinen. Dieser Schein trügt jedoch, wie ein näheres Zusehen lehrt. Zwar ist unverkennbar, daß der rechtliche Verdichtungsgrad konstitutionell garantierter Grundrechte, wie sie das Grundgesetz der BRD in den Art. 1–19 verankert hat, höher ist als der Verdichtungsgrad der lediglich formalen Sicherungsprinzipien. Andererseits ist aber ebenso unverkennbar, daß auch die Grundrechte nur relative, in ein – von Lehre und Rechtsprechung kompliziert geknüpftes – Netz von Abwägungsprozessen eingebundene Freiheitssicherungen zu bieten vermögen. Ganz abgesehen davon, daß den meisten Grundrechten ein sie konkretisierender Gesetzesvorbehalt beigegeben ist, unterliegen auch die vorbehaltlos garantierten Grundrechte (wie etwa das in Art. 5 Abs. 3 GG genannte Grundrecht der Kunst- und Wissenschaftsfreiheit) sogenannten immanenten Grundrechtsschranken[11]. Und selbst der harte Kern der grundrechtlichen Freiheitssicherung, die – die Schranken beschränkende – »Wesensgehaltsgarantie« des Art. 19 Abs. 2 GG wird durch das ihr nach »herrschender Lehre« zugeordnete Konkretisierungsverfahren relativiert. Zur Konkretisierung der Wesensgehaltsgarantie wird nämlich das bereits erwähnte Verhältnismäßigkeitsprinzip herangezogen[12], womit sich der Kreis wieder schließt und der letztlich formale Charakter der angeblich materialen Sicherungen unabweisbar wird.

1.3 Die rechtsstaatlichen Struktur- und Funktionsprinzipien als Ausdruck der politischen Kultur

Die Tatsache, daß letztlich alle rechtsstaatlichen Sicherungen nur formaler Natur sind, verweist auf ihre eigentliche Bedeutung: Sie sind nicht genußreife Früchte, sondern fruchttragende Bäume, sind nicht gepflügte Felder, sondern Pflege – sind Ausdruck der rechtlich-politischen Kultur (*colere* = pflügen, pflegen!) der sich als

[11] Vgl. Maunz u. Zippelius (1985), § 20.

[12] Vgl. Konrad Hesse (1988), Randnummer 185 sowie BVerfGE 19, 342 (348f.); 35, 382 (400f.).

Rechtsstaaten stilisierenden Gemeinwesen. Ihre Kultur-Aufgabe differenziert und konkretisiert sich in zwei »staatstragenden« politischen Funktionen – einer Exklusions- und einer Integrationsfunktion. Auf den ersten Blick scheinen sich diese beiden Funktionen zu widersprechen; in Wirklichkeit aber ergänzen und bestätigen sie einander.

Historisch gesehen, stand die *Exklusionsfunktion* im Vordergrund, wie im nächsten Abschnitt gezeigt werden wird. Aus ihr bezog die Entwicklung der Rechtsstaatlichkeit ihre Vitalität und ihr Pathos. Dem tendenziell unbegrenzten Herrschaftsanspruch des – aus den konfessionellen Bürgerkriegen des 16. und 17. Jahrhunderts absolutistisch gestärkt hervorgegangen – »Leviathan« galt es zunächst die sozioökonomischen, soziokulturellen und soziopolitischen Freiräume abzutrotzen, innerhalb derer sich der neuzeitliche Homo faber zum Entwerfer und Vollstrecker der technisch-ökonomischen Fortschrittsidee und damit zum Gestalter der modernen Zivilisation entwickeln konnte[13].

Daß dieser Ausschluß des Staates lediglich ein vorläufiger war, daß der im 19. Jahrhundert als Zielvorgabe der liberalen Geisteshaltung ins Auge gefaßte »Nachtwächterstaat« (Ferdinand Lassalle[14]) im Sinne von Wilhelm von Humboldt[15] letztlich nur die Bühne umhegen sollte, auf der das spätere Comeback des (Wohlfahrts-)Staates zumindest indirekt vorbereitet wurde, ist zwar im Rückblick unverkennbar, blieb aber zunächst außerhalb des Blickfeldes der den »Rechtsstaat« im heutigen Sinne Fordernden und Verwaltenden. Obwohl (und vielleicht auch gerade weil) der Staat dieses Comeback in Form einer unausweichlichen Ver- und Entsorgungsstaatlichkeit inzwischen längst gefeiert hat, steht die Exklusionsfunktion auch heute noch im Vordergrund des allgemeinen Rechtsstaatsverständnisses. Die skizzierten Abgrenzungsstrukturen sind zumindest in ihrem formalen Ansatz noch immer auf diese Beschränkung des staatlichen Interventionspotentials ausgerichtet; die – insbesondere sozioökologisch akzentuierte – Relativierung erfolgt über die schon vorab erwähnten Abwägungsverfahren.

In den letzten Jahrzehnten hat sich in Lehre und Rechtsprechung die Neigung verstärkt, neben der »negativen« Exklusionsfunktion auch die »positive« oder »konstruktive« *Integrationsfunktion* der Rechtsstaatlichkeit zu betonen. Und in der Tat ist die Rechtsstaat-

[13] Vgl. hierzu Mayer-Tasch, Fortschritt in Kritik und Vertrauen. In: Denninger u.a. (Hrsg.) (1990), S. 246–267.

[14] Vgl. Ferdinand Lassalle, Arbeiterprogramm. In: ders. (o.J.), S. 156–200 (S. 195).

[15] Vgl. Wilhelm von Humboldt (1962).

lichkeit im Verein mit den anderen Staatsstruktur- und Staatszielprinzipien Teil einer das Gemeinschaftsbewußtsein der Staatsbürger prägenden und damit gemeinschaftbildenden – das heißt also »integrierenden« – Wertordnung, die vom Bundesverfassungsgericht kühn zur »objektiven Wertordnung« erklärt wurde[16]. Darüber hinaus kommt gerade der Rechtsstaatlichkeit diese integrierende Wirkung insoweit in einer ganz unmittelbaren Weise zu, als sie in der Vorgabe und Abgrenzung von Zuständigkeiten die Realität, Stabilität und Kontinuität des staatlichen Handelns auf einem historisch besonders markant legitimierten Weg zu garantieren verspricht.

Wie für alle anderen Staatsstruktur- und Staatszielprinzipien stellt sich freilich auch für den Rechtsstaat die Aufgabe, seine eigene Dynamik mit der Dynamik der anderen Prinzipien in die schon erwähnte »praktische Konkordanz« zu bringen. Vom Grundgesetz selbst wird diese Konkordanzaufgabe in der Formel vom »sozialen Rechtsstaat« lediglich angedeutet. Um ihr auch verfassungsgesetzlich gerecht zu werden, müßte der Rechtsstaat ausdrücklich als »demokratischer, föderaler, sozialer und ökologischer Rechtsstaat« apostrophiert werden.

Welche Zukunftsdynamik diesem polyvalenten compositum mixtum zuwächst, wird im dritten und letzten Abschnitt dieses Kapitels zu erörtern sein. Im zweiten Abschnitt nun aber zunächst ein Blick auf die Geschichte der Rechtsstaatsidee, die zugleich auch die wohl bedeutsamste Dimension unserer Verfassungsgeschichte ausmacht.

2. Woher kommt der Rechtsstaat?

Als den Vätern der französischen Menschen- und Bürgerrechtserklärung der bereits erwähnte, das Prinzip der Gewaltentrennung und die Garantie von (Grund-)Rechten statuierende Artikel 16 zuund einfiel, war dies alles andere als das bloße Auffangen einer mehr oder minder beliebigen Sternschnuppe vom Ideenhimmel der Revolution. Viel eher handelte es sich um das gezielte Abrufen der – von Werner Stauffacher in Schillers ›Wilhelm Tell‹ beschworenen – »ew'gen Rechte, die droben hangen unveräußerlich«[17] – von Rech-

[16] BVerfGE 7, 198ff.
[17] Friedrich Schiller (1953), S. 45.

ten also, die von den vorrevolutionären Generationen längst gesichtet und geortet worden waren.

Genaugenommen war die ›Déclaration des droits‹ das rechtlich-politische Resultat einer jahrhundertelangen Legitimitätsentwicklung, deren Vorstufen sich (zumindest partiell und tendenziell) über das existentielle und ideelle Naturrechtsdenken von Aufklärung, Renaissance und (christlichem) Mittelalter bis in die politische Philosophie von Sokratik und Vorsokratik zurückverfolgen lassen. Für die Entwicklung der Rechtsstaatlichkeit geschichtsmächtig geworden sind diese naturrechtlichen »Kraftlinien« (Peter Häberle[18]) allerdings erst durch die Verbindung mit gewohnheits- und positivrechtlichen Strukturen des Lehens- und des Ständestaates, wie sie sich an der Schwelle zur Neuzeit in mannigfachen Formen äußern sollten.

Ein für die legalistische Entwicklungslinie – und darüber hinaus für die ganze Entwicklung der Rechtsstaatlichkeit – besonders markantes Dokument ist die König Johann ohne Land von den englischen Großen abgetrotzte ›Magna Charta libertatum‹ aus dem Jahre 1215, in der »allen freien Männern« (vor allem aber der Kirche und dem Hochadel) eine Reihe von Freiheitsgarantien sowie auch – für den Fall der Verletzung dieser Garantien – ein begrenztes Widerstandsrecht zuerkannt wurde[19]. Einerseits war dieser ›Große Freiheitsbrief‹ (der in seiner ab dem 17. Jahrhundert erfolgenden demokratischen Umdeutung noch heute Bestandteil der britischen Verfassung ist) Ausdruck einer konkreten historischen Situation, andererseits aber – zumindest indirekt – auch Ausdruck einer zeitlosen sozialen Gegenseitigkeitsmathematik, die in der – der Magna Charta ebenso wie dem vasallitischen Vertrag zugrundeliegenden – feudalistischen Korrelation von Schutz und Gehorsam lediglich eine ihrer zahllosen rechtlich-politischen Manifestationen erfahren sollte.

Die Idee der Korrelation von Schutz und Gehorsam setzte sich dann im naturrechtlichen Vertragsdenken fort, in der Vorstellung, daß sowohl die Er-mächtigung als auch die Ent-mächtigung der Obrigkeit auf einen – zuweilen als Januskopf von Vereinigungs- *und* Unterwerfungsvereinbarung verstandenen – Urvertrag zurückgehe, dessen Geltungskraft einerseits in der Normativität der rechtsmetaphysischen Maxime »Pacta sunt servanda«, andererseits in der Faktizität überlegener Herrschermacht begründet sei. Diese – als logischer Mythos zu verstehende – Lehre vom Urvertrag hat die Ent-

[18] Peter Häberle, 1789 als Teil der Geschichte. Gegenwart und Zukunft des Verfassungsstaates. In: Jb. d. öfftl. Rechts d. Gegenwart (1988), S. 35–64 (S. 38).

[19] Die Magna Charta libertatum (vom Verfasser neu übersetzt) ist abgedruckt in: Mayer-Tasch (Hrsg.) (1975), S. 229 ff.

wicklung der Rechtsstaatsidee bis zur Schwelle der Französischen Revolution begleitet, um dann in der ersten Hälfte des 19. Jahrhunderts im Banne der anti-aufklärerischen Stimmung der Romantik und in der zweiten Hälfte des Jahrhunderts im Zuge der zunehmenden Positivierung rechtsstaatlichen Gedankengutes mehr und mehr obsolet zu werden.

Blütezeit der Ausprägung tendenziell rechtsstaatlicher Ideen und Strukturen war die Zeit der konfessionellen Bürgerkriege des 16. und 17. Jahrhunderts, aber auch die Zeit der Reaktion auf die – im Sinne der Hobbesschen Dialektik – aus diesen hervorgegangenen politischen Systemen. Auf den Urvertrag beriefen sich dabei ebenso diejenigen, die dem Chaos die Ordnung entgegenzusetzen bemüht waren, wie diejenigen, die in ihm den ideellen Garanten ihrer (Freiheits-)Rechte sehen wollten. Ordnungs- und gerechtigkeitslegitimistische Vorstellungen stießen dabei zunächst und zum Teil schroff aufeinander, suchten dann aber schon bald auch zu einem institutionellen Ausgleich zu kommen[20].

Selbst im politischen Denken von Thomas Hobbes, der mit der Maxime »Auctoritas, non veritas facit legem«[21] (»die Autorität, nicht die Wahrheit schafft das Gesetz«) die Idee der Ordnungslegitimität kompromißloser als irgendein anderer Staatsphilosoph formuliert hat, gibt es Ansatz- und Ausgangspunkte für die Entwicklung einer rechtsstaatlichen Dynamik[22]. Ganz abgesehen von der tendenziellen Ausgrenzung der Glaubens- und Gewissensfreiheit und ganz abgesehen auch von dem Rechtsvorbehalt zur Absicherung der Integrität von Leib und Leben ist unverkennbar, daß Hobbes' politische Anthropologie den Keim einer rechtsstaatlichen Entwicklungsdynamik enthält: Das Individuum, das sich – in einem ersten logischen Schritt – in die »Schutzhaft« eines allmächtigen Ordnungshüters begibt, um Leib und Leben vor der Zügellosigkeit seiner Mitmenschen zu sichern, wird sich – in einem zweiten logischen Schritt – auch vor potentiellen Übergriffen dieses Ordnungshüters zu schützen versuchen. Hobbes selbst hat diesen zweiten Schritt nicht mehr (konsequent) vollzogen; vollzogen wurde er jedoch von den Fortbildnern seiner Lehre, die damit zugleich auch die Brücke zur Grundlogik der modernen Verfassungsstaatlichkeit schlugen.

An erster Stelle zu nennen ist in diesem Zusammenhang der »vor-

[20] Zum Verhältnis von Ordnungs- und Gerechtigkeitslegitimität vgl. u.a. Mayer-Tasch (1976), S. 118ff. und passim.

[21] Opera, Bd. 3, Leviathan, cap. XXVI, S. 202.

[22] Vgl. dazu ausführlich Mayer-Tasch (1965), passim.

sichtige« John Locke (1632–1704), der zwar zeitlebens geleugnet hat, mit Hobbes' Schriften vertraut zu sein, dessen politische Hauptschrift – die ›Zweite Abhandlung über die Regierung‹ – jedoch den Einfluß Hobbesscher Ideen noch im Widerspruch klar erkennen läßt[23]. Erkennbar ist dieser Einfluß sowohl in der partiell vergleichbaren Zeichnung des vorstaatlichen Naturzustandes als auch in der Übernahme des von Hobbes erdachten monistischen Urvertrags-Konzeptes, das den Staat aus einem – den Naturzustand beendenden – Vertrag aller mit allen hervorgehen läßt. Im Gegensatz zu Hobbes – und damit ist ein entscheidender Fortschritt bei der Grundlegung der Rechtsstaatlichkeit erreicht – sieht Locke diese Rechtsübertragung weder unbedingt noch unbeschränkt. Unbedingt ist sie deshalb nicht, weil die staatswilligen Individuen der (im und durch den Urvertrag begründeten) Regierung die zur Staatsleitung erforderlichen Rechte lediglich zu treuen Händen übergeben. Und unbeschränkt ist sie deshalb nicht, weil schon im Naturzustand das Recht eines jeden auf Freiheit, Leben und Eigentum seiner selbst und seiner Nachbarn in den Geboten des Naturgesetzes (der Vernunft) seine Schranken fand und mithin auch nur mit diesen Schranken übertragen werden konnte. Die Implikationen und Konsequenzen dieses bedingten und beschränkten Herrschaftsmandates liegen auf der Hand: Maßt sich die Obrigkeit mehr Rechte an, als ihr im Urvertrag zuerkannt wurden, so begeht sie einen Treubruch und riskiert, daß die Bürger den *appeal to heaven* wagen, daß sie den Himmel anrufen, was ihnen in diesem Falle nicht versagt werden kann.

In der Sanktionierung des obrigkeitlichen Treubruchs durch die Anerkennung eines Widerstandsrechtes geht Locke deutlich über ein gut Teil der älteren Naturrechtslehre und insbesondere auch über die Staatslehre Jean Bodins hinaus, der zwar das Recht der Bürger auf Freiheit, Leben und Eigentum ebenfalls durch die *leges divinae ac naturales* gesichert sehen will[24], die Verletzung dieses Rechtes (und damit auch der »göttlichen und natürlichen Gesetze«) jedoch – außer im Falle der Usurpation – keiner (individual-)rechtlichen Sanktion unterwirft[25]. Lockes Position erinnert insoweit eher

[23] Vgl. hierzu und zum folgenden ders. (1974), S. 189–231.

[24] Vgl. Bodinus, De Republica libri sex. Editio tertia. Frankfurt 1913, Lib. I, cap. VIII, p. 134, 167: »Ne quid contra divians aut naturae leges sanciatur: nam si iustitia finis est legis, lex autem Principis iussum, princeps Dei praepotentis imago spirans; consequens est, ut principis leges verum exemplar prae se ferant legem divinarum.«

[25] Vgl. des Näheren Mayer-Tasch, Einführung in Jean Bodins Leben und Werk. In: Jean Bodin (1981), Bd. 1, S. 35ff.

an die Lehren der sogenannten Monarchomachen (= Fürstenbekämpfer) – Autoren wie die Hugenotten Théodore de Bèze, François Hotman, Philippe du Plessis-Mornay (auch: Junius Brutus) und Lambertus Danaeus sowie die Katholiken Jean Boucher, Guglielmus Rossaeus und Juan de Mariana –, die vor dem Hintergrund des konfessionellen Bürgerkriegs in Frankreich ein Widerstandsrecht gegen tyrannische Herrscher zu begründen versuchten[26]. Calvinistisches, naturrechtliches sowie gewohnheits- und positivrechtliches Gedankengut vermischte sich in ihren Schriften in ähnlicher Weise wie dies auch in Lockes ›Second treatise‹ noch der Fall ist. Daß sich bei Locke das Schwergewicht der Argumentation auf die naturrechtliche Vertragsidee verlagert hat, und daß er auch als potentieller Träger von Widerstandsaktionen nicht mehr – wie die meisten Monarchomachen – die Stände, sondern vielmehr die Mehrheit der Bürger sieht, mag die inzwischen fortgeschrittene zivilisatorische Situation – und insbesondere die fortgeschrittene zivilisatorische Situation der Handelsnation England – erklären, die im 17. Jahrhundert einen steilen sozioökonomischen – und in dessen Gefolge auch soziopolitischen – Aufstieg des gewerbe- und handeltreibenden Bürgertums erlebt hatte. Nicht von ungefähr wird gerade Locke, dessen staatsphilosophisches Hauptwerk im zeitlichen Umkreis der – den politischen Sieg des Bürgertums besiegelnden – »Glorreichen Revolution« von 1688 erschien, im Hinblick auf seine nachdrückliche Betonung des sich durch Arbeit legitimierenden Eigentumsrechts als theoretischer Protagonist des »Besitzindividualismus« (Macpherson[27]) und damit weithin auch als *der* Vordenker der bürgerlichen Gesellschaft gesehen.

Unverkennbar ist jedenfalls, daß dem politischen Denken von John Locke für die Entwicklung der Rechtsstaatsidee in zweifacher Hinsicht eine Schlüsselstellung zukommt. Zum einen nämlich im Hinblick auf die Ausformung der Grundrechtsidee, die sich im logischen Mythos vom bedingten und beschränkten Urvertrag ebenso stimmig wie stabil verankern ließ. Zum anderen aber auch im Hinblick auf die Idee der Gewaltentrennung, der Locke mit einer geradezu klassisch gewordenen Begründung den Weg bereitet hat: »Bei der Schwäche der menschlichen Natur, die stets bereit ist, nach der Macht zu greifen«, schreibt er im 12. Kapitel des ›Second treatise of government‹, »dürfte es eine zu große Versuchung darstellen, wenn

[26] Vgl. hierzu Jürgen Dennert (Hrsg.) (1968); Boucher und Roussaeus. Zur politischen Theorie und Praxis der französischen Liga (1576–1595). In: Archiv für Kulturgeschichte 56 (1984), S. 313 ff. Gottfried Koehler (1938); vgl. auch Günter Stricker (1967).

[27] Crawford B. Macpherson (1967). Vgl. zu Locke: Peter Opitz, John Locke. In: E. Voegelin (Hrsg.) (1968), S. 127 ff.

dieselben Personen, die die Macht haben, Gesetze zu geben, auch die Macht in der Hand hätten, sie zu vollstrecken, wobei sie sich selbst von dem Gehorsam gegen die Gesetze, die sie erlassen, ausschließen und das Gesetz in seiner Gestaltung wie auch in der Vollstreckung auf ihren eigenen persönlichen Vorteil ausrichten könnten.«[28]

Obwohl er gerade diesen Strukturakzent besonders nachdrücklich setzt, fordert Locke nicht nur die Trennung von Legislative und Exekutive, sondern – zumindest indirekt – auch die Unabhängigkeit der Judikative. Zwar ordnet er die richterliche Tätigkeit als Rechtsanwendung der Exekutive zu; in der Forderung nach richterlicher Unparteilichkeit, die letztlich zu organisatorisch-personeller Unabhängigkeit tendiert, kündigt sich jedoch bereits das moderne Strukturbild der Gewaltentrias an. Die Funktion der Rechtsprechung bleibt freilich bei Locke noch auf die Streitentscheidung in privatrechtlichen Angelegenheiten beschränkt; noch ausgeklammert ist das Kontrollrecht der Judikative über die Exekutive und (erst recht) über die Legislative, der in Lockes Konzeption der Gewaltentrennung die führende Rolle zukommt. So vorläufig diese Konzeption daher auch erscheinen mag, so ist doch unübersehbar, daß eine zentrale Implikation und Konsequenz der Gewaltenteilungslehre – der mehrere rechtsstaatliche Prinzipien tragende, schon in Platons Spätwerk ›Nomoi‹ (Die Gesetze[29]) und dann vor allem in James Harringtons ›Oceana‹ thematisierte[30] Gedanke der »Herrschaft des Gesetzes«, des »empire of law and not of men« – im ›Second treatise‹ nachdrücklicher begründet wird als irgendwo sonst in der historisch-heroischen Landschaft der Rechtsstaatsentwicklung.

Der Bezug der Lockeschen Gewaltenteilungslehre zum englischen Verfassungsrecht und zur englischen Verfassungswirklichkeit des ausgehenden 17. Jahrhunderts war weniger intensiv, als dies (wohl wegen der Integration der prärogativen und föderativen Gewalt in das Gesamtkonzept) vielfach angenommen wird. Sicher ist jedenfalls, daß Locke auch unter dem Eindruck von James Harringtons – im Anschluß an die Cromwellsche Verfassungsgebung (1653) verfaßte und 1656 erschienene – Schrift ›Oceana‹ stand, deren Staatsfunktionenlehre man als Rationalisierung und Generalisierung der gewaltenteiligen Verfassungsmodelle von Sparta, Rom und Venedig

[28] John Locke (1974), S. 111.
[29] Platon (1959).
[30] James Harrington [1771] (1980).

deuten mag[31]. Und politisch weitergewirkt hat die Lockesche Konzeption sowohl indirekt als auch direkt. Indirekt nicht zuletzt auch durch die literarische Vermittlung von Lord Henry Bolingbroke (1678–1751), dem vielgewandten Staatssekretär Queen Annes und Gegenspieler Sir Robert Walpoles[32], zu dessen Lesern und Bewunderern auch der Staatsphilosoph zählte, mit dessen Namen sich die Lehre von der Gewaltenteilung – wenn auch vergleichsweise spät – in besonderem Maße verbinden sollte. Im 6. Kapitel von Charles-Louis (Secondant) de Montesquieus ungemein erfolgreichem Spät- und Hauptwerk ›Vom Geist der Gesetze‹ (1748) wird das Konzept der Gewaltentrennung sowohl im Hinblick auf die organisatorische Gewalten-Scheidung als auch im Hinblick auf die funktionale Gewalten-Hemmung (»le pouvoir arrète le pouvoir«) konsequent entwickelt[33] . Beide Aspekte sollten dann von den Vätern der amerikanischen Unabhängigkeitserklärung (1776) und der amerikanischen Verfassung (1787) – Männern wie Jefferson, Hamilton, Madison, Franklin und Paine – aufgegriffen werden, für deren politische Arbeit neben Harrington, Locke und Bolingbroke auch Montesquieu Pate stand[34] .

Wenn Montesquieu – wie übrigens die ganze *république des lettres* des fortschrittlich-aufklärerischen Europa – auf der Suche nach politischer Inspiration nach England blickte, so vor allem deshalb, weil die sozioökonomischen und soziopolitischen Verhältnisse Kontinentaleuropas vorwärtsschauenden Geistern wenig Inspirierendes zu bieten hatten, während der schon erwähnte zivilisatorische Vorsprung Englands in der sozialdynamischen Wechselwirkung politik-theoretischer, praktisch-politischer und rechtlicher Bemühungen eine politische Kultur entstehen ließ, die für die weitere Entwicklung der Rechtsstaatlichkeit äußerst förderlich war. Auf dem europäischen Kontinent sollte dann erst die Spiegelung dieser politischen Kultur in den Dokumenten der Französischen Revolution (wie etwa in dem schon erwähnten Art. 16 der Menschen- und Bürgerrechtserklärung) den Auftakt für weitere Fortschritte auf dem einmal eingeschlagenen Freiheitsweg bilden.

Der erste große, sich in der Renaissance geistig sammelnde, in der

[31] Vgl. dazu wieder Mayer-Tasch, John Locke – Der Weg zur Freiheit. In: Locke (1974), S. 189–231. Vgl. Harrington (1973), S. 124ff.

[32] Zu Bolingbroke vgl. etwa Walter Ludwig (1928) sowie Walter Sichel (1901).

[33] Vgl. Montesquieu (1951); vgl. auch Max Imboden (1959).

[34] Vgl. in diesem Zusammenhang insbes. die ›Federalist papers‹, aus denen ein gut Teil der vorrevolutionären Verfassungsdiskussion ablesbar ist: Hamilton, Madison, Jay (1958).

Aufklärung seine höchste Beschleunigung erreichende und in der Französischen Revolution und ihren Nachfolgerevolutionen auslaufende Schwung der europäischen Freiheitsbewegung war also in erster Linie Ausdruck eines Aus- und Abgrenzungsimpulses. Daß die strukturellen Medien dieses Impulses – insbesondere das naturrechtlich überhöhte Urvertragskonzept[35] – das Janusgesicht sowohl einer politischen Er-mächtigung (des Staates) als auch einer politischen Ent-mächtigung (des Staates) zeigten, änderte nichts an seiner Zielrichtung und seiner Triebkraft. Zu diesem Grundimpuls kamen allerdings auch noch Zusatzimpulse, die den Minimum-Standard-Charakter der Aus- und Abgrenzungsbewegung einerseits durch einen metaphysischen Sphärenklang und andererseits durch eine soziale Nützlichkeitsphysik legitimierten und fundamentierten.

Den Sphärenklang lieferte vor allem Gottfried Wilhelm von Leibniz (1646–1716) mit seiner – zumindest indirekt die Eigenart und den Eigenwert des Individuums betonenden – Monadenlehre. Für Leibniz ist der Mensch nur Mensch, wenn er sich in einer seinem Wesen entsprechenden Weise entfalten kann[36]. Ebenso wie die wesensgemäße Entfaltung aller anderen Lebewesen ist auch seine wesensgemäße Entfaltung (Mit-)Voraussetzung dafür, daß der Gleichklang der Erdenwelt mit dem Sternenhimmel und damit zugleich auch die Harmonie des gesamten Kosmos erreicht wird.

Stärker geerdet als die Leibnizsche Freiheitsphilosophie sind die Individualismus-Konzepte der englischen Utilitaristen. Auch sie jedoch sehen die Bemühung um soziale und politische Entfaltungsfreiheit noch unter einem vergleichsweise erhabenen Blickwinkel – unter dem Blickwinkel der Ermöglichung des Fortschritts der Humanität.

Für Jeremy Bentham (1748–1832) wird das Individuum zur letzten und verantwortlichen Instanz moralischer Wertentscheidung; Kriterium der Wertentscheidung aber ist die Frage nach der Nützlichkeit eines Verhaltens[37] zur Beförderung des »größtmöglichen Glückes« zuvörderst des in Frage stehenden Einzelnen, letztendlich aber auch der »größtmöglichen Zahl«. In John Stuart Mills

[35] Vgl. hierzu außer den schon genannten Detailstudien zu einzelnen Vertretern des Vertragsdenkens u.a. Alfred Voigt (Hrsg.) (1965), Fritz Kern (1954), S. 216ff., J. W. Gough (1963), Wilfried Röhrich (1972), sowie Karl Graf Ballestrem, Vertragstheoretische Ansätze in der Politischen Philosophie. In: Zeitschrift für Politik 30 (1983) H. 1, S. 3–17.

[36] Vgl. Leibniz (1967), S. 130ff.

[37] Zum Nützlichkeitsbegriff vgl. Jeremy Bentham, Eine Einführung in die Prinzipien der Moral und der Gesetzgebung. In: Otfried Höffe (Hrsg.) (1975), S. 35ff.

(1806–1873) Essay ›Über die Freiheit‹[38] – einem der bedeutsamsten Texte des Liberalismus – werden die utilitaristische Ethik und das Plädoyer zugunsten der Autonomie des Individuums unverkennbar auch von der Angst vor einer Tyrannei der Mehrheit getragen – eine Perspektive, der sich selbst der Apostel der Demokratie Jean-Jacques Rousseau nicht hatte verschließen können, wie nicht nur seine Relativierung der Verpflichtungskraft des Mehrheitswillens im ›Contrat social‹[39], sondern auch ein Brief an den Marquis de Mirabeau aus dem Jahre 1767 erkennen läßt[40].

Die starke Betonung der individuellen Autonomie im utilitaristischen Liberalismus mußte zur gleichzeitigen Markierung *und* Integrierung der sozialen Randstreifen auf Fiktionen zurückgreifen. Wo der Königsberger Philosoph Immanuel Kant (1724–1804) noch mit einer tendenziell rigoristischen (Rechts-)Ethik operierte, die das »Gesetz der Freiheit« (nach dem allein die »Willkür des einen mit der Willkür des anderen ... vereinigt werden kann«[41]) durch den Kategorischen Imperativ (»Handle nach einer Maxime, welche zugleich als ein allgemeines Gesetz gelten kann«[42]) zu bestimmen versucht und damit zwangsläufig zu einem Vorkämpfer des als Gesetzesstaat begriffenen Rechtsstaates wird, glaubte sein schottischer Kollege Adam Smith (1727–1790) schon auf eine – das Wechselspiel sich entfaltender Freiheiten harmonisch lenkende – »unsichtbare Hand«[43] vertrauen zu dürfen. Unter dem Einfluß der von der Selbstregulationskraft der Wirtschaft überzeugten französischen Physiokraten[44] setzte der Autor der ›Untersuchung über die Natur und die Ursache des Wohlstands der Nationen‹ (1776) mit dieser Vision nicht nur die Segel zum Siegeskurs des Laissez-faire-Schiffes »Liberty«, sondern taufte es zugleich auch noch mit den heilig-nüchternen Wassern einer sowohl meta-ökonomischen als auch meta-politischen Legitimität.

Was bei Locke eine theoretische Grundlegung erfahren hatte – die Betonung der Arbeit als Legitimationsmedium für den Erwerb und den Genuß von Eigentum nämlich[45] –, wurde nun von Smith zu einem nationalökonomischen Lehrgebäude aufgerichtet und aus-

[38] Vgl. John Stuart Mill (1974).

[39] Vgl. dazu ausführlich Mayer-Tasch (1976), S. 40ff.

[40] Abgedruckt ebd., S. 127ff.

[41] Kant (1954) (Teil 1. Anfangsgründe der Rechtslehre. Einleitung in die Rechtslehre, § B), S. 35.

[42] Vgl. ebd., S. 28.

[43] Adam Smith (1974), S. 105.

[44] Vgl. Hans Immler (1985), Teil 2.

[45] Vgl. John Locke (1983), Kap. V., S. 21–39.

gebaut, dessen Forderungen und Segnungen für die weitere theoretische Entwicklung, vor allem aber für die praktische Umsetzung der Rechtsstaatsidee von großer Bedeutung war. Zur rechtlich-politischen Absicherung des – nach wirtschaftsliberalistischem Credo sowohl die individuelle Glückseligkeit als auch den Fortschritt der Menschheit garantierenden – freien Transfers von Arbeit in Eigentum mußte der Staat als potentieller Störenfried in gebührendem Abstand vom Markt als der sozioökonomischen Spielwiese der Wirtschaftenden gehalten werden. Und diesen Abstand versprachen eben die rechtsstaatlichen Strukturprinzipien zu garantieren. Das Ringen um die Positivierung dieser Strukturen durchzog das ganze 19. Jahrhundert und wirkte auch noch weit in das 20. Jahrhundert hinein. Einen Grundrechtskatalog etwa enthielt erstmals die Weimarer Verfassung in den Artikeln 109 ff., und erschwerten Abänderungsbedingungen unterworfen wurden die Grundrechte erst durch das Bonner Grundgesetz (Grundrechte ohne Gesetzesvorbehalt wie die Kunst- und Wissenschaftsfreiheit: Art. 5 Abs. 3; Art. 19, Art. 79 Abs. 3 GG).

Im Rückblick ist jedenfalls unverkennbar, daß der deutsche Idealismus und der angelsächsische Utilitarismus im Verein mit den Ab- und Ausgrenzungstheorien der rechtsstaatlichen Tradition eine vergleichsweise breite soziale Identifikationsbasis schufen, die sich dann in der Folge als stark genug erweisen sollte, die konstitutionelle Bewegung des ausgehenden 18., des 19. und des beginnenden 20. Jahrhunderts zu tragen. Wie die Vorläufer, so standen auch die Anfänge dieses Konstitutionalismus im Zeichen der Verankerung und Verdeutlichung rechtsstaatlicher Strukturen; später traten dann – mit zum Teil erheblichen zeitlichen Phasenverschiebungen – volksstaatliche Verfassungselemente hinzu. Das weltatemselige Freiheitspathos des jungen Hegel, der die Französische Revolution emphatisch als »herrlichen Sonnenaufgang«, als »welthistorische Wende« und genuin europäischen Beitrag zur Weltgeschichte gefeiert hatte[46], war nicht zuletzt auch angesichts der mehr oder minder brutalen Verdeutlichung der wahren Gewinner der Revolution schon bald sehr schal geworden.

Das ganze 19. Jahrhundert hindurch blieb der Vierte Stand – das heißt also das durch die Industrielle Revolution freigesetzte Industrieproletariat – aus der Aktivbürgerschaft noch weitgehend ausgeklammert. Die auf die Interessen des Dritten Standes zugeschnittenen rechtsstaatlichen Gewährleistungen trugen ebenso dazu bei,

[46] Vgl. hierzu (mit Literaturhinweisen) Joachim Ritter (1965), S. 23 ff.

ihn in sozialem Abstand zu halten wie die polizeirechtlichen Mittel des auf bloße Ordnungsfunktionen reduzierten »Nachtwächterstaats«, unter dessen Ägide sich der (in Staatsverwaltung und Armee dominierende) Adel und das (den Markt beherrschende) Bürgertum in einer Art *compromesso storico* die wechselseitigen Aktionssphären zugebilligt hatten. Freiheit blieb so (allzu) lange die Freiheit der wirtschaftlich Starken zur Ausbeutung der wirtschaftlich Schwachen. Und Gleichheit bedeutete (allzu) lange die Gleichheit, in deren Namen das Gesetz den Armen wie den Reichen gleichermaßen verbot, unter Brücken zu schlafen, auf den Straßen zu betteln und Brot zu stehlen, wie Anatole France einmal mit bitterer Ironie vermerkte[47].

Dafür, daß Antworten auf die soziale Frage wie etwa die von Lorenz von Stein in seiner ›Geschichte der sozialen Bewegung in Frankreich‹ (1850) erteilten[48], zunächst unbeachtet blieben und die – vom Bonner Grundgesetz in der Formel vom »sozialen Rechtsstaat« (Art. 28 Abs. 1) erfolgte – Versöhnung von Drittem und Viertem Stand erst so spät erfolgte, mußte Europa in den kommunistischen und faschistischen Revolutionen, vor allem aber auch noch durch seine jahrzehntelange Spaltung in einen liberal-demokratischen und einen »volksdemokratischen« Teil lange genug büßen. Während sich die Rechtsstaatlichkeit im westlichen Teil Europas in all ihren rechtlich-politischen Ausdifferenzierungen zur Normalität hin entwickeln konnte, blieb sie im östlichen Teil Europas bis an die Schwelle des letzten Jahrzehnts des Jahrhunderts weitgehend suspendiert. Im Zuge der Gorbatschowschen Reformen – von »Glasnost« und »Perestroika« – besteht nun allerdings auch hier die Chance einer Restituierung und Ausdifferenzierung der Rechtsstaatlichkeit. Daß auch diese Chance unter dem Vorbehalt des Nichteintritts einer – etwa aus der Verstärkung der Zerfallstendenzen des sowjetischen Reiches erwachsenden – Revanche des Machtstaats steht, liegt auf der Hand. Derartige Einbrüche elementarer politischer Kräfte hat die Entwicklung der Rechtsstaatlichkeit von den Anfängen bis zur Gegenwart begleitet.

Mit solchen Assoziationen und Perspektiven ist bereits die Grenze der Thematik des dritten und letzten Abschnittes angesprochen, der sich mit der mutmaßlichen Zukunft der Rechtsstaatlichkeit befassen wird.

[47] Anatole France (1964), S. 70.
[48] Vgl. Lorenz von Stein (1959), Bd. 1, S. 34–46 und S. 120ff.

Wie einen »rocher de bronce« wollte der Vater Friedrichs des Großen, Friedrich Wilhem I. (1688–1740), die Souveränität des Staates aufrichten. Sehr lange und sehr nachhaltig ist dies aber selbst den Preußenkönigen nicht gelungen. Ihre Nachfolger stießen schon sehr bald auf entsprechende Aufrichtungswünsche der – von revolutionärem und postrevolutionärem Freiheitspathos durchdrungenen – Vorkämpfer der Rechtsstaatlichkeit. Auch deren Vorstellungen von der Anlage einer wohlumhegten, nicht nur von staatlicher Bevormundung, sondern auch von Proletarierschweiß mehr oder minder unbehelligten Spielwiese für den Bourgeois, konnten dem – aus einer sich erweiternden sozialen Basis erwachsenden – Legitimitätsdruck des Citoyen nicht lange standhalten. Und selbst die inzwischen längst erreichte Personalunion von Staats- und Wirtschaftsbürger muß nun zum Ausgang des 20. Jahrhunderts erleben, daß ihr angesichts der immer virulentere Züge annehmenden sozioökologischen Lebens- und Überlebenskrise alles sozial und politisch Errungene wieder ins Nichts zu zerfließen droht.

»Alles fließt«, sagt Heraklit (ca. 544–480 v. Chr.)[49], und auch der Rechtsstaat treibt mit, so wohl gegründet sich seine Basis und so klar umrissen sich seine Konturen dem Auge des oberflächlichen Betrachters auch darstellen mögen. Die Epik dieses Fließens und Zerfließens zeugt sich unaufhörlich fort; nur die Substanz des Zerfließenden und des neu sich Verdichtenden wechselt.

Die historisch erfahrbare Stoßrichtung aller Bemühungen um die Herstellung von Rechtsstaatlichkeit – Eugen Rosenstock spricht vom »ewigen Prozeß des Rechtes gegen den Staat«[50] – gilt dem Leviathan als Herrschaftsverband. Ihr Aktions-, Funktions- und Strukturziel ist die Aus- und Abgrenzung eines Freiraumes für den einzelnen Bürger. Je größer dieser Freiraum ist, desto größer wird auch die Gefahr, daß sich die – vorläufig – Be-freiten ihre Freiheit wechselseitig wieder nehmen, daß die Freiheit des Stärkeren zur Unfreiheit des Schwächeren wird. Die Hobbessche Horrorskizze des vorstaatlichen Naturzustandes spiegelt das Drama dieser Dialektik von Freiheit und Unfreiheit aufs deutlichste. »Summum ius, summa

[49] Vgl. die bei Wilhelm Capelle (1968) abgedruckten Heraklitfragmente, S. 126ff., insbes. S. 132f. Die viel zitierte Formulierung »alles fließt«, beruht nicht auf wörtlicher Überlieferung, sondern vielmehr auf späterer Zusammenfassung der einschlägigen Fragmente über den Fluß der Dinge.

[50] Vgl. Eugen Rosenstock (1919).

iniuria« sagt ein altüberliefertes Rechtssprichwort. Die Art und Weise, in der Thomas Hobbes (1588–1679) und sein Zeitgenosse Baruch de Spinoza (1632–1677) im Hinblick auf den Naturzustand die Macht des Stärkeren zugleich auch zum (subjektiven) Recht des Stärkeren erklärt und damit die Faktizität zur Normativität umgemünzt haben[51], erschließt zumindest *einen* plausiblen Sinngehalt dieses Diktums. Hobbes Staatstheorie präsentiert aber – als Kehrseite dieser Medaille – auch noch ein zweites Erklärungsmuster für das zitierte Wort: Die für den *status naturae* geltende Rechtsfülle des subjektiven Rechts auf alles wird nach der Geburt des Leviathan im *status civilis* zur staatlichen Rechtsfülle des objektiven Rechts auf und über (beinahe) alles.

Daß letztlich weder die eine noch die andere Antwort auf die Freiheitsproblematik befriedigen konnte, liegt auf der Hand. Die von Kant in der ›Metaphysik der Sitten‹ gegebene, schon im zweiten Abschnitt dieses Kapitels erwähnte Antwort sollte in mancherlei Ausprägung zur historischen Antwort des Verfassungsstaates werden. Für die Rechtsstaatlichkeit bedeutet dies, daß zur Sicherung des »allgemeinen Gesetz(es) der Freiheit« ihrer Entgrenzungsdynamik im Hinblick auf die – im Konkordanzgebot normativ überhöhte – »Einheit der Verfassung« selbst Grenzen gesetzt werden müssen. Die Thematik dieser Grenzziehung ergibt sich aus der Substanz und der Entwicklungsgesetzlichkeit der – zum Rechtsstaatsprinzip im Verhältnis der Ranggleichheit stehenden – anderen Staatsstruktur- und Staatszielprinzipien. Potentielle Grenzkonflikte können sich insbesondere im Verhältnis zur Volksstaatlichkeit, zur Sozialstaatlichkeit und zur Naturstaatlichkeit ergeben, während das Prinzip der Bundesstaatlichkeit – insbesondere im Hinblick auf den vertikalen Gewaltenteilungsaspekt – die Substanz der Rechtsstaatlichkeit eher zu stärken als zu schwächen in der Lage ist.

Der potentielle Grenzkonflikt zwischen Rechtsstaatlichkeit und Volksstaatlichkeit erwächst aus deren – auf die fiktive Legitimität der Mehrheitsentscheidung gestützten – Bewegungslogik. Zwar verspricht auch die Konkurrenz der um die Mehrheit ringenden politischen Parteien und der um Gehör und Einfluß ringenden Interessenverbände und Bürgerintiativen ein gewisses Maß an wechselseitiger Gewaltenkontrolle – eine rechtsstaatliche Garantie vermag sie allerdings nicht zu vermitteln. Nicht zuletzt das mehr oder minder unbedingte Verlangen nach Mehrheitsbildung und das mehr oder minder

[51] Vgl. Hobbes (1969), Teil I, Kap. XIV, S. 102ff., sowie Baruch de Spinoza (1955), Kap. XVI, S. 274.

verbissene Geschäft der Mehrheitsbeschaffung mögen die von Rousseau begründete Vermutung zugunsten der Identität von (empirischem) Mehrheitswillen und (ideellem) Gemeinwillen[52] sprengen und damit zugleich auch rechtsstaatliche Erwartungen enttäuschen.

Daß der – im Verfassungssystem der Bundesrepublik Deutschland durch die sogenannten immanenten Grundrechtsschranken[53] und durch die sogenannte Wesensgehaltsgarantie (Art. 19 Abs. 2 GG) der Grundrechte[54] definierte – Kernbereich der Freiheitsgewährung auch nicht zur Disposition der Mehrheitsentscheidung steht oder stehen soll, will angesichts der rechtstechnischen Konkretisierungsmethoden dieser »Schranken« und »Garantie(n)« (von denen am Ende dieses Kapitels nochmals die Rede sein wird) wenig besagen. Es steht jedenfalls fest, daß selbst das Prinzip der Volksstaatlichkeit und seine rechtlich-politischen Ausgliederungen nicht nur eine gewisse Absicherung, sondern auch eine gewisse Gefahr für die Verwirklichung von Rechtsstaatlichkeit bedeuten können – eine Gefahr, deren Ausmaß von zahlreichen schwer oder gar nicht kalkulierbaren zivilisatorischen Entwicklungsfaktoren abhängt.

Die – einerseits eine wechselseitige Absicherung, andererseits eine wechselseitige Gefährdung implizierende – Ambivalenz des Verhältnisses der Rechtsstaatlichkeit zur Volksstaatlichkeit gilt auch für das Verhältnis der Rechtsstaatlichkeit zur Sozialstaatlichkeit. Die historische Abwehrtendenz des Rechtsstaates nicht nur im Blick »nach oben«, sondern eben auch im Blick »nach unten« läßt sich im Prinzip stets aufs neue aktualisieren. Wachsamkeit ist insoweit durchaus angebracht. Wachsamkeit ist aber auch in einer ganz anderen Blickrichtung angezeigt.

Erschwerte der »Nachtwächterstaat« des 19. Jahrhunderts das Leben vieler Bürger, weil er zu wenig fürsorglich war, so ist eines der Probleme des im Zeichen des Sozialstaates wiedererstandenen »Wohlfahrtsstaates« unserer Tage, daß er sich in mancherlei Hinsicht allzu fürsorglich gebärdet. In manchen Lebensbereichen tendiert diese – schon in Alexis de Tocquevilles ›De la démocratie en Amérique‹ (1835) mit prophetischem Blick prognostizierte – neue Fürsorglichkeit[55] zu einer Art von Ver- und Entsorgungstotalita-

[52] Vgl. hierzu ausführlich Mayer-Tasch (1976), S. 40ff.

[53] Vgl. Maunz u. Zippelius (1988), § 20.

[54] Vgl. hierzu Maunz, Dürig u. Herzog (1987), Art. 19 Abs. 2, S. A1 7, sowie Konrad Hesse (1988), Randnummern 332–334 u. 704.

[55] Vgl. Alexis de Tocqueville (1959/62), II, 4, Kap. 6, S. 342: »Ich erblicke eine Menge einander ähnlicher und gleichgestellter Menschen, die sich rastlos im Kreise drehen, um sich kleine und gewöhnliche Vergnügungen zu schaffen, die ihr Gemüt ausfüllen. Jeder steht in seiner Vereinzelung dem Schicksal aller anderen fremd gegenüber: seine Kinder

rismus, der für persönliche Entfaltung immer weniger Spielraum läßt.

Erklären läßt sich diese Tendenz nur zum Teil aus der Bemühung um sozialen Ausgleich und um Bewältigung der – zugegebenermaßen gerade in Europa im Laufe der letzten 100 Jahre geradezu sprunghaft gestiegenen – Komplexität der Lebensverhältnisse. Zugrunde liegt ihr nicht zuletzt auch eine Mésalliance von menschlichem Willen zur Macht und technisch-ökonomischer Rationalität, die sich zu einem – mit immer beklemmenderer Folgerichtigkeit immer dichter geknüpften – Fangnetz sozioökonomischer und soziopolitischer Zugriffsmöglichkeiten entwickelt.

Die unverkennbare Tendenz zum Ver- und Entsorgungstotalitarismus markiert im übrigen auch die Nahtstelle, an der sich die aus der inneren Dynamik der Sozialstaatlichkeit wie der Naturstaatlichkeit erwachsenden Begrenzungen der rechtsstaatlichen Entgrenzungsdynamik berühren. Sowohl bei der mit mehr oder minder besserwisserischem Wohlfahrtsdruck oktroyierten zentralen »Ver-sorgung« (welch verräterischer Doppelsinn des Wortes!) mit Wasser, Strom, Straßen, Fluglinien etc. als auch bei der mit nicht minder besserwisserischem Druck oktroyierten »Ent-sorgung« (welche Schönfärberei angesichts des ebenso allgegenwärtigen wie besorgniserregenden Kreislaufs der Gifte!) der Konsumhülsen wird diese Nahtstelle deutlich erkennbar. Am Beispiel der – unter sozial- und naturstaatlichen wie auch unter praktisch-politischen Vorzeichen gleichermaßen brisanten – »friedlichen« Nutzung der Kern(spaltungs)energie lassen sich die Auswirkungen dieses Ver- und Entsorgungssyndroms auf die Substanz der Rechtsstaatlichkeit besonders eindrucksvoll belegen. Das von Robert Jungk geprägte Wort vom »Atomstaat«[56] konnte sich daher auch geradezu als zivilisationsspe-

und seine persönlichen Freunde verkörpern für ihn das ganze Menschengeschlecht; was die übrigen Mitbürger angeht, so steht er neben ihnen, aber er sieht sie nicht, er berührt sie, und er fühlt sie nicht ... Über diesen erhebt sich eine gewaltige, bevormundende Macht, die allein dafür sorgt, ihre Genüsse zu sichern und ihr Schicksal zu überwachen. Sie ist unumschränkt, ins einzelne gehend, regelmäßig, vorsorglich und mild. Sie wäre der väterlichen Gewalt gleich, wenn sie wie diese das Ziel verfolgte, die Menschen auf das reife Alter vorzubereiten; statt dessen aber sucht sie bloß, sie unwiderruflich im Zustand der Kindheit festzuhalten; es ist ihr recht, daß die Bürger sich vergnügen, vorausgesetzt, daß sie nichts anderes im Sinne haben, als sich zu belustigen. Sie arbeitet gerne für deren Wohl; sie will aber dessen alleiniger Betreuer und einziger Richter sein; sie sorgt für ihre Sicherheit, ermißt und sichert ihren Bedarf, erleichtert ihre Vergnügungen, führt ihre wichtigsten Geschäfte, lenkt ihre Industrie, ordnet ihre Erbschaften, teilt ihren Nachlaß; könnte sie ihnen nicht auch die Sorge des Nachdenkens und die Mühe des Lebens ganz abnehmen?«

[56] Vgl. Robert Jungk (1977).

zifischer Gegenbegriff zum Begriff des Rechtsstaats profilieren. Und die Entwicklung des Atomrechts und der Atompolitik spiegeln die an den Grundfesten der Rechtsstaatlichkeit rüttelnden Positionskämpfe in der Tat auf besonders prägnante Weise.

Im Bereich der Grundrechtsordnung, dem Herzstück der Rechtsstaatlichkeit, äußert sich die Beharrungstendenz bzw. der – noch immer von der »großen Freiheit« des Laissez-faire-Paradieses träumende – Reaktionsdruck des Industriesystems vor allem in der anhaltenden De-facto-Privilegierung des Grundrechts auf Eigentum (Art. 14 GG) gegenüber dem Grundrecht auf Leben und körperliche Unversehrheit. Diese Privilegierung findet in der Umweltgesetzgebung ihren Ausdruck und setzt sich in Verwaltung und Rechtsprechung fort.

Die fortdauernde Unterschätzung und Vernachlässigung der mit unserer Art des Wirtschaftens verbundenen Störungen und Zerstörungen des ökologischen Gleichgewichts führt zu einer ebenfalls fortdauernden Hemmung (um nicht zu sagen Unterdrückung) der rechtslogischen Entfaltungsdynamik des Grundrechts auf Leben und körperliche Unversehrtheit.

Dieses bedrückende Phänomen ist in allen Bereichen des Umweltrechts erkennbar. Wer etwa versuchen sollte, unter Berufung auf sein grundgesetzlich verankertes Recht auf körperliche Unversehrtheit so bedeutsame Güter wie die Ungiftigkeit von Wasser, Luft und Nahrung, die Ungestörtheit der Nachtruhe oder die Nicht-Verunstaltung seiner architektonischen Umwelt einzuklagen, wird in aller Regel bitteren Schiffbruch erleiden[57]. Und dies, obwohl all die genannten, staatlich geduldeten, ökologischen Belastungen ohne jeden Zweifel zu einer mehr oder minder schwerwiegenden Beeinträchtigung der körperlichen Unversehrtheit führen (können). Rechtsnormen, die es den Verwaltungsbehörden und den Gerichten ermöglichen würden, einzuschreiten, gibt es zuhauf. Woran es fehlt, ist die Bereitschaft der Rechtsanwender, sich aus dem Dikkicht einer – längst zur Politik des lebensfeindlichen Übermaßes gewordenen – angeblichen »Politik mit Augenmaß« zu befreien und damit der rechtsstaatlichen Garantie von Leben und körperlicher Unversehrheit den Rang zuzuerkennen, der ihr gebührt.

Solange jedoch im Rahmen der rechtlich-politischen Güterabwägungsspiele die »wirtschaftliche Vertretbarkeit« in dem Umfang

[57] Vgl. zu diesem Syndrom Mayer-Tasch (1978), sowie auch ders., Der Weg vom Rechtsstaat zum Atomstaat wird gepflastert. In: Alexander Roßnagel (Hrsg.) (1984), S. 67–87.

zur Rechtfertigung der staatlichen Sterbehilfe für Wälder, Flüsse, Seen, Pflanzen, Tiere und damit letztendlich auch Menschen herangezogen werden kann, wie dies heute noch landauf landab geschieht, besteht wenig Hoffnung auf den Fortbestand einer wohlverstandenen Rechtsstaatlichkeit. Sie wird zum Opfer eines schicksalsträchtigen Denkfehlers. Auch die sich in immer stärkerem Maße zum nationalen Fetisch entwickelnden Arbeitsplätze können nämlich vernünftigerweise nicht mehr sein als Werkzeuge im Dienst des individuellen und kollektiven Lebens und Überlebens. Wo die Beschaffenheit dieser Arbeitsplätze die Lebens- und Überlebensgrundlagen so tiefgreifend gefährdet, wie dies heute nicht nur in der Industriegesellschaft der Fall ist, wird man neue Formen des Arbeitens und Wirtschaftens ernsthaft ins Auge fassen müssen. Der Mensch kann sich von Wasser, Luft und Brot, nicht aber von Geld ernähren. Wo absehbar ist, daß es genießbares Wasser, genießbare Luft und genießbares Brot schon bald nicht mehr geben wird, ist es an der Zeit, den Mythos vom – auf dem Goldberg verdurstenden und verhungernden – Midas auch für die Rechtskultur zu rezipieren.

Die Schwellenangst vor einer derartigen Rezeption ist allerdings denkbar hoch. Und ihr Name ist Verdrängung. Der sich auf der Höhe seiner Wissenschaft bewegende Geist weiß selbstverständlich längst zwischen echten Umweltgefahren und bloßem Zivilisationsrisiko zu unterscheiden, wobei das letztere selbstverständlich ohne weiteres hinzunehmen ist[58]. Und wo es um Gefährdungstatbestände geht, weiß er überdies auch noch zwischen echtem Risiko und bloßem »Restrisiko« zu unterscheiden[59]. In seiner Kalkar-Entscheidung vom 8. August 1978 erklärte das Bundesverfassungsgericht, daß der Genehmigungsparagraph 7 des Atomgesetzes allenfalls ein solches »Restrisiko« in Kauf nehme[60].

Mit der eilfertig vor- und nachgesprochenen These, daß sich dieses Restrisiko lediglich auf derzeit nicht erkannte und auch nicht erkennbare Verfahren beziehe, bestätigte das höchste deutsche Gericht die Sicherheitsrhetorik des weltweiten Nuklear-Establishments und verwarf die Argumentation der ebenfalls weltweiten Nuklear-Opposition. Durch die im Atomgesetz niedergelegten Grundsätze der Gefahrenabwehr und Risikovorsorge – so das Gericht – sei ein Maßstab aufgerichtet, der Genehmigungen nur dann zulasse,

[58] Vgl. dazu etwa Werner Thieme, Die Zulässigkeit von Umweltschutzklagen. In: NJW 39 (1976), S. 705ff.

[59] Vgl. hierzu auch Mayer-Tasch (1980), S. 25ff.

[60] BVerfGE 49, 89ff., insbes. 137ff.

wenn es nach dem Stand der Wissenschaft und Technik ausgeschlossen erscheine, daß entsprechende Schadensereignisse einträten. Ungewißheiten jenseits dieser »Schwelle praktischer Vernunft« hätten ihre Ursache in den Grenzen des menschlichen Erkenntnisvermögens und seien daher hinzunehmen[61].

Schon das logische Konzept einer derartigen »Schwelle praktischer Vernunft« ist äußerst fragwürdig, wenn man bedenkt, daß etwa das Element menschlicher Willkür in ihm keine ausreichende Berücksichtigung erfahren kann. Selbst dann aber, wenn man eine derartige »Schwelle praktischer Vernunft« als Orientierungs- und Abgrenzungslinie akzeptieren würde, müßte spätestens seit den – geradezu als Antwort der Geschichte auf das fahrlässige Richterwort zu lesenden – Atomkatastrophen von Harrisburg und Tschernobyl klar geworden sein, daß die Annahme einer konkreten Bedrohung der Bevölkerung durch den Betrieb von Atomkraftwerken diese »Schwelle« durchaus nicht überschreitet. Ein Gericht, das sich mit der Frage der rechtsstaatlichen Legitimation des atomrechtlichen Genehmigungsverfahrens zu befassen hat, kann auf eine differenzierte Behandlung dieser Problematik schwerlich verzichten. Bei einer solchen differenzierten Behandlung wäre aber selbstverständlich eine weitgreifende Beweiserhebung fällig, in deren Verlauf die tatsächlich bestehenden naturwissenschaftlichen Kontroversen (über die Vergleichbarkeit von natürlicher und künstlicher Radioaktivität, über die Frage der unterschiedlichen Belastbarkeit des menschlichen Organismus, über die Wirkung synergetischer Effekte, über das Katastrophenrisiko, über die geologischen Voraussetzungen einer sicheren Endlagerung etc.) auch rechtlich entscheidungserheblich werden.

Nach einer solchen Beweiserhebung würde die Vorstellung eines geradezu ungeheuerlichen Gefährdungseingriffs in das Grundrecht auf Leben und körperliche Unversehrtheit wohl noch nicht einmal in die Nähe jener »Schwelle« rücken, die das Bundesverfassungsgericht fahrlässigerweise als nicht überschritten erklärt hat. Und eine sorgfältige Prüfung der Verhältnismäßigkeit dieses Eingriffs würde wohl auch zu dem Ergebnis führen, daß er in den (von Art. 19 Abs. 2 GG als unantastbar erklärten) sogenannten Wesensgehalt des Grundrechts eingreift und damit schlichtweg verfassungswidrig ist.

Was für die Gefährdung des Grundrechts auf Leben und körperliche Unversehrtheit gilt, gilt aber im übrigen auch für die bürgerlichen Freiheitsrechte, wenn man die Logik der zivilen Nutzung der

[61] Vgl. ebd. 143.

Atomenergie zu Ende denkt[62]. Angesichts der zerstörerischen bis apokalyptischen Konsequenzen, die der terroristische Mißbrauch der Nukleartechnologie nach sich ziehen kann, und angesichts der Schwierigkeiten, einen derartigen Mißbrauch auszuschließen, wird der Staat im Vollzug seiner allgemeinen Fürsorgepflicht zur fortschreitenden Aufgabe rechtsstaatlicher Positionen gedrängt.

Mit dem Bau jeder atomaren Anlage erhöht sich nämlich die Verantwortung des Staates und damit auch der schon heute auf ihm lastende Druck, zur Sicherung ihrer Gesundheit und ihres Lebens in die Freiheit seiner Bürger einzugreifen. Bei einer weiteren Expansion der nuklearen Ver- und Entsorgungskapazität könnte er seiner Verantwortung nur durch einen weiteren Ausbau des heute schon äußerst dicht geknüpften zivilen Überwachungsnetzes gerecht werden. Verantwortlich handelnde Sicherheitsbehörden müssen bzw. müßten nicht nur die mit dem Bau und dem Betrieb atomarer Anlagen und dem Transport radioaktiven Materials Befaßten, sondern auch deren Familien, deren Freunde und Bekannten ständig überwachen. Auch Eingriffe in die Intimsphäre wie etwa laufende psychiatrische Untersuchungen müßten unter den skizzierten Vorzeichen als verhältnismäßig (wenn nicht gar geboten) erscheinen. Auch in derartigen Maßnahmen könnte sich die Sicherheitsaufgabe des Staats jedoch nicht erschöpfen. Wer möchte der von einem amerikanischen Beobachter der atomaren »Szene« gestellten Frage, ob es nicht besser sei, einen des Nuklearterrorismus Verdächtigen zu foltern, als Gefahr zu laufen, daß eine ganze Stadt in Flammen aufgehe[63], bedenkenlos mit einem strammen Plädoyer wider die Folter begegnen? Das Szenario ließe sich noch weiter verdichten bis hin zur Beschränkung der (grundrechtlich garantierten) Freizügigkeit und zur Zwangsrekrutierung von Bedienungsmannschaften, wenn die soziale Akzeptanz der Erzeugung von Kernspaltungsenergie dereinst gänzlich geschwunden sein wird, wovon die Vorgänge um das spanische Atomkraftwerk Lémoniz und natürlich auch die »Aufräum«aktionen und die Folgen der Katastrophe von Tschernobyl bereits einen Vorgeschmack gegeben haben.

Was für die Integrität der Grundrechtsordnung gilt, gilt aber auch für die Integrität des – in Art. 20 Abs. 2 GG verankerten – Prinzips der Gesetzmäßigkeit der Verwaltung. Auch diese zweite Grundsäule der Rechtsstaatlichkeit ist längst ins Wanken geraten.

[62] Vgl. dazu Mayer-Tasch, Der Weg vom Rechtsstaat, S. 67ff., sowie Alexander Roßnagel (1983) und (1984).

[63] Vgl. David Dinsmore Comey, Die sozialen Zwänge der Kernenergie. In: Kernenergie – offen bilanziert. Magazin Brennpunkte 4, Frankfurt 1976, S. 123–138.

Die nicht zuletzt durch die wachsende Komplexität der technisch-ökonomischen Entwicklung unserer Industriegesellschaft bedingte Inflation sogenannter unbestimmter Rechtsbegriffe läßt das Prinzip der Gesetzmäßigkeit der Verwaltung zu einer kaum mehr faßbaren Schimäre werden. Der Gesetzgeber setzt vielfach nurmehr äußerst vage Rahmen; die eigentliche Entscheidung trifft die Verwaltung. Ihre Entscheidung als bloße Ausfüllung dieser Rahmen anzusprechen, verbietet sich zumindest dort, wo die Verwaltung auf die Abwägung verschiedener Zielvorgaben verwiesen wird (wie es etwa im Planungs- und Baurecht der Fall ist) oder wo Entscheidungen von großer Tragweite (wie etwa atomrechtliche Genehmigungen) anstehen. Bei der Interpretation der jeweils entscheidungserheblichen unbestimmten Rechtsbegriffe, bei der Frage etwa, ob nachträgliche Auflagen für einen umweltvergiftenden Betrieb unverhältnismäßig wären[64] oder ob »überwiegende öffentliche Interessen, insbesondere im Hinblick auf die Reinhaltung des Wassers, der Luft und des Bodens, der Wahl des Standortes der Anlage nicht entgegenstehen«[65], können die Behörden dann zeigen, »was in ihnen wohnt an Meinung, Geschmack und Humor« (Ringelnatz) beziehungsweise, was nach einschlägigem wirtschaftlichen und politischen Druck davon noch übrig geblieben ist.

Unter dem Aspekt einer Stärkung des Prinzips der Gesetzmäßigkeit der Verwaltung wäre der Ruf nach einem differenzierteren Engagement des Gesetzgebers daher auch durchaus einsichtig und legitim. Ganz abgesehen davon aber, daß angesichts des natur- und sozialwissenschaftlichen Komplexitätsgrades zahlreicher anstehender Entscheidungen ein derartig differenziertes Engagement des Gesetzgebers unter den heutigen Bedingungen des Parlamentarismus schwerlich zu befriedigenden Ergebnissen führen würde, galt der Ruf nach dem Gesetzgeber – gerade im Bannkreis der sogenannten friedlichen Nutzung der Atomenergie – im letzten Jahrzehnt eher der Schwächung als der Stärkung der Rechtsstaatlichkeit, zielte er doch auf eine Schwächung der Verwaltungsgerichtsbarkeit, deren – in Politik und Wirtschaft vielbeklagte – Mitverantwortlichkeit für sogenannte Investitionsstaus sie auf die schwarze Liste der »Fortschritts«freunde geraten ließ.

Selbst die, in ihrer Ineffizienz nicht selten geradezu farcenhafte Züge annehmende Stromlinienförmigkeit der Raumordnungs- und Genehmigungsverfahren für Atomanlagen[66] ließ die Bemühungen

[64] § 17 Abs. 2 Ziff. 1 BImSchG.
[65] § 7 Abs. 2 Ziff. 6 AtomG.
[66] Vgl. dazu ausführlich Mayer-Tasch, Das umweltrechtliche Genehmigungs- und

der Atomwirtschaft und ihrer politischen Exponenten um eine weitere »Straffung« dieser Verfahren nicht zur Ruhe kommen. Hinter ihrem – mit demokratischem Pathos vorgetragenen – Versuch, die Kompetenz zur Standortgenehmigung den Länderministerien zu entziehen und den Länderparlamenten zuzuspielen, verbarg sich nicht weniger als die Tatsache, daß die an »Gesetz und Recht« (Art. 20 Abs. 3 GG) gebundenen Verwaltungsrichter die in derartigen »Maßnahmegesetzen« geschriebenen Entscheidungen dann nicht mehr im bisherigen Umfang nachzuprüfen befugt (gewesen) wären[67].

Im Gespräch war insbesondere die gesetzliche Festlegung des Standorts und des Reaktortyps des jeweiligen Atomkraftwerkes. Beide Teilentscheidungen wären im Fall ihrer gesetzlichen Festlegung der Kontrollkompetenz der Verwaltungsgerichte entzogen. Im Hinblick auf diese Teilentscheidungen bliebe dem Bürger dann nur noch der Weg zu den Verfassungsgerichten, der sehr viel weniger Erfolgsaussichten bietet. Ganz abgesehen davon nämlich, daß schon die psychologischen Barrieren vergleichsweise hoch sind, und auch davon, daß das – einer Verfassungsbeschwerde zum Bundesverfassungsgericht vorgeschaltete – sogenannte *a-limine*-Verfahren die prozeßrechtliche Zulässigkeitsschwelle noch weiter erhöht, würden sich seine Erfolgsausichten auch von der materiell-rechtlichen Situation her ganz erheblich verschlechtern, da dann nurmehr das sehr viel grobmaschigere Netz des Verfassungsrechtes als Entscheidungsgrundlage zur Verfügung stünde.

Die Verwirklichung solcher Bestrebungen würde zum einen den Kernbereich der grundgesetzlich verankerten Rechtsweggarantie verletzen und zum anderen einen Eingriff in das rechtsstaatliche Strukturprinzip der Gewaltenteilung darstellen. Ersteres deshalb, weil Art. 19 Abs. 4 GG zwar keinen bestimmten Rechtsweg schützt, nach der Rechtsprechung des Bundesverfassungsgerichtes jedoch sowohl eine Einschränkung als auch eine Effizienzminderung der gerichtlichen Kontrolle verbietet[68]. Letzteres deshalb, weil derartige Standortentscheidungsgesetze – wie schon erwähnt – Maßnahmegesetze wären, Gesetze also, die im Stil typischen Verwaltungshandelns individuelle und konkrete (statt generelle und abstrakte) Regelungen treffen[69]. Maßnahmegesetze sind schon im An-

Anfechtungsverfahren. Rechtspolitische Überlegungen zu seiner Demokratisierung und Liberalisierung. In: ders. (1978), S. 23ff.

[67] Vgl. Mayer-Tasch, Der Weg vom Rechtstaat, S. 67ff.

[68] Vgl. BVerfGE 40, 275, sowie auch BVerfGE 35, 274 und BVerfGE 22, 110.

[69] Vgl. in diesem Zusammenhang BVerfGE 9, 268ff. (280), sowie auch Ernst Forsthoff (1973), S. 9ff.

satz verfassungsrechtlich bedenklich; in ganz besonderem Maße sind sie dies aber dann, wenn sie derart offensichtlich der Durchsetzung politischer Ziele zu dienen bestimmt sind, die auf überlieferte rechtsstaatliche Weise entweder überhaupt nicht mehr oder nur noch sehr schwer durchgesetzt werden könn(t)en[70].

Was sich nämlich hinter Schlagworten wie »Überforderung der Gerichte«, »Rechtswege-Staat«, »Verdrängung der Politik durch die Justiz« oder auch hinter dem Ruf nach den Gremien »mit der stärksten politischen Legitimation« verbarg, liegt auf der Hand: Die Parlamente hatten sich in den letzten Jahrzehnten in stärkerem Maße als (energie-)»politisch zuverlässig« erwiesen als die Verwaltungsgerichte; deren atomrechtliche Entscheidungskompetenz sollte deshalb eingeschränkt werden.

Die Katastrophe von Tschernobyl hat diesem Anschlag auf überlieferte Rechtsstaatsstrukturen fürs erste die Spitze genommen, weil weitere Ausbaupläne in naher Zukunft sozial und politisch nicht mehr durchsetzbar erscheinen. Gänzlich ad acta gelegt sind sie aber auf keinen Fall, Veränderungen der sozioökologischen oder soziopolitischen Situation können sie jederzeit wieder aufleben lassen. Die CO_2-Diskussion etwa scheint eher Wasser auf die Mühlen der Atom-Lobby zu leiten als den Ausbau alternativer Energiegewinnung zu fördern.

Für einen anderen Anschlag auf die Substanz der deutschen Rechtsstaatlichkeit kam Tschernobyl zu spät. Für Klagen im Zusammenhang mit der Planung und Genehmigung nahezu aller ökologisch bedeutsamen und daher auch konfliktträchtigen Großvorhaben (wie Kraftwerke, Raffinierien, Flughäfen etc.) sind seit 1985 die Verwaltungsgerichtshöfe bzw. die Oberverwaltungsgerichte erstinstanziell zuständig. Im Klartext bedeutet dies die Abschaffung einer der beiden sogenannten Tatsacheninstanzen – Instanzen also, bei denen prozeßerhebliche Tatsachen und nicht nur Rechtserwägungen vorgetragen werden können –, da gegen die Urteile der Verwaltungsgerichtshöfe und Oberverwaltungsgerichte nur noch die Revision zum Bundesverwaltungsgericht möglich ist.

Daß diese Beschneidung des Instanzenzuges, deren Ankündigung schon im Jahre 1982 auf dem Deutschen Juristentag auf heftige Kritik gestoßen war, einen schweren Eingriff in die rechtsstaatliche Substanz der Verwaltungsgerichtsbarkeit bedeutet, liegt auf der

[70] Als Formenmißbrauch und daher auch verfassungswidrig erklärte solche Pläne auch Willi Blümel, Die Standortvorsorgeplanung für Kernkraftwerke und andere umweltrelevante Großvorhaben in der Bundesrepublik Deutschland. In: DVBl. 92 (1977), S. 301 ff. (S. 321, Anm. 493 mit weiteren Nachweisen).

Hand. Alle Rechtfertigungsrhetorik (Vereinheitlichung, Rechtsgleichheit, Rechtssicherheit) kann nicht darüber hinwegtäuschen, daß mit der Abschaffung der zweiten Tatsacheninstanz für sozial und politisch besonders brisante und umstrittene Planungs- und Bauvorhaben eine erhebliche Minderung des gerichtlichen Rechtsschutzes eingetreten ist, die sich mit der Rechtsweggarantie des Art. 19 Abs. 4 GG schwerlich vereinbaren läßt.

Auch damit freilich scheint das sprichwörtliche »Ende des Tunnels« noch lange nicht erreicht zu sein. Seit Anfang der 80er Jahre gibt es schwerwiegende politische Stimmen, die eine Beschränkung der verwaltungsgerichtlichen Prüfungskompetenz auf die bloße Willkürkontrolle fordern[71]. Die Verwirklichung dieses Vorschlags würde im Grunde die Abschaffung der Verwaltungsgerichtsbarkeit bisheriger Prägung und damit einen rechtsstaatlichen Rückschritt ins 19. Jahrhundert bedeuten. Die mit derartigen Vorschlägen verbundene Begleitrhetorik verweist mit schöner Regelmäßigkeit auf die »Entartung unseres freiheitlichen Rechtsstaates und unserer auf Gewaltenteilung aufgebauten Demokratie zu einem Rechtswege-, Rechtsmittel- und Richterstaat«[72].

Daß selbst Politiker, die die institutionelle Konkretisierung des Rechtsstaatsprinzipes durch Gesetze von der Art der Verwaltungsgerichtsordnung politisch mitgetragen haben, dieses ihr Werk nun plötzlich als Entartung des Rechtsstaats diffamieren, mag im Rückblick auf die Art und Weise, in der die Weimarer Verfassung Schritt um Schritt unterminiert wurde, äußerst bedenklich stimmen. Darüber hinaus sind derartige De-facto-Diffamierungen überkommener rechtsstaatlicher Strukturen aber auch deshalb unverständlich, weil in den vergangenen beiden Jahrzehnten im Grunde nicht mehr geschehen ist als die intensivere Wahrnehmung der dem Bürger seit langem zustehenden Rechte. Gerade dies aber scheint die »Revanche der Exekutive« zu provozieren, die immer wieder aus ihren Träumen von ungestörtem Regieren aufgeschreckt wird. Ziel dieser Reaktion ist daher auch die Verschiebung der Gewaltenbalance zwischen Legislative, Exekutive und Judikative zu Lasten der letzteren. Als bloßes Verfassungswort läßt sich der Rechtsstaat eben leichter ertragen als das, was er seit eh und je sein wollte: Schranke nämlich und Filter, durch die administrative (und bis zu einem gewissen Grade auch legislative) Impulse begrenzt und geläutert werden sollten.

[71] Erhoben wurde diese Forderung u. a. auf einem im April 1982 abgehaltenen rechtspolitischen Kongreß der CSU. Vgl. dazu Süddeutsche Zeitung vom 26. 4. 1982.

[72] So Franz Josef Strauß, ebd.

Das hier am Beispiel der (Atom-)Energiepolitik aufgezeigte, in Eberhard von Kuenheims entwaffnend offener Devise »Mehr Technik und weniger Rechtsstaat!«[73] kulminierende Verfalls-Syndrom steht nur für *eine* Dimension der Gefährdung von Rechtsstaatlichkeit. Als Spätgeburt der nun seit zwei Jahrhunderten anhaltenden Bemühung des Wirtschaftsbürgertums, Rechtsstaatlichkeit im Sinne eines technisch-ökonomisch geprägten Fortschrittsbildes zu nutzen und zurechtzustutzen, bewegt es sich in tradierten Bahnen. Eine ganz andere, unter gewissen Umständen noch schwererwiegende Dimension der Gefährdung von Rechtsstaatlichkeit könnte schon sehr bald aus den sozioökologischen (und damit letztendlich auch sozioökonomischen) Konsequenzen dieses »radioaktiven Zerfalls« (Roßnagel[74]) der Rechtsstaatlichkeit erwachsen. Im selben Maße nämlich, in dem uns die natürlichen Lebensgrundlagen im Gefolge dieses mehr oder minder rücksichtslosen Fortschrittskurses entgleiten, wird die Gesellschaft genötigt sein, auf Abhilfe zu sinnen und zu drängen. Nach allen bisherigen Erfahrungen aber wird das – von Kapital und Arbeit geistig, sozial und ökonomisch getragene – politische Establishment ihrem Sinnen und Drängen stets aufs neue mit einer halbherzigen »Politik des peripheren Eingriffs« begegnen (Doran, Hinz, Mayer-Tasch[75]), die das schon heute allenthalben erkennbare Phänomen der sozioökologischen Verelendung sich weiter ausbreiten lassen wird. All dies wird möglicherweise bis zu einem Punkte treiben, an dem Rechtsstaatlichkeit für *alle* Bürger zu einer quantité négligeable werden wird. Wenn alle Wälder »wie des Bettelmanns Kleid« (Mühl-Hiasl) ausschauen oder sich gar (wie in den Visionen Leonardo da Vincis) gänzlich verflüchtigt haben werden[76], wenn niemand sich mehr ins Freie wagen kann, ohne einen Hautkrebs zu riskieren und auch jede Speise zur akuten Lebensgefahr geraten sein wird, wird Peter Schneiders – sich aus den besten Traditionen der Rechtsstaatlichkeit nährende – Devise »Im Zweifel für die Freiheit«[77] zur leichten Münze werden, wird man wohl jedem bereitwillig diktatorische Vollmachten einräumen, der mit einiger Überzeugungskraft versprechen kann, mit ihrer Hilfe wieder Blätter an die Bäume zu zaubern, das Ozonloch verschwinden zu

[73] Vgl. den Bericht über die Jahrestagung 1982 des Landesverbands der Bayerischen Industrie in der Süddeutschen Zeitung vom 3. 7. 1982.

[74] Vgl. oben, Anm. 62.

[75] Vgl. Doran, Hinz u. Mayer-Tasch (1974).

[76] Vgl. Leonardo da Vinci, in: Gruhl (Hrsg.) (1984), S. 40, 46, 93, 145f. u. 226f.

[77] Vgl. Kritische Vierteljahresschrift für Gesetzgebung und Rechtswissenschaft 4 (1988), S. 294ff.

lassen und den Tisch mit genießbarer Nahrung zu decken. Die Logik der Hobbesschen Überlebensdiktatur wird dann unter ganz anderen Umständen wieder fröhliche Urständ feiern, weil der Leviathan dann nicht mehr als Gefährder, sondern vielmehr als letzter Hoffnungsträger erscheinen wird. Die als polemische Formel vielbeschworene »Öko-Diktatur« wird daher auch nicht von jenen gefördert, die eine konsequente Umweltpolitik anmahnen, sondern vielmehr von jenen, die diese Mahnung mißachten.

Wie zur Lösung aller zwischenmenschlichen Aufgaben gehört auch zur Bewahrung der Rechtsstaatlichkeit in erster Linie gesunder Menschenverstand und Fingerspitzengefühl. Selbst altehrwürdige Prinzipien des Tugendhaften und Gerechten – wie etwa die zur Kernsubstanz zeitloser humanistischer Bemühung zählende Mitte-und-Maß-Ethik – mögen dort, wo die rechte Ordnung schon allzusehr ins Wanken geraten ist, nicht mehr weiterhelfen – zumindest dann nicht, wenn die »Mitte« und das »Maß« in einer quasi-mechanischen Ausgleichsmanier gesucht wird. Auch das für den Regelfall der Verfassungsauslegung oder verfassungskonformen Auslegung durchaus plausible Gebot, in der Abwägung der einzelnen Staatsstruktur- und Staatszielbestimmungen im Blick auf die Einheit der Verfassung »praktische Konkordanz« anzustreben, mag unter solchen Umständen zu fragwürdigen Ergebnissen führen.

Wenn es bei anstehenden rechtlichen, politischen oder auch rechtspolitischen Entscheidungen zumindest auch um die Bewahrung gefährdeter Strukturen und Funktionen des Verfassungsstaates (und damit nicht zuletzt der Rechtsstaatlichkeit selbst) geht, so verspricht die Anwendung des rechtsstaatlichen Prinzips der Verhältnismäßigkeit noch am ehesten den erstrebten Erfolg. Im Mittelpunkt jeder Konkretisierung des Verhältnismäßigkeitsprinzips steht nämlich die Frage, ob die Schwere bzw. Durchschlagskraft eines geplanten Eingriffs der Bedeutung des zu schützenden Gemeinwohlgutes und dem Ausmaß seiner Gefährdung entspricht. Im konkreten Falle bzw. in einer Vielzahl ähnlich gelagerter, weil dasselbe zivilisatorische Syndrom betreffender Fälle mag dieses Verfahren – zumindest auf Zeit – zu unverkennbaren Prioritätstendenzen führen, die ihren soziopolitischen Ausgleich dann auf einer höheren als der üblicherweise angepeilten Ebene »praktischer Konkordanz« suchen und finden. Solche Bemühungen um gesellschaftliche Harmonisierung müssen freilich in der Gelassenheit einer rechtlichen und politischen Kultur geborgen sein, die weiß, wann es Zeit ist zu handeln und wann es Zeit ist innezuhalten. In diesem Sinne ist auch die

Rechtsstaatlichkeit auf die Wahrnehmungstiefe und Bewußtseinshöhe aller den Verfassungsstaat Tragenden angewiesen. In die uralte Weisheit nämlich, daß jede Politik und jedes Recht (nur) so gut sein kann wie diejenigen, die sie gestalten, ist auch die Rechtsstaatlichkeit eingebunden.

Literatur

Böckenförde, Ernst-Wolfgang (1969): Entstehung und Wandel des Rechtsstaatsbegriffs. In: Festschrift für Adolf Arndt zum 65. Geburtstag. Hrsg. von Horst Ehmke, Carlo Schmid, Hans Scharoun. Frankfurt a.M., S. 53–76

Forsthoff, Ernst (1964): Rechtsstaat im Wandel. Verfassungsrechtliche Abhandlungen 1950/64

Mayer-Tasch, Peter Cornelius (Hrsg.) (1975): Die Verfassungen der nichtkommunistischen Staaten Europas. Mit einem Essay, verfassungsgeschichtlichen Abrissen u. einem vergleichenden Sachregister. München (2., neubearb. Aufl.)

Oestreich, Gerhard (1978): Geschichte der Menschenrechte und Grundfreiheiten im Umriß. Berlin (2., durchges. u. erg. Aufl.)

1. Was ist ein »Volks«staat?

»Alle Staatsgewalt geht vom Volke aus« (Art. 20 Abs. 2 S. 1 GG). Mit diesem lapidaren Satz scheint das Prinzip der Volksstaatlichkeit für den Geltungsbereich des Grundgesetzes festgeschrieben. Angesichts der vielfältigen normativen Ausgestaltungsmöglichkeiten des Prinzips besagt dieser Satz allerdings noch wenig. Im Grunde spricht er nur eine Selbstverständlichkeit der abendländischen Moderne aus. Schon seit langem ist kein aus dem Prozeß des »okzidentalen Rationalismus« (Max Weber)[1] hervorgegangener Staat mehr denkbar, der sich nicht in dieser oder jener Weise demokratisch legitimieren würde. Bei allen Besonderheiten ihrer Ideologien mach(t)en da selbst die faschistischen und marxistischen Staaten keine Ausnahme. Der das Volk verkörpernde Führer oder der – den zur und auf Zeit dialektisch-historisch bedeutsamsten Teil des Volkes verkörpernde – Arbeiter- und Bauernstaat sind immer noch demokratisch bezogen. Allenfalls der nach seinem (u. a. auf Münzen artikulierten) Selbstverständnis »por la gracia de Dios«, das heißt also von Gottes Gnaden, regierende Francisco Franco y Bahamonde (1892–1975) glaubte sich lange Zeit weitgehend aus diesem rhetorischen Legitimationszusammenhang ausklammern zu können.

Vor diesem Hintergrund wird jedenfalls verständlich, warum das ganze Gewicht des Art. 20 Abs. 2 GG auf dem zweiten Satz liegt, wo es heißt: »Sie (die Staatsgewalt) wird vom Volke in Wahlen und Abstimmungen und durch besondere Organe der Gesetzgebung, der vollziehenden Gewalt und der Rechtsprechung ausgeübt.« Was unter dem »demokratischen (und sozialen Bundes- bzw. Rechts-) Staat« der Art. 20 Abs. 1 und Art. 28 Abs. 1 GG als Staatsstruktur- und Staatszielbestimmung zu verstehen ist, wird wesentlich von dieser Auffüllung der ein wenig pathetischen Leerformel des Art. 20 Abs. 1, S. 1 gesagt. Sie unterscheidet zwischen der ideellen Herkunft und der praktischen Innehabung und Ausübung der Staatsgewalt. Die nicht nur deklaratorische, sondern vielmehr konstitutive, das

[1] Vgl. zu diesem Kernthema Max Webers: Wolfang Schluchter (1979); Carl Schmitt (1981), S. 70; Max Weber, Vorbemerkung zu den gesammelten Aufsätzen zur Religionssoziologie. In: ders. (1979), S. 5.

Prinzip der politischen Einheit mitbestimmende Verfassungsentscheidung zugunsten der Volksstaatlichkeit wird mithin nicht zuletzt von ihr getragen.

Die genannte Unterscheidung von Innehabung und Ausübung ist zwar keineswegs selbstverständlich – man denke an Rousseaus Begründung der unmittelbaren Demokratie –, historisch gesehen jedoch konsequent. Die Entscheidung der vielbeschworenen »Väter des Grundgesetzes« zielte auf die mittelbare oder repräsentative Demokratie: Die Organe, mittels derer die Staatsgewalt ausgeübt wird, werden über eine Legitimationsbrücke mit dem Volk verbunden, das selbst nur durch Wahlen und Abstimmungen an der Ausübung der Staatsgewalt Anteil hat.

Das Volk ist also zwar Quelle aller Staatsgewalt, darf sie jedoch nur innerhalb des von der Verfassung gesetzten Rahmens ausüben. Durch die »Ewigkeitsgarantie« des Art. 79 Abs. 3 GG, welche »die in Art. 1 und Art. 20 GG niedergelegten Grundsätze« für unberührbar erklärt, wird diese offenkundige Beschränkung des Prinzips der Volkssouveränität noch stärker akzentuiert. Eine weniger offenkundige, indessen nicht minder nachhaltige Beschränkung des Prinzips der Volkssouveränität ergibt sich schon aus dem mehrfach erwähnten, für alle Staatsstruktur- und Staatszielbestimmungen gültigen Ausgleichs- und Abwägungsprinzip der »praktischen Konkordanz«[2]. Im rechtsstaatlich motivierten Prinzip der Gewaltentrennung und -verschränkung hat es in der Verfassungsstruktur selbst einen augenfälligen Ausdruck gefunden.

Daß alle Formen der Beschränkung des Prinzips der Volkssouveränität im Rahmen des Verfassungsstaates der abendländischen Tradition als Ergebnis seiner Geschichte zu verstehen sind, wurde schon im Rahmen der Erörterung der Rechtsstaatlichkeit verdeutlicht. Darüber hinaus sind die Beschränkungen des Prinzips der Volkssouveränität aber auch ganz allgemein im Zusammenhang mit der Hegung des Politischen zu sehen. Im Begriff der – in Art. 11, Art. 18 und Art. 21 GG so genannten – »freiheitlich demokratischen Grundordnung« wird das Prinzip der Volksstaatlichkeit in einem liberalen Sinne präzisiert, der bestimmte Gestaltungs- und Erscheinungsformen des Politischen, wie etwa die für die sogenannten Volksdemokratien – eine schon sprachlich unsinnige Tautologie – charakteristische Monopolstellung einer Partei, ausschließt. Die Festschreibung der Gewaltentrennung und -verschränkung sowie die Betonung der sowohl als liberale als auch als demokratische Frei-

[2] Konrad Hesse (1988), Randnummer 72.

heiten zu verstehenden Grundrechte der Meinungsäußerungs-, Versammlungs- und Vereinigungsfreiheit (Art. 5, 8 und 9 GG) stecken den Rahmen, innerhalb dessen der Demokratiebegriff des Grundgesetzes aufgefüllt wird.

Im Zusammenhang mit der Hegung des Politischen ist auch die Entscheidung zugunsten der mittelbaren oder repräsentativen Demokratie zu sehen. Wie in nahezu allen anderen europäischen Verfassungen orientiert sich auch die im Grundgesetz vorgezeichnete Ausübung der Staatsgewalt am traditionellen Muster der parlamentarischen Demokratie. Die Ausübung der Staatsgewalt durch Wahlen steht dabei aus der Perspektive der Volksstaatlichkeit im Vordergrund. Ihr Ziel ist die Bestellung von Repräsentanten, die als »Vertreter des ganzen Volkes« (Art. 38 Abs. 1 S. 2 GG) zum einen die Gesetzgebung und zum andern die Bestellung der Regierung als des Hauptes der vollziehenden Gewalt zu besorgen haben.

Die Bestellung der Repräsentanten kann als das zentrale Ereignis des staatlichen Lebens gelten. In ihm nämlich – und letztlich nur in ihm – begegnen sich Staat und Volk. Eine andere, intensivere Form der Ausübung von Staatsgewalt wird dem Volk auf Bundesebene kaum zugestanden. Die in Art. 20 Abs. 2 S. 1 GG überdies noch genannten »Abstimmungen« sind hier auf ein Minimum beschränkt. Ein unmittelbares Mitspracherecht wurde der Stimmbürgerschaft nur im Hinblick auf die Neugliederung des Bundesgebietes eingeräumt (Art. 29 Abs. 1 GG) – eine Bestimmung, die im Zuge der Wiedervereinigung der nach dem Zweiten Weltkrieg auseinandergerissenen Teile des ehemaligen deutschen Reichsgebietes noch einmal Aktualität gewinnen könnte.

Größere Bedeutung als auf der Bundesebene hat die direkt-demokratische Dimension der Volksstaatlichkeit in der Bundesrepublik Deutschland auf Landes- und Gemeindeebene gewonnen. So kennen die Verfassungen der Länder Bayern, Baden-Württemberg, Bremen, Hessen, Nordrhein-Westfalen, Rheinland-Pfalz, das Saarland und West-Berlin das Recht, ein Volksbegehren und (gegebenenfalls auch) einen Volksentscheid in die Wege zu leiten. Exemplarisch mag der Art. 74 Abs. 1 der Bayerischen Verfassung hervorgehoben werden: »Es ist ein Volksentscheid herbeizuführen, wenn ein Zehntel der Stimmberechtigten den Antrag auf Erlaß oder Änderung eines Gesetzes stellt.« Zu den Erfordernissen dieses Verfahrens gehört allerdings ein aus dem Volke heraus vorgelegter, ausgearbeiteter Gesetzesentwurf. Auf dieser Ebene also besitzt das Volk ein Gesetzesinitiativrecht und die Gesetzgebungskompetenz. Zu erwähnen wären ferner die zum Beispiel in der Bayerischen Gemeindeordnung vorgesehene Bürgerversammlung, die, zumindest einmal im Jahr, vom Bürgermeister, dem Gemeinderat oder aus der Gemeinde heraus – unter der Voraussetzung eines Quorums allerdings – aber auch öfter einberufen wird, und Empfehlungen an den Stadt- bzw. Gemeinderat aussprechen kann, die dieser binnen drei Monaten zu beraten hat. Und zu erwähnen wäre außerdem, weil weitergehend, die nur in der baden-württembergischen Gemeindeordnung vorgesehene Möglichkeit eines Bürgerbegehrens und Bürgerentscheids auf Gemeindeebene. Am Argument der »mangelnden demokratischen Reife« des Volkes scheiterte die Einführung dieser Möglichkeit in Bayern sowohl im Jahre 1951 als auch noch 1970.

Daß nicht in allen europäischen Verfassungen mit derselben Konsequenz eine Entscheidung für die repräsentative Demokratie getroffen wurde – nicht nur die Schweiz, sondern auch Dänemark, Frankreich, Irland, Italien und Österreich kennen den Volksentscheid –, bedeutet, daß »das Volk« aus dem eigentlichen Prozeß der Gesetzgebung (und der Regierung) ausgeschlossen bleibt. Die politische Willensbildung erfolgt durch Vermittlung der – die Wahlen weitgehend vorbereitenden und durchführenden – Parteien in den Organen der Gesetzgebung. Bei ihrer Tätigkeit in diesen Organen der Gesetzgebung können sich die gewählten Repräsentanten auf ein sogenanntes freies Mandat berufen. Das Rechtsinstitut des freien Mandates bedeutet, daß die Repräsentanten sowohl von Weisungen der Partei, in deren Zeichen sie kandidieren, als auch von Weisungen ihrer – aufgrund des Prinzips der geheimen Wahl ohnedies nicht eindeutig bestimmbaren –Wählerschaft unabhängig sind (Art. 38 Abs. 1 S. 2 GG).

Diese »rechtliche Freistellung (der Repräsentanten) von der Bindung an den unmittelbaren Volkswillen« (Maunz, Dürig, Herzog)[3] dient der Zähmung auch des demokratisch legitimierten Leviathan. Unverkennbar verbirgt sich hinter ihr eine – in der politik- und rechtsphilosophischen Tradition des Abendlandes durchgängig konstatierbare – skeptische Anthropologie, die auch dort noch an den psycho-sozialen Prämissen von Thukydides, Hobbes und Spinoza ihr Maß zu nehmen scheint, wo sie deren Vorstellungen ignoriert oder gar ausdrücklich negiert. Repräsentative Demokratie bedeutet unter solchen Vorzeichen jedenfalls gezielte Hegung des jeweiligen Volkswillens, der für mehr oder minder manipulierbar gehalten wird und dem gesunder Menschenverstand und Sicherheit des politischen Urteils daher auch nur in eng begrenztem Rahmen

[3] Maunz, Dürig u. Herzog (1987), Randnummer 64.

zuerkannt wird. Und so schwer diese anthropologische Grundhaltung auch mit dem – in der politischen Rhetorik aller Parteiungen und Gruppierungen so gern und viel beschworenen – Leitbild des »mündigen Bürgers« in Einklang zu bringen sein mag, so unabweisbar ist, daß nicht nur, aber auch nicht zuletzt die Erfahrungen mit der Machtergreifung des europäischen Faschismus diese Grundhaltung bis zu einem gewissen Grade zu stützen und zu tragen in der Lage sind.

Mit der – nicht zuletzt auf der soziotechnischen Basis des modernen Flächen- und Massenstaates getroffenen – Entscheidung zugunsten der mittelbaren Demokratie verbindet sich die starke Betonung der freien Meinungsäußerung. Ihr kommt in den Demokratien europäischer Provenienz und Prägung eine zentrale Bedeutung für die politische Willensbildung zu. Die öffentliche Meinung ist die inoffizielle – das heißt nicht als solche normierte – Ausübung (einer diffusen Art) von Staatsgewalt durch das Volk. In ihr artikuliert sich der (pluralisierte) Wille des Volkes, werden mögliche Varianten anstehender oder getroffener politischer Entscheidungen diskutiert. Insofern gehört die in Art. 5 Abs. 1 GG verankerte Pressefreiheit zu den wichtigsten Konkretisierungen der Volksstaatlichkeit.

Die pluralismusfreundliche Position des Grundgesetzes läßt dabei die von manchen Verfassungsrechtlern im geistigen Gefolge Hegels immer wieder betonte Unterscheidung zwischen dem Volk als einer geistigen Kategorie der Staatsgemeinschaft und der Gesellschaft als einem in erster Linie wirtschaftlich verstandenen »System der Bedürfnisse«[4] außer acht. Die Integration der Gesellschaft in den Staat wird nicht von der des Volkes als der Basis des Staates und der Quelle der Staatsgewalt unterschieden. Ideelles Subjekt der politischen Willensbildung ist das Volk, nicht der Staat. In seiner Eigenschaft als Rechtsperson – als »juristische Person des Öffentlichen Rechts«, wie der Terminus technicus lautet – handelt der Staat in dessen Auftrag für das Volk. An dieser Feststellung ändert auch die rechtliche Freistellung der Repräsentanten nichts, bedeutet sie doch in erster Linie ein sozialtechnisches Spezifikum, dessen Ziel es ist, die Gruppenegoismen zu zähmen, andererseits aber auch, die integrative Funktion der politischen Repräsentation überhaupt erst zu ermöglichen.

Mit dem freien Mandat verbindet sich das Prinzip der »periodischen Revozierbarkeit«[5]. Die (parlamentarische wie präsidiale) De-

[4] Hegel (1955), § 189 ff.

[5] Maunz, Dürig u. Herzog (1987), Randnummer 70.

mokratie des europäischen Verfassungstypus ist ja eine Demokratie nicht der Einstimmigkeit – der völligen Übereinstimmung also –, sondern vielmehr eine Demokratie des Wettbewerbs der Meinungen und Interessen. Die Hoffnung auf ein Höchstmaß an Konsens steht gegen die utopische Fiktion der völligen Übereinstimmung der Interessen bzw. der Identität von sozialer Interessenlage und politischer Interessenwahrnehmung durch die oder den Träger der staatlichen Willensbildung. Die periodische Revozierbarkeit der Repräsentanten soll aus dieser Problemsicht heraus die Dauerhaftigkeit des Wettbewerbs garantieren, der eben nicht nur als ein Buhlen um Wählerstimmen interpretiert werden darf, sondern zugleich auch als das Ringen um ein Höchstmaß an Konsens. Und dies deshalb, weil der Wettbewerb in das Prinzip der Mehrheitsherrschaft samt seinen Legitimationsketten eingebunden ist, weil er den Versuch darstellt, das staatliche Handeln und Nicht-Handeln und die politische Willensbildung des Volkes miteinander kurzzuschließen.

Auch hier ist die skeptische Anthropologie der parlamentarischen Demokratie wieder zu spüren. Gleichsam als Vorbeugung gegen jede Form von Machtmißbrauch steht die permanente Rückbindung der Repräsentanten an das Wahlvolk. Insofern ist weder das freie Mandat des Abgeordneten der Legislative, noch das Mandat des bestellten Amtswalters der Exekutive recht eigentlich frei. Frei ist es nur im Augenblick der Entscheidung, für die der Repräsentant schon *vor* der nächsten Wahl gegenüber der ihn tragenden Partei und *bei* der nächsten Wahl gegenüber dem (Wahl-)Volk die Verantwortung zu übernehmen hat. Theoretisch hat diese letztgenannte, praktisch jedoch (angesichts der dominierenden Rolle der Parteien bei der Ausrichtung der Wahlen und der Festlegung der Wahlthemen) eher die erstgenannte Form der Verantwortung das Übergewicht. Unabweisbar ist jedenfalls, daß letztlich der Wettbewerb der Repräsentanten um die Gunst der Wähler den Wettbewerb der Meinungen und politischen Ideen in der öffentlichen Meinung fortsetzt. Ungehinderter Wettbewerb impliziert die Forderung nach der Möglichkeit einer tatsächlichen Opposition – und zwar sowohl einer parlamentarisch institutionalisierten als auch einer nichtnormierten publiken und publizistischen[6].

Das Bestehen einer wirksamen Opposition – einem Charakteristikum der freiheitlich-demokratischen Grundordnung – wird in der parlamentarischen Demokratie durch eine genetische und funktionale Schieflage gekennzeichnet, die das Ergebnis der Verbindung

[6] Vgl. C. Schmitt (1932), S. 30ff.

von Parlamentsmehrheit und Regierung ist. Die Bindung der Regierung an die Parlamentsmehrheit durch die Wahl einerseits, und die Bindung der Parlamentsmehrheit an die Regierung durch die Identifikation dieser institutionellen Größen durch den Bürger andererseits, führen dazu, daß von einer Kontrolle der Regierung durch das Parlament nicht eigentlich die Rede sein kann. An ihre Stelle ist die eher informelle Kontrolle durch die öffentliche Meinung getreten – ein Zusammenspiel, in dessen Dialektik auch die Opposition ihre Aufgabe findet.

Die Betonung des republikanischen Charakters durch das Grundgesetz in Art. 28 Abs. 1 hat in erster Linie deklaratorische Bedeutung. Ihr Sinn ist heute ebenso schwer verständlich wie der – etwa von der Bayerischen Verfassung gebrauchte, im 19. Jahrhundert als Synonym zur Republik verstandene – Begriff des »Freistaats«. Die Weimarer Reichsverfassung hatte in ihrem ersten Satz das Deutsche Reich als Republik bestimmt. Gemeint war damit das Ende der Monarchie. Republik bedeutet seit Machiavell nichts anderes als die Staatsform einer Nicht-Monarchie. Alle sonstigen Bedeutungen, die der Leser aus diesem Begriff herauslesen mag, gehören nicht zum Gehalt der verfassungsrechtlichen Normierung. Soll der Begriff der republikanischen Ordnung nicht bloß eine Tautologie des Demokratie-Begriffes sein, so bezieht er sich nach heute »herrschender Lehre« (wie die Juristen zu sagen pflegen) nur noch auf die Bestellung des periodisch zu wählenden Staatsoberhauptes. Staatsformen wie die der britischen Monarchie fallen mithin auch in ihrer heutigen parlamentarischen Prägung nicht unter den Begriff der Republik. Die Volkssouveränität selbst wird in diesem Begriff nicht normiert. Daß das Volk Träger und Quelle aller Staatsgewalt ist, steht ja nach Art. 20 Abs. 2 ohnedies schon fest.

Die Entscheidung für die parlamentarische Demokratie umschließt nicht zuletzt auch den politischen Auftrag, die Demokratisierung der Exekutive voranzutreiben. Hatte sich die historische Volkssouveränitäts-Diskussion zumeist auf die Bindung der Legislative an das Volk beschränkt, so bindet die Logik der parlamentarischen Demokratie (zumindest indirekt) auch die Exekutive an den politischen Willen des Volkes. Im strengen Sinne des Wortes kann daher auch nicht von einer Gewaltentrennung die Rede sein; das Verhältnis von Legislative und Exekutive steht vielmehr im Zeichen der Gewaltenverschränkung. Die Einbindung der Exekutive in den Prozeß der Willensbildung erfolgt über die Wahl der Abgeordneten, die dann die Bestellung der Exekutive zu besorgen haben. Verfassungstheoretisch und verfassungsrechtlich gesehen stützt sich die Exekutive daher auch auf eine Art von Sekundärlegitimation. Praktisch-politisch gesehen wählt das Volk mit der Legislative aber weniger das Organ der Gesetzgebung als vielmehr das Organ, das die Regierung bestellt. Unter diesem Aspekt mag die Regierung also doch als gleichsam direkt legitimiert gelten, das heißt ohne daß der Gedanke der Legitimationskette bemüht werden müßte.

Die hier angesprochene Dimension der Demokratisierung der Exekutive gilt allerdings nur für eine bestimmte Ebene, deren »unterer« Bereich beamtenrechtlich durch den Begriff des – etwa bei Regierungswechsel abberufbaren – »politischen Beamten« gekennzeichnet wird. Nur die Spitze der Exekutive, nicht aber die Verwaltung selbst unterliegt der Revozierbarkeit. Für die Verwaltung selbst ist in den letzten beiden Jahrzehnten eine andere Dimension der Demokratisierung ins Blickfeld gerückt. In erster Linie war es die mit sozioökologischen Zielsetzungen operierende »Bürgerinitiativbewegung« (Mayer-Tasch), die eine stärkere Öffnung der Verwaltung gegenüber bürgerschaftlichem Mitspracheverlangen teils angeregt und teils erzwungen hat. Sowohl die administrativen Genehmigungsverfahren als auch die verwaltungsgerichtlichen Kontrollverfahren sind unter diesem basisdemokratischen Druck im Hinblick auf bürgerschaftliche Impulse »durchlässiger« gestaltet worden. Als Beispiele aus dem Bereich der Genehmigungspraxis mögen die Einführung einer »vorgezogenen Bürgerbeteiligung« und die Entmonopolisierung der Gutachterauswahl, aus dem Bereich der verwaltungsgerichtlichen Kontrollpraxis die Anerkennung weiterreichender Störungsradien bei der Prüfung der individuellen Betroffenheit, genannt werden. Und so punktuell und lückenhaft diese – teils norm- und teils praxisbezogenen – Entwicklungen dem einen oder anderen kritischen Beobachter auch erscheinen mögen, so zeigen sie jedenfalls, daß der Bürger sich nicht mehr als bloßes »Verwaltungsgut« versteht und daß diese Sichtweise auch in wachsendem Maße in ein (wenn auch unterschiedlich intensiv ausgeprägtes) volksstaatliches Rückbindungsbewußtsein der Verwaltung Eingang findet.

Geschrieben und gesprochen hatte man vom Volk als dem Ursprung der Staatsgewalt schon in der griechischen und römischen Antike. Prakiziert worden waren (teil-)demokratische Verfahren in der griechischen Polis und im germanischen Stammesleben. Aufgefrischt wurden solche Vorstellungen in der Staatstheorie des ausgehenden Mittelalters und der beginnenden Neuzeit. Beherrschend aber wird die Rede von der Souveränität des Volkes auf dem europäischen Kontinent erst im Umkreis der Französischen Revolution. Hier erst wird die Frage nach dem Subjekt der Staatlichkeit in unmittelbarem Bezug auf die Entwicklung der politischen Verhältnisse gestellt. Und dies sowohl unter ordnungs- als auch unter gerechtigkeitslegitimistischen Vorzeichen. Wenn man bei dem Versuch, das Wesen des Staates und seiner Entstehung zu verstehen, auf einen Urvertrag zurückgehen muß, so wird deutlich, daß sich die Legitimitätsfrage verschoben hat. Schon in Thomas Hobbes' ›Leviathan‹ (1651) ist die demokratische Entwicklungsdynamik des Vertragsmotivs trotz der ordnungslegitimistischen Tendenz des Werkes unübersehbar. Und mit Jean-Jacques Rousseaus ›Contrat social‹ wird es gar in den Rang eines Buchtitels und Hauptthemas erhoben. Die Zeit ist für die Revolution reif geworden, weil die Legitimitätsfrage nicht mehr auf die Rechtmäßigkeit einer – von Gottes Gnaden gewährten – dynastischen Herrschaftsfolge zielt, sondern vielmehr unter dem Blickwinkel der durch und durch menschlichen Rationalität und Autonomie gestellt wird. Alle Herrschaft muß sich nunmehr vor dem Richterstuhl der (politischen) Vernunft ausweisen. Diesen Richterstuhl aber besetzt das Volk – bzw. diejenigen, die nun für das Volk sprechen. Aus ihrer Sicht verkörpert sich in dem Idealbegriff des Volkes nicht nur die Stimme der Vernunft, sondern auch die Willenssubjektivität, auf die allein ein Staat sich gründen kann. Thomas Jefferson, einer der Mitautoren der ›Federalist papers‹ und der amerikanischen Unabhängigkeitserklärung, kann daher auch den Kern des Volksstaatsgedankens als politische Theologie formulieren: »Volkes Stimme ist Gottes Stimme.«[7] Der Resonanzboden, auf dem Gottes und des Volkes Stimme zusammenklingen, ist die philosophische Tradition des angelsächsischen Utilitarismus, der sich von den amerikanischen Unabhängigkeits- und Revolutionstheoretikern über Jeremy Bentham, David Hume und

[7] Vgl. C. Schmitt (1957), S. 238.

Bernard de Mandeville bis zu Thomas Hobbes zurückverfolgen läßt. Der Staat ist aus dieser Sicht nichts anderes als der freiwillige Zusammenschluß der Bürger zu ihrem gemeinsamen Nutzen. Er ist daher auch auf die Zustimmung der Bürger zu seinen Handlungen angewiesen; seine Handlungen können, mehr noch, nichts anderes sein als die Handlungen der zu einem rechtlich-politischen Körper vereinten Bürger.

Die radikale Rückführung des handelnden Staates auf den (hypothetischen) Willen der Bürger hat seine historisch-soziologischen Ursachen vor allem in Versäumnissen und Mißständen des spätabsolutistischen Staates, in deren Gefolge das – von besonders reizbaren Geistern beschwingte – Volk in die politische Selbstbewußtwerdung getrieben wird. Die Geschichte der wachsenden Volksherrschaft ist daher auch weniger eine Geschichte der kontinuierlich wachsenden hehren Aufklärung, als vielmehr eine Geschichte der versuchten Optimierung von Steuerungsprozessen. Das Volk, das sich in der Französischen Revolution zu Worte meldet, behauptet seine Souveränität nicht so sehr, weil es sich als aufgeklärtes Volk von den ihm auferlegten oder auch (um mit Kantschem und Rousseauschem Pathos zu sprechen) »selbstverschuldeten« Ketten befreien will[8], sondern in erster Linie deshalb, weil ein anachronistisch gewordenes Regime nicht mehr in der Lage ist, ökonomische Mindeststandards zu garantieren – und beim Umgang mit der Krise zudem auch noch äußerst ungeschickt agiert. Ohne die taktische Ungeschicklichkeit und Schwäche Ludwigs XVI. hätte die Französische Revolution – zumindest in dieser Form und zu diesem Zeitpunkt – wohl kaum stattgefunden. An den sozioökonomischen und soziopolitischen Bedingungen der (vor-)revolutionären Situation hätte sich freilich auch bei einem besseren »Krisen-Management« des Ancien régime nichts geändert.

Vergegenwärtigen wir uns noch einmal den Kern der vorrevolutionären Situation: Im Angesicht des ökonomischen Debakels, auf welches das Ancien régime unaufhaltsam zuzusteuern scheint, wird sich die soziale Schicht, die zu einem wesentlichen Teil die Kosten dieses Regimes trägt, ihres Ausschlusses aus der politischen Willensbildung bewußt. Diese soziale Schicht der bürgerlichen Handel- und Gewerbetreibenden samt ihrer intellektuellen Sprachrohre und Fürsprecher behauptet sich zuerst gar nicht so sehr als das Volk. In eine breitere Diskussion wird dieser Begriff erst später eingeführt, obwohl er in der politischen (Ideen-)Geschichte als ein – unter-

[8] Vgl. Rousseau (1986), I, 1, (S. 5) u. Kant (1964), S. 53.

schiedlichen politischen Zielsetzungen dienender – strategischer Begriff immer wieder einmal aufgetaucht und dann auch von Rousseau nachhaltig profiliert worden ist. Als Vertretung der Nation aber bezeichnet sich nun der – mit der erwähnten Schicht identische – Dritte Stand, der mit wachsender Erbitterung ansehen muß, wie die ersten beiden Stände (Klerus und Adel nämlich) in eine immer größere soziale, ökonomische und politische Mißwirtschaft hineingeraten.

Aus dem Anspruch heraus, »die Nation« zu vertreten, fordert der Dritte Stand nun das Vorrecht aller Vorrechte – die verfassunggebende Gewalt nämlich, den *pouvoir constituant,* die Entscheidung über die Art und Weise der Gestaltung des staatlichen Lebens. In seiner berühmt gewordenen Flugschrift hat der Abbé de Sieyès geschichtsmächtige Worte gefunden: »Was ist der Dritte Stand? Alles. Was ist er bis jetzt in der politischen Ordnung gewesen? Nichts. Was verlangt er? Etwas darin zu werden.«[9]

Der Dritte Stand erhebt sich aus der ständischen Ordnung, indem er an der Legitimität der zwei anderen Stände zweifelt, die nur vergleichsweise wenige, vor allem an der Aufrechterhaltung ihrer Privilegien interessierte Einzelpersonen vertreten. Der Dritte Stand aber – so sein nun aufblühendes Selbstverständnis – berät über die Interessen der *ganzen* Nation. Und wenn er alleine nicht in der Lage ist, die – aus allen Ständen bestehenden, nur vom König einberufbaren – Generalstände zu bilden, dann wird er sich eben im Bewußtsein seiner einzig legitimen Volksvertretungskompetenz zur Nationalversammlung – zur *assemblé nationale* – erklären. Die Nation nämlich ist das Volk. Und das Volk wird vom Dritten Stand vertreten – von der Volksschicht also, auf der bislang nur die Lasten des Staates geruht zu haben scheinen und die nun den Anspruch erhebt, die Geschicke des Staates, der doch eigentlich ihre Sache sei, selbst in die Hand zu nehmen. Das geflügelte Wort der amerikanischen Unabhängigkeitsbewegung – »no taxation without representation« – wird hier auf eine ebenso grundstürzende wie grundlegende Weise generalisiert und radikalisiert. Und gerade weil diese Generalisierung und Radikalisierung nicht in der Auseinandersetzung mit einer vom eigenen Lebensraum räumlich getrennten und insoweit fremden Macht erfolgt, sondern vielmehr in der Auseinandersetzung mit einer ganz und gar heteronomen Herrschaft erfahren wurde, wird die Artikulation und Realisation dieses Anspruches zur Geburtsstunde der modernen Demokratie.

[9] Emanuel de Sieyès (1924), S. 35.

An der Wiege dieser Demokratie steht das immer wiederkehrende Legitimationsmuster der normativen Identifikation einer Schicht, Klasse oder Gruppe mit dem Volk: Weil die beiden ersten Stände durch ihre – die Interessen des Dritten Standes weitgehend ausschließende und deshalb – »exklusive« Repräsentationspraxis ihren Anspruch auf legitime Repräsentation der Interessen des ganzen Volkes verwirkt haben, kann »das Reich, die Kraft und die Herrlichkeit« nur auf der Legitimationsbasis des Volkes ruhen. Die Frage nach der Legitimation bzw. Legitimität politischer Herrschaft stellt sich mithin ganz neu. Der Staat der Neuzeit konstituiert sich – wie schon dargelegt – auf der Basis einer Ordnungslegitimation. Daß er den Krieg Aller gegen Alle beendet, rechtfertigt sowohl seine Existenz als auch seine Aktivität. Auf diesen Gedanken der formalen Ordnungslegitimität setzt die Volksstaatlichkeit einen überaus bedeutsamen Akzent der materialen Gerechtigkeitslegitimation – die Legitimation durch Zustimmung nämlich. Politische Herrschaft kann aus diesem Blickwinkel nur unter der Bedingung ausgeübt werden, daß die ihr Unterworfenen dieser Herrschaft zustimmen. Neben eine gleichsam naturalistische tritt also eine entschieden autonomistische Legitimation von politischer Herrschaft. Und dies ist auch durchaus stimmig, da die Zurückdrängung der Fremdherrschaft (Heteronomie) schon seit der neuzeitlichen Wiederaufnahme der römischen Rechtsfigur der *lex regia* in der Idee des Urvertrags im Mittelpunkt der politischen Theorie der Herrschaft stand. Wenn die politische Ordnung nicht mehr von Gottes Gnaden entgegengenommen werden kann – das heißt also: wenn diese Legitimationsformel kein Gehör und keinen Glauben mehr findet –, so müssen die Menschen sich auf sich selbst zurückziehen und die Ordnung ihres Zusammenlebens aus sich selbst begründen.

Historisch gesehen bildet Marsilius von Padua (1290–1343) den Dreh- und Angelpunkt dieser Entwicklung. Ausgehend von einer scharfen Trennung von Vernunft und Glaube, von Diesseits und Jenseits, wird die soziale Ordnung in seinem Denken nun ganz und gar auf das Hier und Jetzt ausgerichtet. Und weil sie so diesseitig ausgerichtet ist, wird es auch zur Sache des Volkes erklärt, die Gesetze zu erlassen, unter denen es leben will: »Gesetzgeber oder erste und spezifische bewirkende Ursache des Gesetzes«, heißt es in seiner scholastischen Terminologie, »ist das Volk oder die Gesamtheit der Bürger oder deren Mehrheit durch ihre Abstimmung oder Willensäußerung, die in der Vollversammlung der Bürger in einer Debatte zum Ausdruck gekommen ist.«[10]

[10] Marsilius von Padua (1958), I, 12, 3 (S. 119).

Die in dieser Passage zum Ausdruck kommende Konstruktion der Volkssouveränität ist freilich – hierin trägt sie die Merkmale des politischen Aristotelismus – noch ganz und gar qualitativ-normativ beschränkt. Nicht nur, daß der Begriff der Mehrheit durch Anzahl *und* Bedeutung der sie bildenden Personen bestimmt ist – auch die Begründung der Gesetzgebungskompetenz des Volkes ist vom Begriff des besten Gesetzes geprägt. Niemand nämlich kann dem Volk bessere Gesetze geben als das Volk selbst, für das sie gelten werden.

Die Demokratie als solche ist ja erstmals stringent von Aristoteles im Rahmen seiner Lehre von den Herrschaftsformen formuliert worden, wenn auch nicht unter dem Namen der Demokratie, sondern unter dem der »politischen Herrschaft«, der Politie, »in der die Menge zum allgemeinen Nutzen regiert«[11]. Im Rahmen einer solchen Herrschaft der Freien und Gleichen ist es die Tugend des Bürgers, »die Regierung von Freien in beide Richtungen zu verstehen«[12]. Demokratie im Wortsinne erscheint bei Aristoteles im Rahmen der Staatsformenlehre als die Dekandenzform der Politik: Sie ist die Tyrannis der armen Menge, die den Besitz der Reichen unter sich aufteilt. In gewissem Sinne könnte man die aristotelische Demokratie als eine Art von »Sozialstaat« avant la lettre sehen, der bei Aristoteles aus dem Blickwinkel dessen erscheint, der bei einer etwaigen Aufteilung des Besitzes hätte Einbußen hinnehmen müssen.

Diese Aristotelische Diskussion der Staatsformenlehre, in deren Verlauf der gemischten Verfassung die Palme gereicht wird, hat die politiktheoretische Diskussion zweitausend Jahre lang geprägt. Und dies weniger auf der Suche nach der eigentlichen Quelle der Staatsgewalt als vielmehr auf der Suche nach den Bedingungen des guten Lebens. Auch Marsilius bedient sich (noch) dieser qualitativ-normativen Komponente, deren Kraft freilich inzwischen weitgehend geschwunden und zum sozialtechnischen Regulativ der Sozialität geworden ist.

Erstaunlich ist, daß schon bei Marsilius in erster Linie die Gesetzgebung als Volkssache, die Regierung aber nur nachrangig als solche angesehen werden, obwohl er auch Tadel und Absetzung der Regierung als Volkssache ansieht. Diese Differenzierung sollte selbst im 20. Jahrhundert noch den Gegenstand heftiger theoretischer und politischer Auseinandersetzungen bilden. Schon bei Marsilius deutet sich auch an, daß der Gedanke der Volksstaatlichkeit nie nur im heh-

[11] Aristoteles (1986), 1279a, S. 114.
[12] Ebd., 1277b, S. 110.

ren Dienste des Volkes steht. Bei ihm nämlich – und Ähnliches wird auch später immer wieder festzustellen sein – steht das Plädoyer zugunsten der Gesetzgebungskompetenz des Volkes im Dienste der Abwehr der päpstlichen und der Förderung der – das Volk repräsentierenden – kaiserlichen Machtansprüche. Die Berufung auf das Volk dient insoweit (nicht selten) einem anderen politischen Subjekt, das mit Hilfe und Unterstützung des angeblich einzig wahren Subjekts politischer Herrschaft, dem Volke, seine eigenen Machtansprüche durchzusetzen versucht. Die bittere bis zynische Einsicht, daß das Volk in Wirklichkeit noch niemals geherrscht habe, durch Definition aber stets dazu gebracht werden könne, verweist auf derartige Zusammenhänge.

Die Ausgliederung des politischen Bereiches aus der umfassenden Erfahrung einer integralen Ordnung, die die selbsterkannten Dinge dieser Welt und die in religiöser Konzentration erkennbar werdenden Dinge jener anderen Welt unter das gleiche Gesetz und unter die gleiche Führung und Anwendung dieses Gesetzes stellt – diese Ausgliederung vollendet sich zu Beginn der Neuzeit. Im Rahmen der Geschichte der politischen Theorie bildet das Werk des großen Engländers Thomas Hobbes den wohl markantesten Einschnitt in die Tradition des politischen Aristotelismus, der ja selbst schon das Erbe des politischen Augustinismus angetreten hatte.

Hobbes – auch er nicht zuletzt im Kampf mit den Suprematsansprüchen des Römischen Stuhls – löst die politische Gewalt ganz aus dem Rahmen jeglicher religiösen Bindung und erklärt sie zur säkularen Antwort auf die ganz und gar säkulare Bedrohung des Lebens. In den Vordergrund tritt – wie schon eingangs betont – die Konstituierung der politischen Gewalt als Herrschaft, die den innerweltlichen Frieden garantiert. Diese Konstituierung der friedengewährenden Herrschaft erwächst – wie ebenfalls schon eingangs betont – aus einem vertraglichen Zusammenschluß der Individuen, der durch einen Akt tatsächlicher Unterwerfung unter die vertraglich etablierte Herrschaftsinstanz besiegelt wird. Historisch gesehen bedeutet der – in die Zeit der konfessionellen Bürgerkriege fallende – Durchbruch der im Ansatz stets demokratischen Vertragsidee das Ende aller Legitimations-Fiktionen, die nicht in irgendeiner Weise auf das Volk als Ursprung der Staatsgewalt bezogen waren. Vor allem aber bedeutet es das Ende des Gottesgnadentums, auf das nicht zuletzt auch Rom seinen Anspruch auf Mitsprache in weltlichen Angelegenheiten zu begründen wußte: Nach der (noch im ›Schwabenspiegel‹ behaupteten) päpstlichen Version der mittelalterlichen Zwei-Schwerter-Lehre[13] wird der Papst als Stellvertreter Gottes auf Erden von diesem mit zwei Schwertern – einem geistlichen und einem weltlichen – belehnt, von denen er das letztere unter quasi lehensherrlichen Bedingungen an den Kaiser als weltlichen Herrscher weiterreicht. In der (im ›Sachsenspiegel‹ behaupteten) kaiserlichen Version, wird das geistliche Schwert dem Papst und das weltliche (direkt) dem Kaiser verliehen – eine Version, die immer noch ein Gottesgnadentum der weltlichen Herrschaft impliziert, der neuzeitlichen Begründung weltlicher Herrschaft jedoch schon einen guten Schritt näher gerückt ist. Der entscheidende Schritt wird dann aber erst von Thomas Hobbes vollzogen, dessen tendenziell absolutistische Staatslehre nicht darüber hinwegtäuschen darf, daß die Legitimation der Staatsgewalt nunmehr endgültig von unten und nicht mehr von oben her erfolgt.

Auch die Hobbessche Vertragstheorie hat freilich ihre Vorläufer. Zu nennen ist insbesondere der deutsche Mönch Manegold von Lautenbach, der in seinem – um 1085 verfaßten – ›Liber ad Gebehardum‹ die Volkssouveränität vertragstheoretisch zu begründen versucht und in diesem Zusammenhang auch rundweg erklärt, daß der König um des Volkes willen als dessen Organ regiert: »Kein Mann kann sich selbst zum König machen«, heißt es in Manegolds bemerkenswerter Schrift, »ein Volk setzt (vielmehr) einen König über sich, damit er gerecht regiere, jedem das seinige zukommen lasse ...«[14]

Diese frühe Vertragstheorie entstand im Zusammenhang mit der Diskussion der Frage, wie ein Volk einem Tyrannen zu begegnen habe. Die Vertragstheorie des Manegold und die Theorie vom Tyrannenmord, die Johannes von Salisbury in seinem ›Policraticus‹ (1159) entworfen hat, kündigen schon im hohen Mittelalter das Ende des Gottesgnadentums an. Und es ist sicher auch kein Zufall, daß es nordische Denker sind, die diese Theorien entworfen haben: Aus der Tradition des germanischen Rechts, das den König schon immer einerseits unter die Herrschaft des Rechtes gestellt und andererseits als gewähltes Organ auch an den Willen »des Volkes« gebunden hatte, gewinnt die Theorie vom Herrschaftsvertrag – und um seine Legitimationskraft geht es ja in erster Linie – seine historische Evidenz[15].

Wenn Hobbes seinen politischen Vereinigungs- und Unterwer-

[13] Vgl. Johannes-Jürgen Meister, Sacerdotium ac Imperium. In: Peter von Sivers (Hrsg.) (1969), S. 19–46.

[14] Zitiert u. übers. nach: George H. Sabine (1961), S. 241; vgl. G. Koch (1902).

[15] Vgl. Marc Bloch (1981); Fritz Kern (1914), Josef Fleckenstein (1989).

fungsvertrag Aller mit Allen aus dem logischen Mythos eines – den Menschen als isoliertes Sozialatom voraussetzenden – Naturzustandes heraus entwickelte, so impliziert dies einen Bruch mit der Tradition der Aristotelischen Sozial- und Staatslehre, die den Menschen von Natur aus in die Gemeinschaft und Gesellschaft mit anderen Menschen eingebunden sieht. Wo der Mensch dem Menschen ein Wolf sein kann und daher auch ein ständiger Krieg Aller mit Allen herrschen kann, stellt sich die Frage nach der Souveränität und ihrem Träger in einer besonders drängenden Weise. Die Wendung zu einer durch und durch skeptischen Anthropologie bringt auch die Wendung in der Legitimationsfrage. In der Tradition des auf Aristoteles aufbauenden und von Thomas von Aquin endgültig christlich gewendeten Naturrechtes nämlich stellt sich dieses Problem entweder überhaupt nicht oder doch in einer ganz anderen Weise. Schon die gesellige Natur des als *zoon politikon* (Aristoteles) oder *animal sociale* (Thomas von Aquin) verstandenen Menschen sichert die harmonische Kohärenz und Organisation des gesellschaftlichen Lebens. Sowohl die Legitimität als auch die Kontinuität politischer Herrschaft scheint aus solchen anthropologischen Prämissen problemlos erschließbar. Für Hobbes hingegen wird die Vergesellschaftung erst im Medium einer rigorosen anthropologischen Dialektik plausibel. Gerade und nur weil der Mensch dem Menschen ein Wolf sein kann, wird ihm die Chance der Staatswerdung zuteil. Um sein Überleben zu sichern, muß er aus der Weite der Selbstbestimmung in die Enge der Fremdbestimmung eintauchen. Die Rolle, die in der optimistischen Anthropologie des aristotelisch-aquinatischen Typus eine organische Naturförmigkeit spielt, spielt in der skeptischen Anthropologie des nach eigenem Bekunden als »Zwilling der Furcht« geborenen Weisen von Malmesbury[16] die dialektische Dynamik des egoistischen Nutzens. Aus ihr erwächst nicht nur die Gründungsidee, sondern auch das Fundament des Staates.

Aus der Lebensgefährlichkeit des Naturzustandes heraus erschaffen die Individuen also einen »politischen Körper«, der zumindest das Überleben der von ihm umfaßten Körper – man denke an das eindrucksvolle Titelblatt des ›Leviathan‹, das einen solchen *magnus homo* zeigt – sichern soll. Weil es die Einzelnen sind, die im Bewußtsein ihrer Lage den »sterblichen Gott« Leviathan für sich erschaffen, bleiben sowohl seine Existenz als auch das Ausmaß und die Ausgestaltung seiner Macht im hypothetischen Willen der den Urvertrag Schließenden geborgen. Wie schon mehrfach erwähnt, kennt

[16] Vgl. Peter J. Opitz (1984).

die naturrechtliche Vertragstheorie zwei verschiedene Verträge – den Vereinigungs- oder Gesellschaftsvertrag und den Unterwerfungs- oder Herrschaftsvertrag. Im Vereinigungs- oder Gesellschaftsvertrag schließt sich eine (bislang) unorganisierte Menge zu einer Gesellschaft zusammen; im Unterwerfungs- oder Herrschaftsvertrag unterwirft sich diese – nunmehr (vor-)geformte – Gesellschaft einer Herrschaftsinstanz, bei der es sich nicht unbedingt um einen Einzelnen, sondern auch um eine Mehrzahl oder Vielzahl von Personen handeln kann. Die politische Funktion dieser Folge von Verträgen war die Bindung der Herrschaft an die ihrer Begründung und Ausgestaltung logisch vorangehenden Gruppierungen. Insoweit spiegelt die Sequenz wohl auch die Bestätigungen der ständischen Rechte durch die Krone, wie sie vom Ausgang des Mittelalters an bei Thronbesteigungen und zum Abschluß politischer Krisensituationen üblich geworden waren. Der Vertrag von Salamanca (1188) und die Magna Charta (1215) mögen als frühe Beispiele, der Tübinger Vertrag (1514) als ein spätes Exempel dieser Vertragsgattung erwähnt werden.

Die von Hobbes in die politische Theorie eingeführte Neuerung ist die Bündelung von Vereinigungs- und Unterwerfungsvertrag. Der politische Körper konstituiert sich im zeitlich und logisch zusammenfallenden Akt der Vergesellschaftung *und* Verstaatlichung. Mit dieser Konstruktion rückt ein besonders problematischer Aspekt der Demokratietheorie ins Blickfeld – die Frage nämlich, auf welche Weise denn das Subjekt der Volksstaatlichkeit überhaupt zum Volk werden kann. Mit einer bloßen Setzung ist es jedenfalls nicht getan. Das Volk kann zwar im Rahmen des volksstaatlichen Denkens als irdische Quelle der Staatsgewalt gelten – diese Vorgängigkeit ist jedoch in erster Linie normativ-hypothetischer Art. Als Apriori oder Schöpfung aus dem Nichts wird man das Volk schwerlich in das politische Denken einführen können.

Wie also ist die Entstehung des Volkes als Einheit zu begründen? Da nicht der Einzelne, sondern eben das Volk die Basis des volksstaatlichen Denkens darstellt, zielt diese Frage ins Herz der Demokratietheorie. Zwar hat auch der Einzelne – sei es nun als vorstaatliches Subjekt oder als staatliches Objekt – seinen Platz in diesem Rahmen. Und doch resümiert das Bonner Grundgesetz die gesamte Tradition der demokratischen Idee, wenn es in Art. 20 Abs. 2 S. 1 lapidar formuliert: »Alle Staatsgewalt geht vom Volke aus.« Der Einzelne als politisches Subjekt gehört nur bedingt zum Quellgut des demokratischen Gedankens. Hobbes' Kurzschluß von Gesellschafts- und Herrschaftsvertrag hat in diesem Zusammenhang seine politisch-methodische Bedeutung: Die Herstellung des politischen Körpers, für den die Chiffre des biblischen Seeungeheuers »Leviathan« steht, wird erst durch das – unausgesprochen bleibende – Zusammenwirken eines herrschaftsmächtigen Zugriffs und einer diesen Zugriff akzeptierenden tatsächlichen Unterwerfung der damit aus dem *status naturae* in den *status civilis* tretenden Individuen möglich. Was erst geschaffen werden soll, wird also letztlich schon vorausgesetzt. Am Ursprung der neuzeitlichen Legitimation der Volksstaatlichkeit steht also ein Paradoxon mit durch und durch autokratischer Funktion, ohne die der Übergang vom Naturzustand der Zerstreuung in den Gesellschaftszustand ordnender Sammlung nicht zu vollziehen wäre.

Hobbes hat dieses Paradoxon der demokratischen Idee durch Anlehnung an die Konstruktion der Ecclesia – der Kirche also – gelöst. So wie sich dort der Körper der Gemeinde im Zusammenschluß seiner Glieder im Namen Gottes bildet, so bildet sich der politische Körper der weltlichen Gemeinschaft in der Repräsentation durch den einen Herrscher: »Nicht die Einheit derjenigen, die vertreten werden, sondern die Einheit des Repräsentanten macht sie zu einer Person.«[17] Diese eine Person ist der Staat der Neuzeit, »den man definieren kann als eine Person, deren Handlungen eine große Menge durch Vertrag eines Jeden mit einem Jeden als die ihren anerkennt«[18]. Daß jeder Einzelne zum (Mit-)Autor der Handlungen des Staates wird, bildet den Kernpunkt der demokratischen Idee. Die konkrete Ausgestaltung dieser hypothetischen Urheberschaft kann ganz unterschiedlich aussehen. Viele Ableitungsformen erweisen sich als möglich, wobei im Lauf der Geschichte ein allmählicher Übergang vom Gedanken der Urheberschaft zum Gedanken der (bloßen) Legitimation erkennbar ist. Schon bei Hobbes selbst deutet sich dieser Übergang an: Der Gedanke, daß jeder Einzelne (Mit-)Autor der Handlungen des Staates ist, dem er alle seine Macht und Stärke übertragen hat, bedeutet noch lange nicht, daß der Einzelne politisch handlungsfähig ist. Die Vertragskonstruktion zielt zunächst viel eher auf die politische Entmachtung des Einzelnen. In erster Linie geht es um ein rechtlich-politisches Zuordnungsverhältnis: Weil der Einzelne den Urvertrag abgeschlossen hat, kann das staatliche Handeln als sein Handeln angesehen werden. Erst in zweiter Linie handelt es sich um ein Autorisierungsverhältnis, aufgrund dessen der Einzelne den Staat ermächtigt, dieses und jenes (auch) in

[17] Hobbes (1969), S. 130.
[18] Ebd., S. 137.

seinem Namen zu tun. Aus der Sicht des einer Staatsgewalt Unterworfenen freilich erscheint staatliches Handeln im Regelfall stets als autorisiertes Handeln. Der Rückgriff auf die Quelle der Staatsgewalt aber bleibt auch nach dem historischen Erfolg der Vertragsidee das Arkanum einer Herrschaftsinstanz, die in der Hobbesschen Demokratietheorie zuallererst als eine unbeschränkte und auch durch die aktuelle Mitsprache des Volkes nicht zu beschränkende gedacht ist.

Das skizzierte Dilemma des demokratischen Denkens hat im Verlauf der politischen Ideengeschichte immer wieder (Sumpf-)Blüten getrieben. Auch Rousseaus Versuch, das Gemeinwesen unter die Führung einer *volonté générale* – eines ideellen Gemeinwillens also – zu stellen, ist in dieser Tradition zu sehen. Wie Hobbes geht auch Rousseau von einem Enteignungs-Übereignungsvertrag aus: Der moderne *defensor pacis* (Marsilius von Padua) entsteht durch den Verzicht der Einzelnen, ihr Recht auf alles (Hobbes) wahrzunehmen. Dieser Verzicht aktualisiert sich in der Übertragung der Macht und Stärke auf einen gemeinsamen politischen Körper. Und dies mit dem Ziel, aus dem Wirrwarr der miteinander konkurrierenden Willen den Einen Willen zu konstruieren, der das Wohl Aller im Auge hat. Erscheint dieses Allgemeinwohl bei Hobbes vor dem historischen Hintergrund der im Entstehen begriffenen bürgerlichen Gesellschaft als einer Art von Summation der Einzelinteressen, so schließt Rousseau den Einzelnen und den politischen Körper direkt kurz, was nicht zuletzt im Verzicht auf die Konstruktion eines Herrschaftsvertrages zum Ausdruck kommt. Das Ergebnis ist das wohl konsequenteste volksstaatliche Gedankengebäude der politischen Ideengeschichte.

Anders als in der durch Harrington, Locke und Bolingbroke geprägten, auf dem Kontinent von Montesquieu aufgenommenen angelsächsischen Tradition, nach der die demokratische wie jede andere Herrschaft zu begrenzen ist, entgrenzt Rousseau diese auf bislang unerhörte Weise. Diese Entgrenzung erwächst aus dem Prinzip der unteilbaren, nicht repräsentierbaren und nicht beschränkbaren Souveränität des Volkes. Erstmals wird hier mit dem Begriff des Volkes ernst gemacht, der sonst im demokratischen Denken nur allzu oft ein kümmerliches Schattendasein fristet. Was Rousseau diesen Schritt ermöglicht, ist ein theoretischer Kunstgriff – die Bestimmung der *volonté générale* als Vernunft und Wille. Die zwar widerlegbare, aber für den Regelfall vorausgesetzte Vermutung zugunsten der Übereinstimmung von faktischem Mehrheitswillen (*volonté de la majorité*) und ideellem Gemeinwillen (*volonté générale*) rechtfertigt es aus dieser Sicht, die Macht des Volkes keiner Beschränkung zu unterwerfen. Eine Gewaltenteilung erscheint in einem solchen normativen Bezugsrahmen ebenso unpassend wie die Gewährung von Grundrechten, über die der Gesellschaft keine Verfügungsgewalt zukäme.

Ebenso wie bei Hobbes entsteht das Volk auch hier im Gefolge des *»contrat social«*, des von Allen mit Allen geschlossenen Gesellschafts- (und Herrschafts-)Vertrages. Indem sie ihre Person und ihre Macht unter die Führung der *volonté générale* stellen, verschwinden die Einzelpersonen zugunsten einer »moralischen Person«[19], eines zum politischen Subjekt werdenden Kollektivkörpers. Die Dialektik der Rousseau vorschwebenden »reinen« demokratischen Lehre, die sowohl Ideen- als auch Politikgeschichte gemacht hat, wird in der Rechtlosigkeit des Einzelnen[20] deutlich, der mit der politischen Legitimationsbeschaffung jeden Status verliert, der für die staatliche Willensbildung von Belang wäre. An seine Stelle tritt die Herrschaft der Mehrheit, die nur noch im Extremfall von anderen (und dann beliebigen) Repräsentanten der *volonté générale* in Frage gestellt werden kann, wenn der Mehrheitswille »tous les caractères de la volonté générale« verloren hat.

Die Schlagworte, unter deren Posaunenschall die Französische Revolution ihren Siegeszug durch ganz Europa angetreten hat, signalisierten nichts anderes als diesen in die politische Wirklichkeit übertragenen demokratischen Radikalismus: Der *contrat social* erzeugt *Freiheit,* obwohl er die totale Unterwerfung eines jeden Kontraktanden fordert. Weil sich Alle Allen unterwerfen, unterwirft sich niemand niemandem. Zur *Gleichheit* tendiert die *volonté générale,* weil ihr Gegenstand die Allgemeinheit ohne Ansehen der Besonderheiten ist. Und *Brüderlichkeit* ist die sozialpathetische Chiffre für den Zusammenschluß selbst. Damit ist die revolutionäre Trias vollendet.

Die Herrschaft der Mehrheit, die allgemein mit der demokratischen Herrschaft gleichgesetzt wird, ist die unmittelbare Konsequenz des Gleichheits- und Freiheitsdenkens. »One man, one vote« lautete die klassische Formel des staatsbürgerlichen Gleichheitsdenkens. Wenn alle Menschen gleich sind, so muß ihre Stimme – ganz unabhängig von der Art der Begründung dieser Freiheit – in politicis dasselbe Gewicht haben. Die Herrschaft der Mehrheit muß aber,

[19] Von einer »sittlichen Gesamtkörperschaft« spricht die deutsche Übersetzung, Rousseau (1986), I, 6 (S. 18).

[20] Vgl. Mayer-Tasch (1976), S. 40ff., 85ff.

will sie nicht als das Unrecht der bloß Mächtigeren, der »Mehreren« erscheinen, über eine Legitimation verfügen, die sie auch normativ jeder Möglichkeit des legitimen Widerspruchs der ihr Unterworfenen enthebt. Die Herrschaft der Mehrheit ist selbst eine Konvention, die nur deshalb demokratische Geltung beanspruchen kann, weil sie einstimmig beschlossen worden ist, weil vereinbart worden ist, daß der Wille der Mehrheit als der Wille Aller zu gelten hat. Die pragmatisch argumentierende angelsächsische Tradition Lockescher Provenienz und Prägung, für die vor allem das größere soziale Gewicht der Mehrheit (vulgo: »Mir san' die Mehreren, mir san' die Schwereren«) für die Regelkomptenz des Mehrheitswillens spricht, wird damit aufgegeben bzw. normativ überhöht. Hans Kelsen hat – insoweit durchaus im Rousseauschen Sinne der Regel-Identifikation von Gemein- und Mehrheitswillen – darauf hingewiesen, daß der demokratische Gedanke der Mehrheitsherrschaft nicht nur mit der Gleichheitsidee zusammenhängt – wie dies in der pessimistischen Tradition Tocquevilles[21] vielfach gesehen wird –, sondern nicht zuletzt auch mit der Freiheitsidee. Wenn Demokratie vor allem auf die Zurückweisung von Fremdbestimmung zielt, so kann der Gedanke der Mehrheitsherrschaft als der Versuch verstanden werden, eine möglichst große Zahl von Bürgern frei sein zu lassen. Der Fremdherrschaft bleibt dann – nur bzw. aber – die Minderheit unterworfen, deren Meinung keine Mehrheit gefunden hat[22].

Gegenüber Hobbes besteht Rousseau auf der Unübertragbarkeit der Volkssouveränität, auf der Unmöglichkeit ihrer Repräsentation. Während der Engländer die souveräne Staatsgewalt überhaupt erst durch den Akt der kollektiven Ent-mächtigung – durch das Aufgehen der Macht der Individuen in der Macht des sie repräsentierenden politischen Körpers – entstehen ließ, bindet der Genfer diese souveräne Staatsgewalt an die unmittelbare Ausübung durch das Volk selbst. Weil ein Wille nicht übertragbar sei, und weil das Volk auch nicht sicher sein könne, daß der Wille (s)eines Repräsentanten in aller Zukunft mit seinem eigenen übereinstimmen werde, müsse es, wenn nicht bei den Regierungsgeschäften, so doch bei der Gesetzgebung präsent sein und kraft der ihm eigenen souveränen Gewalt seine Geschicke in die eigenen Hände nehmen.

Unter dem Stichwort der »direkten« oder »unmittelbaren« Demokratie ist diese Demokratie der Präsenz immer wieder diskutiert worden. Als Modell nimmt sie in aller Regel auf den kleinräumigen

[21] Vgl. Alexis de Tocqueville (1962), 2. Teil, S. 309ff.
[22] Vgl. Hans Kelsen (1928), S. 9ff.

und volkarmen Stadtstaat Bezug – auf Athen vor allem und Genf. Die Entwicklung zum modernen Flächenstaat und die zunehmende Komplizierung der Lebensverhältnisse haben jedoch die Idee der mehr als punktuellen Direktbeteiligung des Volkes an der Gesetzgebung immer illusorischer werden lassen[23]. Immerhin hat Rousseaus radikaler Versuch, einer direkten Demokratie den Weg zu bereiten, die Erinnerung daran wachgehalten, daß im Zentrum der Demokratie das Volk und nicht der Einzelne steht. Und die Tatsache, daß gerade in Rousseaus Heimat – der Schweiz – die Einbeziehung des Volkes in die staatliche Willensbildung in stärkerem Maße verwirklicht ist als irgendwo sonst in Europa, mag als Zeichen dafür gelten, daß die direktdemokratische Option zumindest als Korrektiv zu einer hie und da allzu selbstherrlichen Entwicklung der repräsentativen Demokratie offengehalten werden kann.

Die rechtlich-politische Zähmung des demokratischen Leviathan erfolgte als Antwort auf die Französische Revolution, die ja den Verfassungsgedanken selbst an das Programm der Volksstaatlichkeit gebunden hat. Das Pendant zu dem – schon im Rahmen der Erörterung der Rechtsstaatlichkeit erwähnten – Art. 16 der Menschen- und Bürgerrechtserklärung, in dem die Verwirklichung der Gewaltenteilung zur Conditio sine qua non der Verfassungsstaatlichkeit erklärt wurde, bildet der Kern des vom französischen Nationalrat am 21. September 1792 verabschiedeten Dekrets, in dem es nicht minder lapidar als im Gewaltenteilungsartikel heißt: »Es kann nur eine Verfassung geben, der vom Volke zugestimmt worden ist.« Unverkennbar ist damit der Schlußstrich unter eine Diskussion gezogen, die der Abbé de Sieyès durch den Begriff des *pouvoir constituant* – der verfassunggebenden Gewalt – auf den Punkt gebracht hatte. Nicht ganz zu Unrecht wurde die Volksherrschaft später mit der (revolutionären Schreckens-)Herrschaft der Jakobiner gleichgesetzt und so in das aus der antiken Zyklenlehre überkommene Schema der Regierungsformen eingefügt, in dem die »Demokratie« als Tyrannis in Erscheinung tritt.

Zur Zähmung des demokratisch entfesselten Leviathan bläst man in sehr unterschiedlichen Lagern: Im Kampf gegen die zwangsläufig demagogischer (Ver-)Führung zu verfallen scheinende Volksherrschaft verbünden sich die feudal-restaurativen mit den bürgerlich-liberalen Kräften. Und den Platz behauptet denn auch einerseits die

[23] Besonders scharf wird dieser Zweifel bei Maunz, Dürig u. Herzog (1987), Kommentar zu Art. 20, Abschnitt II, Randnummer 41 formuliert: in Frage steht, inwieweit das Staatsvolk überhaupt zu »echter politischer Entscheidung« fähig ist.

Restauration der monarchischen Souveränität – das heißt also die dynastische Legitimität – und andererseits, in Fortsetzung und Weiterentwicklung der angelsächsischen Tradition, der liberal-demokratische Gedanke einer, sozial und politisch vom Bürgertum getragenen, beschränkten Volksherrschaft.

Im Rahmen der – fortan geschichtsprägenden – liberalen Theorie wird der Gedanke der demokratischen Legitimation des Staates vorausgesetzt. Im Laufe des 19. Jahrhunderts wird sein Anspruch auf Verwirklichung immer unabweisbarer; die politische Geschichte dieses Jahrhunderts wird man geradezu auf den Nenner des Vordringens der Volksherrschaft bringen können. Dies freilich nur mit einer bedeutsamen Einschränkung: Die Unbestimmtheit des Volksbegriffs wird nun in der vorherrschenden Gleichsetzung von Volk und Bürgertum interpretatorisch aufgefangen. Rousseaus Ansatz zur Identifikation des politischen und des soziologischen Volksbegriffs wird mithin zugunsten eines offenkundig normativ-repräsentativen Begriffs aufgehoben. Die Volksherrschaft erscheint nun als der Anspruch des Bürgertums, mittels parlamentarischer Repräsentation in die politische Willensbildung einzugreifen. Und es ist die neue Form der Gesetzgebung, in der sich dieser Anspruch Raum und Geltung verschafft.

Wenn man einmal von den – die rechte und die linke Flanke des demokratischen Fortschritts abdeckenden, die sozioökonomische Strukturierung des Volkes in der politischen Organisation fortschreibenden – Sonderformen der korporativen[24] und der Rätedemokratie absieht, so spielt sich die weitere Geschichte des volksstaatlichen Denkens im Spannungsfeld des Gegensatzes von direkter und indirekter Demokratie ab. Charakterisiert wird die Heraufkunft der bürgerlichen Demokratie durch die wachsende Bedeutung der öffentlichen Meinung, in der das – wie auch immer soziologisch zu bestimmende – Volk in einem Prozeß der politischen Bewußtseins- und Willensbildung wider die obrigkeitliche (= staatliche) Begrenzung der gesellschaftlichen Freiheit zum Ausdruck kommt[25]. Die auf Hegel zurückgehende Unterscheidung von Staat und Gesellschaft ist in diesem Zusammenhang von großer Bedeutung. Die Kraft ihrer freiheitsfördernden Dialektik freilich erreicht diese Gegenübersetzung von Staat und Gesellschaft erst durch die Betonung der öffentlichen Meinung mit ihrer spezifischen Verbindung zur Idee der Gewaltenteilung. Es ist diese liberalistische Theo-

[24] Vgl. Mayer-Tasch (1971).
[25] Vgl. Jürgen Habermas (1962).

rie einer repräsentativen Demokratie, die im Laufe des 19. Jahrhunderts auch auf dem Kontinent ihren Siegeszug angetreten hat. Als einziges großes Aufbäumen innerhalb des demokratischen Gedankens selbst mag die Russische Revolution und die ihr entspringende Sowjetherrschaft genannt werden. Nicht nur ihre (wie die weitere Politikgeschichte gezeigt hat, auch auf andere Weise umsetzbare) antibürgerliche Haltung, sondern vor allem auch der Verzicht auf die – durch die Säkularisierung des politischen Denkens im 16. und 17. Jahrhundert eingeleitete – Bescheidenheit des Politischen stellten sie in einen diametralen Gegensatz zu den Überzeugungen, Begriffen und Institutionen der liberal-demokratischen Verfassungsstaatlichkeit.

3. Wohin treibt der Volksstaat?

Wenn und soweit die demokratische Valenz des Staates, für dessen normative Ordnung das Grundgesetz steht, in Frage gestellt wird, so geschieht dies vor allem unter zwei Aspekten. Zum einen werden die Grenzen der Mehrheitsherrschaft beschworen, zum andern werden verstärkte politische Mitwirkungsmöglichkeiten des Volkes bzw. der Bürger angemahnt und zuweilen – im wahrsten Sinne des Wortes – auch eingeklagt.

Die »klassischen« Grenzen der Mehrheitsherrschaft sind im Grundgesetz selbst vorgezeichnet. Sowohl die Geltung der Grundrechte als auch die »Ewigkeitsgarantie« des Art. 79 Abs. 3 GG beschränken die Gestaltungsmöglichkeiten der Mehrheit nur prinzipiell. Um die eigentlichen, konkreten Grenzen muß im Medium der – sich im Laufe der Zeit ständig wandelnden – Verfassungsauslegung stets aufs neue ein »Kampf ums Recht« (Rudolf von Ihering)[26] geführt werden. Neben diesen alten und doch ewig jungen Grenzen kommen heute – aufgrund der zivilisatorischen Entwicklung unabweisbar werdende – Grenzen ganz neuer Art in Sicht. In besonderem Maße gilt dies im Hinblick auf die potentielle Irreversibilität der Wahrnehmung gewisser naturwissenschaftlich-technischer Optionen etwa im Umkreis der Atom- und Gentechnologie. Die soziopolitischen Implikationen dieser Problematik stehen in einem unaufhebbaren Zusammenhang mit der Struktur des demokratischen Denkens.

[26] Rudolf von Ihering (1981).

Charakteristisch für das demokratische Denken ist eine gewisse Tendenz zur Geschichtslosigkeit. Die Konzeption der Volkssouveränität stellt das Volk – ganz unabhängig von den Modalitäten seiner Mitwirkung an der politischen Willensbildung – in den politischen Augenblick der Entscheidung[27], ohne es in nachhaltiger Weise an Vergangenheit und Zukunft zu binden. Diese tendenzielle Geschichtslosigkeit des demokratischen Denkens hat für die Gesellschaft schon immer ein Problem dargestellt. Angesichts der nicht mehr übersehbaren und auch nicht mehr bagatellisierbaren existentiellen Veränderungen unserer natürlichen Lebensgrundlagen stellt sich dieses Problem jedoch – insbesondere im Hinblick auf die Zukunftsvorsorge – in immer drängenderer Weise. Immer deutlicher wird, daß die Entscheidungen von heute die Welt von morgen nicht nur zu erbauen, sondern auch zu zerstören in der Lage sind.

In seinen ›Reflexionen über die französische Revolution‹ (1790) hat schon Edmund Burke gegen die demokratische Tendenz zur Verabsolutierung der Gegenwärtigkeit betont, daß es nicht nur eine Gesellschaft der Gegenwart, sondern eben auch so etwas wie eine Verbindung der Menschen in der Zeit und durch die Zeit hindurch gebe – die Kette der Generationen[28]. Durch sie wird der Selbstregierung, zumindest aber der Selbstherrlichkeit der gegenwärtigen Generationen eine – wenn vielleicht auch nicht ganz deutliche, so doch selbst im Zwielicht und Nebel der Übergänge immer wieder erkennbar werdende – Grenze gezogen, eine Grenze, die zugleich auch die Begrenzung des Demokratieprinzips selbst markiert.

In Art. 28 S. 2 hat die französische Verfassung von 1793 die normative Konsequenz aus dem ahistorischen Charakter des demokratischen Denkens gezogen: »Eine Generation«, heißt es dort, »kann die kommende nicht an ihre Gesetze binden.« Gemeint war damit allerdings nicht die Idee eines Generationenvertrags, wie sie heute diskutiert wird, sondern vielmehr retrospektiv der radikale Bruch mit der Tradition. Als Selbstverständlichkeit vorausgesetzt wurde die tatsächliche Möglichkeit jeder Generation, ihre soziale Welt auf einer fingierten Tabula rasa gänzlich neu auf- und einzurichten. Heute aber wird immer deutlicher, daß die Fiktion einer solchen Tabula rasa rational nicht mehr begründbar ist, daß unsere zivilisatorischen

[27] Vgl. Armin Adam, Die Zeit der Entscheidung. Carl Schmitt und die politische Apokalyptik. In: Georg Christoph Tholen und Michael O. Scholl (Hrsg.) (1990), S. 97–107.

[28] Edmund Burke, Reflections on the Revolution in France (1790). In: ders. (1887), Bd. 3, S. 359.

Entscheidungen und Entscheidungsverzichte gleichermaßen irreversible Folgen für die Zukunft haben.

Daß die tendenziell unbegrenzte Gestaltbarkeit der sozialen Welt nicht zuletzt auch von der Beschaffenheit der natürlichen Welt abhängt, war den Vordenkern der Revolution ganz offensichtlich noch nicht einsichtig. Was diese Vorstellung zwangsläufig fördern sollte – die Industrielle Revolution und ihre zivilisatorischen Konsequenzen nämlich –, wurde nicht zuletzt durch diese Revolution selbst ermöglicht und gefördert. Von des zivilisationskritischen Gedankens Blässe angekränkelt wurde erst die nachrevolutionäre, mit den ersten Auswirkungen des industriellen Aufbruchs konfrontierte Generation. Die sich ab Anfang des 19. Jahrhunderts bildenden Fronten von Fortschrittsoptimisten und Fortschrittspessimisten haben sich im Prinzip bis heute gehalten, nur der soziale Frontverlauf hat sich verschoben[29]. Während die einen die technisch-ökonomische Entwicklung als Gipfel des menschlichen Fortschritts und damit auch der menschlichen Selbstbestimmung und Selbstverwirklichung betrachten und die Befreiung des Menschen aus dem Willkürgriff der Natur feiern, erkennen und betonen die anderen die Lemmingsspur der aus dieser Haltung erwachsenden Hybris. Und weil auch der Weg zum Abgrund in Etappen zurückgelegt wird, werden erst künftige Generationen den vollen Preis für heutige politische Entscheidungen bezahlen müssen. Wenn es aber das Gesetz der Demokratie ist, daß nicht ohne die Beteiligung der jeweils Betroffenen über deren Schicksal entschieden werden soll und darf, so erwächst aus der skizzierten Situation ein Problem, das weit über die bloße Verfassungsdogmatik hinausweist und das – zumindest bislang bestellte – Feld des Politischen erheblich erweitert.

Die Unabweisbarkeit und Notwendigkeit einer Einbeziehung der Zukunft in die demokratische Willensbildung beschwört natürlich die Frage nach dem Sprecher: Wer kann, wer soll für die künftigen Generationen sprechen? Da diese Frage sehr unterschiedliche Antworten finden wird, zumindest aber ein Konsens kaum vorstellbar ist, mag man die Frage nach dem Sprecher durch die Frage nach den Folgen einer politischen Entscheidung ersetzen. Diese Frage mag dann letztendlich zu einem Verbot aller Entscheidungen führen, deren Folgen entweder unbekannt oder irreversibel zerstörerisch wären. Auch mit dieser Verlagerung der Fragestellung ist jedoch das demokratie-theoretische Problem noch keinesfalls gelöst. Ganz abgesehen davon nämlich, daß es in dieser Welt keine Ent-

[29] Vgl. Rolf P. Sieferle (1983).

scheidung gibt, die nicht in dieser oder jener Weise unumkehrbare Folgen hat, kann die Frage nach den Folgen einer Entscheidung für die Lebensgrundlagen künftiger Generationen – wenn überhaupt – auch nur von Experten beantwortet werden, wodurch das demokratische Prinzip wieder unter dem ohnedies schon überstarken Repräsentationsdruck verbleibt. Im Sinne der Verwirklichung echter Volkssouveränität erscheint die Problematik jedenfalls nicht lösbar.

Die Entscheidung des Grundgesetzes für die mittelbare Demokratie hat schmerzlich empfundene Lücken in der Rolle des Volkes bei der politischen Willensbildung hinterlassen – Lücken, die erst so recht sichtbar geworden sind, seit ihre Auffüllung mit Hilfe des Schlagwortes der Basisdemokratie versucht wurde. Zwar soll das Volk nach dem Willen des Grundgesetzes die Staatsgewalt »in Wahlen und Abstimmungen« ausüben. Den zweiten Teil dieses in Art. 20 Abs. 2 S. 2 GG statuierten Grundsatzes aber hat der bundesrepublikanische Gesetzgeber weitgehend vergessen. Die Entwicklung der Bürgerinitiativbewegung im – zeitlichen und nur bedingt auch thematischen – Anschluß an die »Außerparlamentarische Opposition« (APO) der späten 60er Jahre hat die Forderung nach politischen Wirkmöglichkeiten des Volkes immer unabweisbarer aufklingen lassen. Die Beschränkung der politischen Partizipation auf den Rhythmus der Wahlen erschien und erscheint vielen Bürgern nicht zuletzt unter dem sich ständig verschärfenden, allgegenwärtigen sozioökologischen Leidensdruck immer weniger akzeptabel. Eingefordert wird eine verstärkte Rolle einerseits der »Abstimmungen«, andererseits der unmittelbaren, nicht-repräsentativen politischen Mitwirkung.

Gewählt werden Repräsentanten, abgestimmt wird über Sachfragen. Insofern würde eine verstärkte Rolle der »Abstimmungen« – das heißt von Volksbegehren und Volksentscheid – die sachliche Mitwirkung des Volkes an der politischen Willensbildung stärken. Die Abwehr dieser Forderung erscheint zumeist in Form der Einrede mangelnder Kompetenz. Politische Entscheidungen, so heißt es vielfach, seien angesichts der Komplexität unserer Lebensverhältnisse so diffizil geworden, daß sie letztlich nur von wenigen getroffen werden könnten, deren Expertentum über kurz oder lang politische Entscheidungen herkömmlichen Zuschnitts im Grunde sinnlos erscheinen ließen. Und, beinahe wichtiger noch: Nur eine organisierte staatliche Bürokratie – nach Max Weber Garantin »rationaler Herrschaft« – verfüge über jenes Maß an Neutralität, das den unverzichtbaren Ausgleich gesellschaftlicher Interessen zu gewährleisten vermöge. Eine Argumentation, die natürlich mit demselben Recht auch den Mitgliedern der gewählten Körperschaften entgegengehalten werden könnte, die ja nicht auf der Basis einer bestimmten sachlichen Kompetenz, sondern vielmehr auf der Basis ihrer politischen Grundhaltung gewählt werden. Letztlich ist es also eine Frage des Maßes, die die Möglichkeiten der Mitsprache erschließt. Sozioapokalyptische Argumentationen sehen immer wieder das Chaos mehr oder minder entfesselter Volksherrschaft – einer »Phonokratie« (Hans-Jochen Vogel)[30] – andrängen wider den ruhigen, gemessenen und meßbaren Gang der Verwaltung. Der Rekurs auf den Beamtenstaat erscheint dann als die einzige Möglichkeit, den okzidentalen Rationalismus zu retten[31]. Die Gefahren der mit einer solchen Haltung intendierten Abspaltung des staatlichen Handelns von der Mitwirkung der Staatsbürger sind jedoch unverkennbar.

Die seit Anbeginn der Bonner Republik von einer stillschweigenden All-Parteien-Koalition konsequent betriebene Vereitelung der direkt-demokratischen Option des Grundgesetzes entspricht der zunehmenden Technisierung des Lebens in doppelter Weise: Nicht nur wird der Staat in wachsendem Maße ein technisches Instrument (was er bis zu einem gewissen Grade stets gewesen ist) – er wird auch selbst zum Instrument der »technischen Realisation«[32], um mit Ernst Forsthoff zu sprechen. Der Staat schafft die gesetzlichen Rahmenbedingungen, innerhalb derer das System von Wirtschaft und Technik sich überhaupt erst entfalten kann. Die selbstläufige Entwicklung der modernen Technik erkennt die politischen Entscheidungsmöglichkeiten des Volkes als ein Störungspotential, das den Fortschritt hindert, indem es die von ihr erwartete und benötigte Berechenbarkeit unterläuft. Die Forderung nach dem Ausbau der direkt-demokratischen Mitwirkung an politischen Entscheidungen hält dagegen an einem Primat des Politischen fest, dem die »technische Realisation« eben nicht zum grauen Einerlei gerät. Dem Volk diese Art der Mitwirkung zu versagen, heißt daher auch nicht zuletzt, die politische Dimension sogenannter Sachentscheidungen zu leugnen und der Sachzwang-Ideologie Tür und Tor zu öffnen, die der politischen Naivität wie der politischen Raffinesse nahezu unbegrenzte Möglichkeiten erschließt. Gerade in diesem Zusammenhang wird deutlich, daß die von der repräsentativen Demokratie mit

[30] Hans-Jochen Vogel, Wenn Bürger was wollen – Auch Bürgerinitiativen haben ihre Grenzen. In: Die Zeit, 9. 6. 1972.

[31] Vgl. Wilhelm Hennis (1973), sowie ders., Amtgedanke und Demokratiebegriff. In: ders. (1968).

[32] Ernst Forsthoff (1971), S. 30ff. Vgl. zum Thema: Thomas Vesting (1990).

der Verwaltungsstruktur des 19. Jahrhunderts eingegangene Allianz in mancherlei Hinsicht auch zur Mésalliance geraten ist.

Gestaltungsmöglichkeiten jenseits des Systems der repräsentativen Demokratie bieten die Bürgerbeteiligungsverfahren, die in diversen Verwaltungsgesetzen – wie etwa dem Bundesbaugesetz, dem Bundesimmissionsschutzgesetz, dem Atomgesetz etc. – vorgesehen sind. Im Rahmen dieser Verfahren hat der Bürger die Chance, seine Vorstellungen zumindest zu artikulieren und unter günstigen Konstellationen vielleicht sogar zu realisieren[33]. Erreicht wird durch diese Bürgerbeteiligung an Verwaltungsentscheidungen ein Doppeltes: Zum einen wird das Ausmaß an Heteronomie reduziert und das Ausmaß an Autonomie erweitert, da die Mitwirkung aller (potentiell) Betroffenen normativer Ausgangspunkt dieser Verfahren ist; zum anderen wird aber auch im selben Maße, in dem der potentielle Störungsradius einer in Frage stehenden Entscheidung vor und bei dieser Entscheidung berücksichtigt wird, durch das Mitsprachevermögen der Betroffenen eine Kompetenz-und Effizienzsteigerung erreicht. Das Volk ist ja nicht die schlechthin inkompetente Menge, die der schlechthin kompetenten Verwaltung gegenübersteht. Nicht zuletzt die Geschichte der Bürgerinitiativbewegung hat immer wieder gezeigt, daß »das Volk« ein erhebliches, jederzeit aktualisierbares Potential an Kompetenz – insbesondere lokaler und regionaler Kompetenz – in sich vereinigt, über das die Verwaltung häufig nicht im selben Maße verfügt. Tatsache ist jedenfalls, daß die verwaltungsrechtlichen Bürgerbeteiligungsverfahren es waren, in denen die Bürgerinitiativen seit Anfang der 70erJahre bis heute die institutionelle Basis ihrer politischen Arbeit gefunden haben – einer Arbeit, durch welche die negativen Konsequenzen zahlreicher zivilisatorischer Fehlentwicklungen in vielen Fällen aufgefangen oder doch abgemildert werden konnten.

Für die Entstehung der Bürgerinitiativbewegung hat neben den Zweifeln sowohl am Prinzip als auch an der Praxis der Optimierung von Sachentscheidungen in Parlament und Verwaltung vor allem auch ein politiksoziologisches Argument eine wichtige Rolle gespielt: das der Interessenballung an den Schaltstellen der Macht. Ob man von der »Repräsentation organisierter Interessen« (Joseph H. Kaiser)[34] oder von der »Herrschaft der Verbände« (Theodor Eschenburg)[35] spricht – der Sachverhalt bleibt der gleiche. Unverkennbar

[33] Vgl. Mayer-Tasch (1985), S. 75ff.
[34] Joseph H. Kaiser (1956).
[35] Theodor Eschenburg (1956); siehe auch: Rudolf Steinberg (Hrsg.) (1985).

ist, daß es die organisierten Interessen sind, die im Zusammenspiel von Legislative und Exekutive ein Höchstmaß an Berücksichtigung finden. So hat Ernst Forsthoff – wohl im Anschluß an Mancur Olsons ›Logik des kollektiven Handelns‹[36] – schon Anfang der 60er-Jahre das paradoxe Gesetz aufstellen können, daß die Chance der politischen Durchsetzung eines Interesses mit dem Grad seiner Allgemeinheit schwindet. Bei entsprechend hohem Organisationsgrad haben jedoch selbst Interessen mit einer äußerst schmalen sozialen Basis optimale Durchsetzungschancen. Die Verflechtungen, die zwischen solchen organisierten Interessen und den Parteien herrschen, sind hinreichend bekannt. Im ideellen Selbstverständnis der repräsentativen Demokratie werden diese Interessen im Rahmen der parlamentarischen und vorparlamentarischen Arbeit auf gemeinwohlfördernde Weise gegeneinander abgewogen und dann in politische Entscheidungen umgesetzt. Häufig genug jedoch wird der parlamentarische und vorparlamentarische Raum zum Schauplatz mit äußerster Rücksichtslosigkeit ausgetragener Interessenkonflikte, in deren Verlauf jede Seite ihre »Bauern« zählt und treibt. Der grundgesetzliche Auftrag an die Abgeordneten »Vertreter des ganzen Volkes« (Art. 38 GG) zu sein, steht in diesem Zusammenhang in besonderem Maße im kritischen Blickfeld. Und es ist keineswegs nur eine »linke« Parlamentarismuskritik (wie sie etwa Johannes Agnoli in seiner ›Transformation der Demokratie‹[37] vorgetragen hat), die im Parlament nicht zuletzt den Ort der Verschleierung tatsächlicher Machtverhältnisse sieht – einer Verschleierung, die sich u. a. aus der bei den Wahlen in aller Regel nicht erklärten (und nicht-eingeweihten Wählern auch nicht erkennbaren) Interessen-Affiliationen der »Vertreter des ganzen Volkes« ergibt.

Mit dem Stichwort der Vertretung des ganzen Volkes rückt ein weiteres Problem der Entwicklung des Parlamentarismus ins Blickfeld: die Parteidisziplin. In erster Linie nämlich ist der Abgeordnete Vertreter seiner Partei. Die weitgehende bis vollständige Abhängigkeit der »Vertreter des ganzen Volkes« von diesen – gesellschaftliche Interessen bündelnden und auf eigenständige Weise umsetzenden – Organisationen birgt eines der Hauptprobleme der repräsentativen Demokratie –, ein Problem, das von der Demokratietheorie Rousseaus bis in die Parlamentarismuskritik des ausgehenden 20. Jahrhunderts hinein stets eine gewichtige Rolle gespielt hat. Die Weimarer Reichsverfassung enthielt den Begriff der Partei noch nicht. Aus

[36] Mancur Olson (1968).
[37] Johannes Agnoli u. Peter Brückner (1968).

der staatsmetaphysischen Sicht des 19. Jahrhunderts stellte die Spaltung des Volkes in Wählerschaften von Parteien wie auch die formierte Parteienherrschaft im Parlament die Verwirklichung der politischen Einheit als Grundlage des staatlichen Lebens gänzlich in Frage. Heute wird dagegen zumeist auf die Unverzichtbarkeit der von den Parteien geleisteten politischen Vermittlungsarbeit verwiesen, der allein der Brückenschlag vom Volk zum Staat zu verdanken sei: die Parteien nämlich seien das Organ der »Vorformung des politischen Willens«[38].

Ob dieser Hinweis der parlamentarischen Wirklichkeit gerecht wird, ist fraglich. Kaum in Frage steht jedoch die schon vom ersten bedeutenden Analytiker des Parteienwesens – Robert Michels – im Jahre 1911 beschriebene Tendenz der repräsentativen Demokratie zur Oligarchisierung der Herrschaft. Die mit den Mitteln zur Organisation von Wählerstimmen ausgestatteten Parteien erscheinen hier als große Formationen, die unter sich die Herrschaft im Staate teilen. Und dies ganz so, wie Aristoteles es für wünschenswert hielt – abwechselnd nämlich. Innerhalb des Rahmens der Parteien aber, die mit der Nabelschnur ihres Selbsterhaltungstriebes an die tatsächlichen Interessen einflußreicher Verbände wie auch an die fiktiven Interessen ihrer mutmaßlichen Wählerschaft gebunden sind, ist der Freiraum für Entscheidungsalternativen denkbar eng umgrenzt. Entsprechend streng muß dann in aller Regel die Parteidisziplin ausfallen, die den Art. 38 GG unter mancherlei Aspekten zur Schimäre werden läßt. Die innere Oligarchisierung der Parteien ist jedenfalls einer der Schauplätze, an denen sich das Spektakel der Niederlage der Volkssouveränität stets aufs neue vollzieht.

Die Beschränkung der politischen Willensbildung der Bevölkerung erscheint nicht zuletzt auch im Hinblick auf die wachsende (politische) Bildung der Bevölkerung als anachronistisch. Von seinen Anfängen an hatte das System der repräsentativen Demokratie den Kurzschluß von besitzendem, gebildetem und politisch wirksamem Bürgertum vollzogen; um so weniger läßt sich der völlige Ausschluß (nicht zuletzt) der gebildeten Bürger aus den Regierungs- und Gesetzgebungsgeschäften nachvollziehen, zumal sich in diesem soziopolitischen Milieu – zumindest ad hoc – der nämliche Sachverstand zu bündeln vermag wie bei den staatlichen Instanzen, die sich überdies noch oft genug von technischen und wirtschaftlichen Vorgaben abhängig machen. Zu glauben, daß man einerseits

[38] Ulrich Scheuner, Der Staat und die intermediären Kräfte. In: Zeitschrift für evangelische Ethik 1 (1975), S. 34ff.

die – von den Alliierten nach dem Zweiten Weltkrieg nachdrücklich in Gang gebrachte und geförderte – politische Bildung forcieren und andererseits die Bevölkerung auf dem Partizipationsniveau des 19. Jahrhunderts belassen könne, ist ein Trugschluß, der gerade für die Beständigkeit der Demokratie zur Unzeit fatale Folgen haben könnte.

An die Stelle der unmittelbaren politischen Partizipation, die von der – selbst oligarchisch akzentuierten – repräsentativen Demokratie gegen alle (u. a. im stärksten direkt-demokratisch geprägten politischen System der Schweiz gesammelten[39]) Erfahrungen gerne zur plebejischen Anarchie stilisiert wird, ist die Betonung der öffentlichen Meinung als Universalregulativ getreten. Von ihr wird erwartet, daß sie nicht nur potentiellen Eskapaden der politischen Parteien Zügel anlegt, sondern auch selbst zum Medium politischer Partizipation wird. Von den meisten Staatsrechtlern und Politikwissenschaftlern wird sie als die (oder doch als eine der) zentrale(n) Eigenschaften der freiheitlich-demokratischen Grundordnung angesehen. Und in der Tat ist ihre Bedeutung nicht zu unterschätzen, was nicht zuletzt im Blick über die Grenzen jener Gemeinwesen erkennbar wird, in denen die öffentliche Meinung mehr oder minder gravierenden Einschränkungen unterliegt. Andererseits kann aber auch nicht übersehen werden, daß die öffentliche Meinung eine eher fragile Säule der freiheitlich-demokratischen Grundordnung ist, da sie in ihrer Nicht-Normiertheit und Nicht-Normierbarkeit dem Spiel der gesellschaftlichen Kräfte gänzlich anheimgegeben ist. Das Recht auf freie Meinungsäußerung und das Recht auf ungehinderte (Selbst-)Unterrichtung kommen ja in der Praxis der liberal-demokratisch strukturierten Gemeinwesen weniger als Individualrecht denn als kollektives Recht politischer Bewegungsfreiheit bei der politischen Willensbildung zur Geltung. Ob und inwiefern von einer solchen Bewegungsfreiheit – namentlich von Presse- und Rundfunkfreiheit – die Rede sein kann, solange das Netz der öffentlichen Meinungsver- und -entsorger quasi-monopolistisch strukturiert ist, ist eine jegliche demokratische Selbstzufriedenheit schon im Ansatz relativierende Frage.

Der Werterelativismus[40], der das erkenntniskritische Kennzeichen auch der sogenannten streitbaren – ihr organisatorisches Minimum eben nicht relativierenden – Demokratie ist, hat sich im Zuge

[39] Vgl. z.B. Hans Peter Hertig, Artikel ›Volksabstimmungen‹. In: Ulrich Klöti (Hrsg.) (1984), Bd. 2, S. 247–279.
[40] Hans Kelsen (1928), S. 98ff.

der sozioökologischen, soziokulturellen und soziopolitischen Entwicklungen eine Reihe bohrender Fragen gefallen lassen müssen, an deren Ende die Rede von der Möglichkeit einer neuen Diktatur aufscheint. Der vielbeschworene Werterelativismus ist ja keineswegs nur positiv zu sehen: In erster Linie plädiert er für den Aufschub von Entscheidungen, die diesen Relativismus bedrohen könnten. Dieser Aufschub aber erfolgt im Zeichen von Interessen, die selbst alles andere als (wert-)relativistisch sind. Die nun schon Jahrzehnte andauernde Verhinderung einer konsequenten Umweltschutzgesetzgebung ist das wohl eindringlichste Beispiel für dieses Syndrom. Daß aus ihm nicht zuletzt auch die Frage erwächst, wie denn die Gefahr eines Zusammenbruchs der unser Leben garantierenden Ökosysteme gebannt werden kann, wenn sich die (repräsentativen) Demokratien hierzu nicht in der Lage sehen, darf niemanden – und zuallerletzt die sogenannten überzeugten Demokraten – verwundern. Wenn der ökologische Notstandspegel in einer für jedermann erkennbar lebenszerstörenden Weise unaufhörlich ansteigt, wird »das Volk« ohnehin jeden auf den Thron erheben, der Abhilfe versprechen wird – auch Betrüger und Scharlatane. Verwundern kann daher auch nicht, daß die Idee der »Ökodikatur« hie und da nicht nur prognostisch, sondern auch prophylaktisch diskutiert wird, wobei dann die alten Modelle der Eliteherrschaft wieder auftauchen[41]. Schon Aristoteles hatte ja zugunsten der Monokratie darauf hingewiesen, daß es wahrscheinlicher sei, daß ein Einzelner tugendhaft – oder modern gesprochen – vernünftig sei, als eine große Zahl von Menschen[42]. In der Wiederaufnahme einer solchen Argumentation (die, nebenbei bemerkt, den Grundsatz, daß alle Staatsgewalt vom Volk ausgeht, nicht zu tangieren braucht) wird so manch eine(r) eine Götterdämmerung des demokratischen Denkens sehen. Die wirkliche Götterdämmerung des demokratischen Denkens scheint sich aber eher dort anzubahnen, wo ein sich als demokratisch definierendes politisches System die Entwicklung von Umständen geschehen läßt, deren innere Dialektik sehr wohl zur Selbstaufhebung der Demokratie führen kann.

In diesem Zusammenhang ist daran zu erinnern, daß es schon in den späten 20er Jahren dieses Jahrhunderts eine öffentliche Diskussion über die Frage gab, ob die parlamentarische Demokratie den Herausforderungen der modernen Staatlichkeit gewachsen sei. Damals ging es um den Übergang vom Nachtwächterstaat zum (be-

[41] Vgl. Herbert Gruhl (1984).
[42] Aristoteles (1986), 1279a, S. 114.

grenzt interventionistischen) Wirtschaftsstaat. Heute, da dieser Übergang längst vollzogen ist und in der Herrschaft der Bürokratie samt deren Verflechtung mit den organisierten Wirtschaftsinteressen seinen sinnfälligen Ausdruck findet, geht es um Herausforderungen ganz anderer Art – insbesondere aber um die Herausforderung der sozioökologischen Krise, die zu den erwähnten Fragen führt.

Zum Ausklang noch einmal die Frage: Wohin treibt der Volksstaat? Prognosen zur künftigen Entwicklung der Volksstaatlichkeit sind schwierig. Aus der Tatsache, daß sich so unterschiedliche Entwicklungslinien abzeichnen wie das gleichzeitige Anwachsen des basisdemokratischen Druckes von unten, der Expertenherrschaft von oben und ökodiktatorischer Risiken – wobei eine wie auch immer zustandegekommene Ökodiktatur wohl am ehesten als eine Fortsetzung und Steigerung der expertokratischen Tendenzen anzusehen wäre – läßt sich eigentlich nur schließen, daß die Zukunft der Volksstaatlichkeit völlig offen ist. Offen ist sie allerdings nur solange, wie die andrängenden Partizipationswünsche nicht – mit kaltem Kopf und kalter Hand – abgewimmelt werden, wie dies nur allzu oft geschieht. Offen ist sie nur solange, wie die faktische Gleichsetzung von Volkssouveränität und repräsentativer Demokratie plausibel gemacht werden kann. Und offen ist sie nur solange, wie sie in der Lage ist, die von ihr erwartete Gemeinwohloptimierung Schritt um Schritt zu fördern. Werden all diese Erwartungen enttäuscht, so gibt es – um noch einmal an Rousseaus Brief an Mirabeau zu erinnern – »keine (demokratische) Freiheit mehr«. Ob diese Anabasis dann (noch) unter dem Signum einer Demokratie oder (schon) dem einer Diktatur erfolgt, spielt im Grunde keine Rolle mehr.

Literatur

Guggenberger, Bernd u. Claus Offe (Hrsg.) (1984): An den Grenzen der Mehrheitsdemokratie. Politik und Soziologie der Mehrheitsregeln. Opladen

Jouvenel, Bertrand de (1972): Über die Staatsgewalt. Die Naturgeschichte ihres Wachstums. Freiburg

Kelsen, Hans (1929): Vom Wesen und Wert der Demokratie. Tübingen (2. Aufl.)

Kriele, Martin (1971): Das demokratische Prinzip im Grundgesetz. In: VVDStRl 29, S. 46–73

Laufert, Heinz (1973): Die demokratische Ordnung. Stuttgart

Leibholz, Gerhard (1966) [1928]: Das Wesen der Repräsentation und der Gestaltwandel der Demokratie im 20. Jahrhundert. Berlin (3. Aufl.)

Lipset, Seymour Martin (1962): Soziologie der Demokratie. Neuwied

Matz, Ulrich (Hrsg.) (1973): Grundprobleme der Demokratie. Darmstadt

Mayer-Tasch, Peter Cornelius (1986): Die Bürgerinitiativbewegung. Der aktive Bürger als rechts- und politikwissenschaftliches Problem. Reinbek (5., völlig neu bearb. Aufl.)

Meier, Christian u.a. (1972): Artikel ›Demokratie‹. In: Geschichtliche Grundbegriffe. Historisches Lexikon zur politisch-sozialen Sprache in Deutschland. Hrsg. von Otto Brunner, Werner Conze u. Reinhart Koselleck. Bd. 1. Stuttgart, S. 821–899

Quaritsch, Helmut (1970): Staat und Souveränität. Bd. 1. Die Grundlagen. Frankfurt a.M.

Rausch, Heinz (Hrsg.) (1968): Zur Theorie und Geschichte der Repräsentation und Repräsentativverfassung. Darmstadt

Simson, Werner von (1971): Das demokratische Prinzip im Grundgesetz. In: VVDStRl 29, S. 1–37

1. Was ist ein »Sozial«staat?

In der Dialektik von Hegung und Bewegung ist der Sozialstaat als Verfassungsprinzip sowohl Staatsstruktur- als (vor allem) auch Staatszielbestimmung. Als solche steht er für die zugleich älteste und jüngste Aufgabe und Kompetenz staatlicher Tätigkeit.

Wie jede menschliche Gruppierung hat auch der Staat eine soziale Funktion. Unter diesem Aspekt ist Sozialstaatlichkeit Staats*ziel*. Wenn heute vom Sozialstaat die Rede ist, dann vor dem Hintergrund einer – etwa bei Hegel idealtypisch angelegten[1], auch vom Grundgesetz noch vorgegebenen – Unterscheidung von Staat und Gesellschaft. Unter diesem Aspekt gibt die Sozialstaatlichkeit dem Staat *Struktur*.

Dem sich in »besonderen Organen der Gesetzgebung, Verwaltung und Rechtsprechung« artikulierenden Staat liegt die – von Grundrechten umhegte – Gesellschaft als Konstitutions-und Legitimationsbasis zugrunde. Und obwohl die Differenzierung zwischen Staat und Gesellschaft im Grunde lediglich einen »praktischen Kunstgriff«[2] darstellt, sind diese Begriffe doch nicht wesensgleich, sondern lediglich aufeinander bezogen.

Die Vermittlung zwischen der Gesellschaft als dem sozialen Substrat des Staates und dem Staat selbst als Körperschaft mit eigener Rechtssubjektivität erfolgt im Rahmen der repräsentativen Demokratie durch die – sowohl die staatlichen (Teil-)Gewalten als auch deren Organe legitimierenden – Wahlen. Träger der Wahlen aber sind, zumal unter den Bedingungen des Verhältniswahlrechts, die Parteien. In ihrer »Transmissions«-Funktion zwischen gesellschaftlicher und staatlicher Sphäre kommt ihnen jene Konkretisierung von Sozialstaatlichkeit zu, auf die sich der Parlamentarische Rat als die verfassungsgebende Gewalt der Bonner Republik nicht festlegen konnte und wollte.

Die Tatsache, daß das Sozialstaatsprinzip als klassisches Beispiel eines »dilatorischen Formelkompromisses« (Carl Schmitt) in das Grundgesetz Eingang fand, macht es zu einem eminent »politi-

[1] Vgl. G. F. W. Hegel (1974).
[2] H. P. Bull (1973), S. 59.

schen« Verfassungsprinzip, das insoweit allenfalls noch mit einem künftigen Umwelt- oder Naturstaatsprinzip als Verfassungsklausel verglichen werden könnte. Das sozialstaatliche Selbstverständnis ist zwar in einer Art von Fundamentalkonsens aller modernen Verfassungsstaaten geborgen, der als solcher auch vielfach dokumentiert ist – dies jedoch nur im Grund- und Ansatz, dessen Ausgestaltung und Fortführung umstritten ist und in der Dialektik von Hegung und Bewegung wohl auch umstritten bleiben muß.

Als Staatsstrukturbestimmung unterliegt die Sozialstaatlichkeit dem Gesetz der Hegung, als Staatszielbestimmung dagegen eher dem Gesetz der Bewegung, der soziopolitischen (und zunehmend auch sozioökologischen) Auseinandersetzung um die jeweils angemessene Bestimmung von Form, Inhalt und Wirkung des Prinzips.

Umstritten ist und muß Sozialstaatlichkeit sein und bleiben, weil sie ein materielles Prinzip darstellt, das heißt auf konkrete materielle Regelungen zielt. Während die anderen Staatsstruktur- und Staatszielbestimmungen – wie die Rechts-, Volks- und Bundesstaatlichkeit – durch formelle Bestimmungen weitgehend ausfüllbar sind (und zu einem gut Teil auch ausgefüllt worden sind), war und ist der Verfassungsgrundsatz der Sozialstaatlichkeit (ähnlich dem der Naturstaatlichkeit) materiell »offen«. Zur inhaltlichen Konkretisierung wird er daher auch stets aufs neue in die Arena der tagespolitischen Auseinandersetzungen geworfen.

1.1 Verfassungsrechtliche Normierung(en)

Das Grundgesetz definiert die Bundesrepublik Deutschland als einen »sozialen Bundesstaat« (Art. 20 Abs. 1 GG) und als einen »sozialen Rechtsstaat« (Art. 28 Abs. 1 GG). Durch die sogenannte Ewigkeitsgarantie des Art. 79 Abs. 3 GG ist das – zwar in Lehre und Rechtsprechung, nicht aber im Grundgesetz selbst so genannte – Sozialstaatsprinzip vor jeder (nicht-revolutionären) rechtlichen oder tatsächlichen Abschaffung geschützt. Weitere Normierungen zur Sozialstaatlichkeit sind im Grundgesetz nicht enthalten, insbesondere kennt es keine als solche erkennbaren »sozialen« Grundrechte.

Die Sozialstaatlichkeit stellt mithin einen Grundsatz dar, der zwar in die verfassungsrechtlichen Grundnormen Eingang gefunden hat, hinsichtlich seiner materiellen Unbestimmtheit und abstrakten Unbestimmbarkeit jedoch lediglich einen bewußt eingegangenen Formelkompromiß darstellt, wie sich schon im Rückblick auf seine Entstehungsgeschichte belegen läßt[3].

Als Formelkompromiß betrachten läßt sich jedoch weder die »bloß adjektivische« Verwendung des Begriffes »sozial«, noch die Tatsache, daß dieser Begriff zweifach in der Verfassung genannt wird. »Bloß adjektivisch« verwendet wird nämlich auch die Mehrzahl der anderen verfassungsrechtlichen Grundprinzipien, und auch die zweifache Verwendung ist nicht singulär.

Gleichwohl sind aus den erwähnten Fakten mancherlei Irritationen erwachsen. Im Sprachgebrauch – auch des Bundesverfassungsgerichts – hat sich der Begriff des »sozialen Rechtsstaates« so stark ausgeprägt, daß daraus die vor allem von Ernst Forsthoff initiierte Debatte über die (angebliche) Unvereinbarkeit von Rechtsstaat und Sozialstaat werden konnte[4]. Diese wohl unnötig forcierte Divergenz kann heute als »rechtsgeschichtliche Episode« gelten, wenngleich sie in modernisierter Form ab und an wieder aufgefrischt wird[5]. Die Debatte bleibt dennoch von Interesse, weil sie zeigt, mit welchem Grad von formaler Abstraktion ein Verfassungsdisput geführt werden kann, wenn er Juristen überlassen wird, denen rechtsdogmatische Finessen wichtiger sind als politische Intentionen, die in unumgänglichen gesellschaftlichen Notwendigkeiten gründen. Und dies, obwohl unverkennbar ist, daß Verfassungen in erster Linie politische Manifestationen sind und jedweder Akt der Verfassungsauslegung wiederum im Sog politischer Zielsetzungen steht, so wie auch schon die methodische Frage einer »subjektiven« Orientierung am historischen Willen des Verfassungsgebers oder einer »objektiven« Orientierung an dem hier und heute (von wem?) Gewollten letztlich im Sog politischer Zielsetzungen steht, und diese Zielsetzungen durch juristisches Argumentieren und Finessieren lediglich verwischt werden.

Die Sozialstaatlichkeit des Grundgesetzes ist einerseits vor dem Hintergrund konkreter historischer Erfahrungen, andererseits aber auch in seiner sich stets erneuernden soziopolitischen Austauschdynamik zu sehen.

Zum historischen Hintergrund gehört vor allem die Verfassung des Deutschen Reiches von 1919, die zwar den Begriff des Sozialstaates noch nicht kennt, ihrer Absichts- und Stimmungslage nach jedoch durchaus so etwas wie einen Sozialstaat abbildet. Diese soge-

[3] Vgl. dazu Jahrbuch des öffentlichen Rechts, N. F. 1 (1951), S. 195ff.
[4] Vgl. E. Forsthoff (Hrsg.) (1968), insbes. S. 145ff., 165ff.
[5] Vgl. AK-GG-Kittner 2. Aufl. Art. 20 Abs. 1–3 IV Rz. 21.

nannte Weimarer Verfassung kannte eine Vielzahl quasi sozialstaatlicher Regelungen, insbesondere auch soziale Grundrechte, die als unverbindliches »Zukunftsrecht« (Anschütz)[6] freilich weitgehend unerfüllt blieben. Gleichwohl hat das Bundesverfassungsgericht bei der Deutung des »sozialen Rechtsstaates« verschiedentlich auf soziale Programmsätze der Weimarer Verfassung zurückgegriffen[7].

Als flankierende normative »Umstände« der grundgesetzlichen Sozialstaatsklausel sind aber auch die Verfassungen der Bundesländer zu sehen, die sich zumeist nicht nur ausdrücklich zum Sozialstaat bekennen, sondern zum Teil auch recht umfangreiche soziale Grundrechtskataloge aufweisen. Obwohl die Reichweite solcher Grundrechte in Lehre und Rechtsprechung unterschiedlich beurteilt wird, ist unabweisbar, daß sie – wenn sie über die grundgesetzlichen Grundrechtsverbürgungen hinausgehen – jedenfalls insoweit Rechtsgültigkeit erlangen als sie nicht Bundesrecht widersprechen. Zu nennen sind in diesem Zusammenhang auch internationale Vereinbarungen (wie etwa die Europäische Sozialcharta), die seit dem Ende des Zweiten Weltkriegs getroffen und nach ihrer Ratifikation innerdeutsches Recht wurden. Neben allgemeinen Menschenrechten verbürgen diese Vereinbarungen auch eine Vielzahl sozialer und ökonomischer Grundrechte.

Als weitere flankierende »Umstände« der grundgesetzlichen Sozialstaatsklausel sind aber schließlich auch die Programme der politischen Parteien und der auf sie nachhaltigen Einfluß nehmenden gesellschaftlichen Gruppen anzusehen, weil sich in ihnen nicht nur das sozialstaatliche Interpretationspotential der Gegenwart, sondern auch das sozialstaatliche Gestaltungspotential der Zukunft manifestiert – ein Interpretations-und Gestaltungspotential, das sich auch immer wieder aus dem Ideengut klassischer Texte speist[8].

1.2 Funktion und Standort der Sozialstaatlichkeit

Als Aufgabe und Kompetenz staatlichen Handelns herausgebildet hat sich die Sozialstaatlichkeit vor dem Hintergrund der vollen Entfaltung des liberalen Rechtsstaates, der durch die Garantie von Eigentum und Erbrecht sowie Gewerbe- und Handelsfreiheit sowohl die bürgerliche Gesellschaftsordnung als auch die kapitalistische

[6] Vgl. G. Anschütz (1933), S. 744 (Art. 165).
[7] Vgl. etwa BVerfGE 11, 105 (113).
[8] Vgl. P. Häberle, 1789 als Teil der Geschichte. Gegenwart und Zukunft des Verfassungsstaats. In: Jahrbuch des öffentlichen Rechts der Gegenwart, N. F. 37 (1988), S. 47.

Wirtschaftsordnung zu ermöglichen und abzusichern bemüht war. An die Stelle der ständisch begründeten traten nun die vertraglich begründeten Rechte und Pflichten. Die bürgerliche Befreiung aus obrigkeitlicher Bevormundung hatte für einen großen Teil der Bevölkerung das Absinken in das Elend eines den Marktmechanismen mehr oder minder schutzlos preisgegebenen Industrieproletariats zur Folge, das unter heute schier unvorstellbaren Bedingungen unterdrückt und ausgebeutet werden konnte, weil es lediglich seine Arbeitskraft anzubieten hatte.

Die unter dem Schlagwort der »sozialen Frage« auch in die Geschichte der Politik eingegangene Entwicklung führte allmählich zu der Einsicht, daß der aus ihr erwachsenden Gefahr sozialer Revolutionen nur durch soziale Reformen zu begegnen sei, die sowohl das Herrschafts- als auch das Wirtschaftssystem vor grundstürzenden Veränderungen bewahren konnten. Als Korrektiv zu den problematischen Implikationen des (nur) liberalen Rechtsstaates wurde daher auch der legislative Weg zum »sozialen Rechtsstaat« bzw. zum Sozialstaat beschritten.

Aus dieser geschichtlichen Herkunft der Sozialstaatlichkeit ergibt sich auch ihre heutige Funktion. Negativ formuliert, kann man sagen, daß dem Sozialstaat die Aufgabe zukommt, sozialrevolutionäre Entwicklungen zu verhindern. Positiv formuliert, kann man sagen, daß sich in der Sozialstaatlichkeit die politische Bemühung ausdrückt, allen Bürgern wirtschaftliche Not zu ersparen und materielle Chancen der Selbstverwirklichung zu eröffnen – das also zu ermöglichen, was man eine »kleine Utopie« nennen könnte.

1.3 Zur Interpretation des Sozialstaatsprinzips

Das Bundesverfassungsgericht – und mit ihm nahezu ausnahmslos (Rechts-)Wissenschaft und (Rechts-)Praxis – geht davon aus, daß die in Art. 20 Abs. 1–3 GG verankerten Staatsstruktur- und Staatszielprinzipien allesamt dieselbe normative »Verfassungshöhe« aufweisen. Auch das Sozialstaatsprinzip wird daher in einer Vielzahl von Entscheidungen ausdrücklich als konstitutives Rechtsprinzip anerkannt, zugleich aber auch nicht minder ausdrücklich als »ein der konkreten Ausgestaltung in hohem Maße fähiges und bedürftiges Prinzip« apostrophiert[9].

Angesichts der normativen Offenheit des Sozialstaatsprinzips ist

[9] BVerfGE 5, 85 (198).

diese Charakterisierung durchaus zutreffend. Sie unterstreicht den eminent politischen Charakter der Sozialstaatsklausel, bei deren Konkretisierung die staatliche Gestaltungsmacht noch nicht durch feststehende Normierungen eingeschränkt wird. Wenn sich schon im allgemeinen Politik und Recht nur in sehr groben Umrissen unterscheiden lassen, so gilt dies im besonderen bei der Auslegung der Sozialstaatsklausel. Hier mögen sich politische, pseudo-, para- und genuin juristische Argumentationen in unentwirrbarer Weise vermischen. Was dem einen als Verfassungsinterpretation gilt, ist dem anderen Verfassungspolitik und vice versa. Was sich aber auch bei der Deutung sogenannter unbestimmter Rechtsbegriffe – und die Sozialstaatsklausel mag durchaus als eine Art unbestimmter Rechtsbegriff betrachtet werden – in aller Regel abzeichnet, ist so etwas wie ein Grundkonsens oder Rahmenkonsens, der einige wesentliche, jeder Auslegung der betreffenden Norm zugrundezulegende Kriterien umfaßt.

Im Falle der Sozialstaatsklausel gruppieren sich diese Kriterien um die vom Bundesverfassungsgericht entwickelten »Leitsätze«. Nach Auffassung des Gerichts wird der Staat durch die sozialstaatliche »Grundentscheidung des Grundgesetzes« zu »sozialer Gerechtigkeit verpflichtet«[10] und hat daher auch »für einen Ausgleich der sozialen Gegensätze«[11] zu sorgen und dabei die »Lebensverhältnisse, insbesondere auf dem Gebiet der Wirtschaft, gestaltend zu ordnen«[12].

Diese Leitsätze des Bundesverfassungsgerichts schreiben zwar noch keine konkreten Inhalte vor, stellen aber doch klar, daß sich der Sozialstaat nicht lediglich auf der untersten Stufe der Abwehr manifester Armut und Not bewegen darf. Ob das Tätigkeitssoll mit dem Forsthoffschen Begriff der »Daseinsvorsorge« identifiziert werden kann, hängt von dessen Auslegung ab. Soweit er nur als die jedem Staat aufgegebene Schaffung eines Überlebensrahmens verstanden wird, greift er jedenfalls zu kurz. In diesem Falle müßte vom Sozialstaat eher »Daseinsnachsorge« gefordert werden, um mit einigem Abstand dem »Vorsprung der sozialen Notstände« (Suhr)[13] sozialpolitisch hinterherzureparieren.

Ein »Ausgleich der sozialen Gegensätze«, der geeignet wäre, eine annähernd »gerechte Sozialordnung«[14] herzustellen, würde selbst-

[10] Ebd.
[11] BVerfGE 22, 180 (204).
[12] BVerfGE 13, 230 (233).
[13] Vgl. D. Suhr (1970), S. 77.
[14] BVerfGE 22, 180 (204).

verständlich verlangen, den »Vorsprung der sozialen Notstände« schon präventiv zu überwinden. Dieses Ziel wiederum impliziert die Pflicht des (Sozial-)Staates, die soziale Wirklichkeit zu analysieren, in ihrer weiteren Entwicklung zu prognostizieren, im Lichte der konstitutionellen Grundwerte zu evaluieren und die Verwirklichung dieser Grundwerte durch gezielte (sozial-)politische Entscheidungen zu modifizieren. Nur so läßt sich die »soziale Aktivität«, zu der das Verfassungsprinzip der Sozialstaatlichkeit den Staat verpflichtet[15], sinnvoll denken. Daß der Staat dabei angesichts der hohen Komplexität der industriegesellschaftlichen Lebensverhältnisse »die Funktion der Planung, Regulierung, Lenkung, Kontrollierung und Überwachung« (Loewenstein)[16] des sozioökonomischen Lebens übernimmt, um in einer »egalitär-sozialstaatlichen Denkweise«[17] »die Gleichheit fortschreitend bis zu einem vernünftigerweise zu fordernden Maße zu verwirklichen«[18], wird zwar sicher nicht den Beifall aller Bürger der Bonner Republik finden, ist aber jedenfalls durch ein vergleichsweise hohes Maß an rechtlich-politischem Verfassungskonsens legitimiert.

Das sozialstaatliche Interventionsgebot mag sich einerseits als Gesetzgebungsauftrag, andererseits als »Auslegungsprinzip«[19] aktualisieren. Als Gesetzgebungsauftrag verpflichtet es den Staat, die der jeweiligen sozialpolitischen Situation angemessenen Gesetze zu erlassen; als Auslegungsprinzip verpflichtet es alle Träger der Staatsgewalt, das Grundgesetz sozialstaatskonform und im Spannungsfall in der nun schon mehrfach erwähnten »praktischen Konkordanz«[20] mit dem jeweils konkurrierenden Staatsstruktur- bzw. Staatszielprinzip auszulegen.

Der Zielhorizont des Sozialstaatsprinzips wird durch die umfangreichen Kataloge von Gesetzgebungskompetenzen konturiert, die in den Art. 70ff. GG dem Bund bzw. den Ländern zugesprochen werden. Von besonderer Bedeutung ist aber in diesem Zusammenhang auch der – in Verbindung mit dem Stabilitätsgesetz zu sehende – Haushaltsartikel 109 Abs. 2 GG, der dem Staat die Bemühung um ein gesamtwirtschaftliches Gleichgewicht (und damit auch um ein hohes Beschäftigungsniveau) aufgibt. Sozialstaatliche Implikationen hat aber auch der Grundrechtekatalog. Ganz offenkundig ist

[15] Vgl. BVerfGE 1, 97 (105).
[16] K. Loewenstein (1969), S. 343; ähnlich K. Hesse (1988), S. 82.
[17] BVerfGE 8, 155 (167).
[18] BVerfGE 5, 85 (206).
[19] St. R. des BVerfG seit E1, 97 (105).
[20] K. Hesse (1988), S. 127ff.

dies im Hinblick auf die Garantie des Rechts auf Eigentum, dessen Gebrauch zugleich auch dem Wohle der Allgemeinheit dienen soll (Art. 14 Abs. 1, 2 GG). Evident ist es auch im Hinblick auf die Enteignung zum Wohle der Allgemeinheit (Art. 14 Abs. 3 GG) und die – durch Art. 15 GG eröffnete, jedoch in der Geschichte der Bundesrepublik niemals wahrgenommene – Möglichkeit der gesetzlichen Überführung von Grund und Boden, Naturschätzen und Produktionsmitteln in Gemeineigentum. Und von sozialstaatlicher Bedeutung ist schließlich auch Art. 9 Abs. 3 GG, der als »aktive Selbsthilfekomponente«[21] das Recht der Tarifvertragsparteien statuiert, autonom über jene Arbeitsbedingungen zu entscheiden, die einen unbestechlichen Indikator für die Qualität der Sozialstaatlichkeit abgeben.

Im Hinblick auf ihre sozialstaatliche Wertigkeit weit weniger evident und daher auch stärker umstritten ist die soziale Dynamik der anderen Grundrechtsbestimmungen. Eine eher konservativ ausgerichtete Verfassungsdogmatik hatte sich zunächst bemüht, das klassische Verständnis der Grundrechte als freiheitsgewährende Abwehrrechte gegen begrenzende staatliche Eingriffe in die Individualsphäre hineinzunehmen, ehe sich eine im Hinblick auf ihre sozialstaatlichen Implikationen offensivere Interpretation durchzusetzen vermochte. Diese offensivere Intepretation stützt sich auf die Rechtsprechung des Bundesverfassungsgerichts, das die Grundrechte – im Anschluß an eine in der Rechtswissenschaft seit längerem vertretene Lehre – als Elemente der »objektiven Wertordnung« des Grundgesetzes[22] versteht. Dies mit der Begründung, daß sich die in den Grundrechten verbürgte Freiheit nur verwirklichen lasse, wenn eine gewisse Zahl »sozialer Lebensgüter« gewährleistet sei, die notwendiger Teil dieser Freiheit seien[23].

Dem Verständnis der Grundrechte als Basis eines freiheitgewährenden *status negativus* und eines mitwirkungssichernden *status activus* tritt mithin das Verständnis der Grundrechte als Basis eines auch materielle Teilhabe gewährenden *status positivus* zur Seite. Hier geht es um jene positive Leistungspflicht des Staates, die unter gewissen Umständen Freiheit überhaupt erst möglich macht. In dieser »sozialstaatlichen Mutation« (Friauf)[24] kommt die dem traditio-

[21] Vgl. AK-GG-Kittner, 2. Aufl., Art. 20 Abs. 1–3 IV Rz. 81.

[22] BVerfGE 7, 198 (205).

[23] Vgl. E.-W. Böckenförde, Die sozialen Grundrechte im Verfassungsgefüge. In: ders., Jürgen Jekewitz u. Thilo Ramm (Hrsg.) (1981), S. 9.

[24] K. H. Friauf, Zur Rolle der Grundrechte im Interventions- und Leistungsstaat. In: DVBl., Nr. 18 (1971), S. 675.

nellen Grundrechtsverständnis zuwiderlaufende Überzeugung zum Ausdruck, daß gewisse staatliche Interventionen geradezu als »Grundrechtsförderung«[25] angesehen werden können, die Grundrechte nicht nur nicht einschränken, sondern erst in ihre »Kraft und Herrlichkeit« setzen.

Aus dieser sozialstaatlichen Perspektive ist dann auch der Weg zur Forderung nach einer stärkeren »Drittwirkung« der Grundrechte nicht weit, wie er auch in der höchstrichterlichen Rechtsprechung zumindest ansatzweise schon eingeschlagen wird. Eine weit(er)gehende Drittwirkung der Grundrechte könnte zweifellos für die soziale und politische Kultur einen unter manchen Aspekten segensreichen Solidarisierungs- und Egalisierungsschub bedeuten, könnte freilich auch soziopolitische Entwicklungen fördern, die in den bedrückenden sozialen Homogenisierungsvisionen Alexis de Tocquevilles vorweggenommen sind. Wie in vielen anderen Problembereichen wird man auch in diesem Spannungsfeld restriktiver und progressiver Deutungen des Sozialstaatsprinzips (die nichts anderes als einen wechselseitigen »Kampf ums Recht« im Sinne Rudolf von Iherings darstellen) darauf vertrauen müssen, daß zwar nicht unbedingt die im 19. Jahrhundert so schmerzlich vermißte »unsichtbare Hand« (Adam Smith), wohl aber das in wachsendem Maße gehegte Spiel der soziopolitischen Meinungen und Kräfte für einen individual- *und* sozialverträglichen Ausgleich sorgen wird.

2. Woher kommt der Sozialstaat?

Ungesichert waren die Lebensbedingungen der Menschen zu allen Zeiten. Und zu allen Zeiten gab es daher auch die (zunächst nur) soziale und (später auch) politische Bemühung um Überwindung dieser Unsicherheit. Das (subjektive) Bedürfnis nach und der (objektive) Bedarf an sozialer Sicherheit freilich waren im Laufe der Geschichte stetem Wandel unterworfen. Und stetem Wandel unterworfen war auch die Art und Weise, in der die Menschen versuchten, diese Bedürfnisse bzw. diesen Bedarf zu befriedigen.

Obwohl qualitative Vergleiche stets riskant sind, wird man mit der Annahme kaum fehlgehen, daß die soziale Sicherheit sowohl in einem allgemeinen als auch in dem hier vorausgesetzten besonderen

[25] So H. P. Bull (1973), S. 158 unter Bezugnahme auf P. Häberle (1972), S. 53.

Sinne unter den Wirtschafts- und Lebensbedingungen der Moderne in stärkerem Maße zum gesamtgesellschaftlichen Problem geworden ist, als dies je zuvor in der uns bekannten Menschheitsgeschichte der Fall war. Der europäische Sozialstaat der Gegenwart muß als Ergebnis der unmenschlichen Arbeits- und Lebensbedingungen angesehen werden, die der Frühindustrialismus dem Vierten Stand auferlegt hat. Gleichwohl ist dieser Sozialstaat der Gegenwart lediglich die spezifische Ausprägung einer konkreten Form der Wirtschaftsgesellschaft, dessen Archetypus alle Entwicklungsperioden der Menschheit begleitet hat.

Schon für die ältesten (einigermaßen) erforschten menschlichen Kulturen – die altsteinzeitlichen Jäger- und Sammlerkulturen – ist ein stark entwickeltes Sozial- bzw. Solidarverhalten der Hordenmitglieder nachgewiesen. Es war jene – von Jean-Jacques Rousseau geradezu hymnisch besungene – Zeit der »jeunesse du monde«, in der alle Menschen »so frei, gesund, gut und glücklich (waren), wie sie es ihrer Natur nach sein konnten«, um »untereinander die Süße eines unabhängigen Verkehrs zu genießen«[26]. Kinder, Kranke und Alte wurden von den arbeitsfähigen Mitgliedern versorgt, wie überhaupt der Grundsatz galt, daß Nahrungsmittel und sonstige Gegenstände des Primärbedarfs von der Horde beschafft und in der Horde verteilt wurden – und zwar unabhängig davon, wie erfolgreich sich das einzelne Hordenmitglied bei der Jagd oder beim Sammeln erwies[27]. Dieses Verhalten änderte sich merklich, als mit dem Neolithikum allmählich »moderne(re)« Zeiten anbrachen, die dann auch schriftliche Zeugnisse hinterließen.

Geändert hat sich in dieser Zeit die Bodenordnung: Aus der Besitzlosigkeit oder auch dem gemeinsamen Eigentum Aller entwickelte sich das – für den vollzogenen Übergang von der nomadischen zur seßhaften Lebensweise charakteristische – Privateigentum am Boden, das für die nachfolgenden Jahrtausende zivilisationsprägende Bedeutung erlangen sollte.

Virulent wurde diese – schon von Rousseau leidenschaftlich beklagte – Entwicklung, als sich Gemeinschaft in Gesellschaft aufzulösen begann. Für den abendländischen Kulturkreis paradigmatisch war insoweit die sich in den atomistisch-individualistischen Rechts- und Sozialtheorien der Sophisten spiegelnde Auflösung der altgriechischen Polis-Kultur. Die – auch die griechische Frühzeit prägende, nie in Frage gestellte und metaphysisch überhöhte – Ge-

[26] J.-J. Rousseau (1984), S. 195.
[27] Vgl. dazu etwa M. Sahlins (1972).

meinschaftsidee verwandelte sich nun in die – nur noch zweckrationale Imperative gemeinsamer Lebensgestaltung anerkennende – Gesellschaftsidee.

Gegen diese Entwicklung der Gemeinschaft zur Gesellschaft, deren Glieder zwar noch durch Ziele und Zwecke unterschiedlichster Art miteinander verbunden, gleichwohl aber austauschbar und ablösbar – weil nicht in einer festen Ordnung vereint – sind, wandte sich Platons Staatsideal, das viele Herolde, aber keine Verwirklichung fand. Vorgezeichnet ist in der ›Politeia‹ aber auch schon die erst in jüngster Vergangenheit voll wirksam gewordene Idee der vertikalen sozialen Mobilität, die den sozialen Aufstieg aller allein durch deren jeweilige Fähigkeiten bedingt sehen will – Fähigkeiten, die ihrerseits durch eine Erziehung zur Vernunft gefördert werden sollen.

Trotz des Rückgriffs auf gewisse Positionen des vorsokratischen Individualismus wird auch die Aristotelische Staatsidee durch die natürliche Sozialität des *zoon politikon* geprägt. Als soziales Wesen kann der Mensch aus dieser Sicht nur im Staate leben, der insoweit zwingend »Sozial«staat sein muß. Ideellen Ausgangspunkt dieser »Sozial«staatlichkeit bildet für Aristoteles jedoch die gerechte Ordnung der Familie und deren Wirtschaft, die sich in wachsenden Kreisen über die Dorfgemeinschaft zum Staat erweitert. Die Kriterien dieser gerechten Ordnung ergeben sich aus der Aristotelischen Ethik, deren Orientierung an Mitte und Maß nicht zuletzt im Hinblick auf die verteilende und die ausgleichende (Tausch-)Gerechtigkeit durch ihre Rezeption bei Thomas von Aquin sowohl dem Mittelalter als auch der Neuzeit bedeutsame »sozialstaatliche« Impulse gegeben hat. Wie schon Platon in seinem Alterswerk, den ›Gesetzen‹ (Nomoi), wird auch Aristoteles in der ›Politik‹ konkret: Eine durch Besitzstreuung charakterisierte Gesellschaft gilt ihm – weil von Mitte und Maß geprägt – allemal als die (über-)lebenskräftigste.

Im epikureischen, kynischen und (zum Teil auch noch im) stoischen Individualismus löste sich das griechische Gemeinschaftsdenken endgültig auf. Sein eigentlicher Gegenstand war nie die Wirtschaft oder die Verteilung von Gütern, sondern vielmehr die Teilhabe der (Voll-)Bürger an der Regierung, die »Selbstregierung der Regierten« also. Im autokratisch organisierten alexandrinischen Weltreich und seinen Nachfolgereichen findet dieser Gedanke sein gewissermaßen natürliches Ende. Wieder aufgegriffen wird der griechische Staatsgedanke unter ganz anderen Vorzeichen vom Christentum, das sich spätestens seit Konstantins Mailänder Toleranzedikt vom Jahre 313 auch politisch machtvoll zu entfalten beginnt.

In seinen Anfängen steht das Christentum im Zeichen der Patristik. Die Lehre der Kirchenväter ist von der (vereinzelt schon in der Vorsokratik vertretenen) kynisch-stoischen Überzeugung geprägt, daß »bescheidenes Begehren« die Armut dem Reichtum ebenbürtig erscheinen lasse. Im Ideen- und Güterkommunismus der frühchristlichen Gemeinden wie vor allem auch in der zönobitischen und monazensischen Bewegung der ersten Jahrhunderte setzt sich dieses Denken durch. Die materiellen Güter sollten in paradiesischer Manier Allen in gleichem Maße zur Verfügung stehen. Der »Sündenfall« des Christentums aus dem Ideal des Gemeineigentums in das – gerade vom römischen Recht machtvoll abgesicherte – Privateigentum besiegelte den Weg in die Moderne. Die augustinische *civitas terrena* wurde zur schicksalsergeben akzeptierten Regel, die *civitas Dei* letztlich *in excelsis* verwiesen, in die lichten Höhen eines endzeitlichen Utopismus.

Die Interpretation des weltlichen Gottesreiches als eschatologischer Weg wird zur Aufgabe der die Heilsvermittlung und Heilsverwaltung des *homo viator* übernehmenden Mutter Kirche. Als Wirtschafts- und Verwaltungseinheit lebt Rom zwar fort, wird aber von der Kirche als totalitärer Gemeinschaft überwölbt: »Extra ecclesiam nulla salus«, schreibt Cyprian. Diese Gemeinschaft der Kirche, außerhalb deren es kein Heil gibt, äußert sich in ihrer sozialen Idealität in der von der Bergpredigt als Vorwegnahme des kommenden Reiches geforderten Nächstenliebe. Wiewohl im Kommunismus der Urgemeinden manifest geworden, äußert sich die *caritas* später nicht (mehr) als sozialrevolutionäres Programm, sondern vielmehr als persönliche Haltung anerkannter Gottgefälligkeit.

Auch die – wenigstens insoweit – nur am jenseitigen Ausgleich diesseitiger sozialer Disparitäten orientierte Kirche vollzog mithin keinen Bruch mit der sozialpolitischen Abstinenz des Römischen Reiches. Die militärischen Eroberungen zunächst der Republik und dann des Kaiserreiches führten zu einem erheblichen Reichtum Roms; von diesem Reichtum profitierten allerdings in erster Linie die Oberschichten, die durch ihre Favorisierung der von Sklaven betriebenen Latifundienwirtschaft den Niedergang des Kleinbauern- und Handwerkerstandes und damit letztendlich auch den Niedergang der militärischen und politischen Stärke Roms förderten. Sporadische sozialpolitische Impulse vermochten diese allmähliche Zersetzung der überkommenen Wirtschafts- und Sozialstruktur nicht aufzuhalten, die wesentlich dazu beitrug, daß das einst machtvolle Rom von einigen hunderttausend Germanen in die Knie gezwungen werden konnte[28].

Nach den Stürmen der Völkerwanderung kehrt wieder – nur von Macht- und Positionskämpfen, nicht aber von wirtschafts- und sozialstrukturellen Umwälzungen unterbrochene – Ruhe ein. Der einst rege Wirtschaftsverkehr im Mittelmeerraum und seinen Hinterländern kommt zum Erliegen, das Leben bleibt agrarisch bestimmt. Etwa 90 Prozent der Bevölkerung sind in der Landwirtschaft tätig und produzieren (zumindest auch) für den eigenen Bedarf. Handel – und daher auch Geld – dient im wesentlichen nur dem regionalen Ausgleich. Erst im Spätmittelalter erlangen die Städte Bedeutung; mit ihnen wächst wieder der Einfluß von Handwerk, Handel und Geldwirtschaft.

Aus sozialstaatlicher Perspektive mag man das Mittelalter als »schöpferische Pause« zwischen Antike und Neuzeit betrachten. Was diesen Charakter der (Ruhe-)Pause unterstreicht, ist die – durch Feudalsystem und Ständeordnung bedingte – relative Stabilität dieser im wahren Sinne des Wortes »bodenständigen« Ordnung, die einem jeden nicht zuletzt kraft der Zuweisung von Bodenrechten – das materielle Substrat der Lehensbindung war stets ein Lehensgut – seinen Platz und damit auch zumindest Subsistenzsicherheit zuwies.

Für das ethische Verständnis der mittelalterlichen Wirtschafts- und Sozialordnung von besonderer Bedeutung sind die Lehren des – nach Augustinus – einflußreichsten Kirchenlehrers Thomas von Aquin (1225–1274), der den Menschen als ein auf das Gottesreich ausgerichtetes *animal sociale* sah. Ein hervorragender Platz in der Theoriegeschichte der Sozialstaatlichkeit gebührt dem »Doctor angelicus« vor allem deshalb, weil er eine soziale Verantwortung des Gemeinwesens nicht nur erkannt, sondern auch systematisch formuliert hat. Wenn auch seine Sozialphilosophie – trotz politischer Zuweisungen – nicht unmittelbar wirksam wurde und (auch) insoweit »scholastisch« blieb, so hat sie doch mit der Betonung des Vorrangs der Familie, mit der Lehre vom »gerechten Preis«, mit dem Verbot der Zinsnahme und dem Gebot eines gemeinwohlorientierten Eigentumsgebrauchs Ge-Wissen vermittelt und damit eine wichtige Basis für zentrale Positionen der späteren katholischen Soziallehre (Subsidiarität, Solidarität, Mitbestimmung) geschaffen[29].

Da der Sozialphilosoph Thomas von Aquin schon im späten Mit-

[28] Vgl. dazu K. Schilling (1957), S. 55ff.; A. Damaschke (1913), S. 10ff.
[29] Vgl. Thomas von Aquin (1953), insbes. 66., 77. und 78. Frage.

telalter stand, mußte seinem Denken die soziopolitische Bedeutung versagt bleiben. Durch das Aufblühen der Städte wird die ursprüngliche Orientierung auch der Kirche an Land und Landwirtschaft zurückgedrängt. Arbeit, Arbeitsteilung, Handel und Geldverkehr gewinnen eine Bedeutung, die der mittelalterlichen Welt nicht nur fremd, sondern sogar ausgesprochen verpönt war. Daß die aquinatischen Wegmarken zuweilen nur vage gesetzt sind, zeigt, daß sich auch Thomas selbst schon im geistigen Grenzland befand. Im Grunde ist sogar er der am wirtschaftlichen Verkehr orientierten Friedensdevise der Stadt schon mehr verbunden als dem auf kriegerischer Eroberung gründenden ländlichen Lehenswesen. Die benediktinische Mönchsregel »Ora et labora« – Askese und Weltheiligung zugleich – wird bei Thomas zur Pflicht jedes Einzelnen, seinen Lebensunterhalt durch Gott und der Gemeinschaft geschuldete Arbeit zu sichern. Dieses neuartige soziale Ethos der Arbeit als Pflichterfüllung, das später vor allem durch die calvinistische Perspektive noch verstärkt werden sollte, ermöglicht schließlich den neuzeitlichen Staat und die ihn tragende industriell-kapitalistische Wirtschaftsweise[30].

2.1 Vordenker der Sozialstaatlichkeit

Durch das christliche Altertum und das christliche Mittelalter wurde der nach-klassische Individualismus der griechisch-römischen Antike wieder in religiöses Gemeinschaftsdenken zurückgebunden. Humanismus und Renaissance, vom spätscholastischen Nominalismus vorbereitet, lösten das Individuum wieder aus den allzu engen Fesseln eines ausschließlich kirchlich verwalteten Glaubens und beschenkten die Menschheit in allen Kulturbereichen – Philosophie, Kunst, Wissenschaft, Technik und Kriegskunst – mit einer beispiellosen Schöpferfreude. Das Reich des Glaubens wich allmählich einer Welt des Wissens, die von der Überzeugung geprägt war, daß die Vernunft das Wesen des Menschen ausmache.

Der grundstürzende und grundlegende Wandel von der schöpferischen Pause des Mittelalters zur schöpferischen Gestaltung der Neuzeit erfaßte auch das soziale Denken, das nun nicht mehr selbstverständlich, zufällig oder »scholastisch« war, sondern vernunftbestimmt und zielgerichtet. Das erste in diesem Geiste entworfene große humanistische Konzept eines zukünftigen Sozialstaates präsen-

[30] Vgl. dazu K. Schilling (1957), insbes. S. 193ff.

tierte der Kanzler Heinrichs VIII., Thomas Morus (1478–1535), der mit seinem Staatsroman ›Von der besten Staatsverfassung und von der neuen Insel Utopia‹ nicht nur mit den sozialen Mißständen Englands hart ins Gericht geht, sondern zugleich auch einen idealen Staat konstruiert, aus dem Hunger, Not und Elend für immer verbannt sind. Während dort nämlich »keiner etwas besitzt, sind doch alle reich«[31]. Morus, dessen Entwurf ganz offensichtlich an Platons ›Politeia‹ orientiert, aber schon im frühen Chiliasmus vorgezeichnet ist, begründet damit das literarische Genre der Utopie, die in den folgenden Jahrhunderten immer wieder zum Forum affirmativer oder negatorischer Spiegelung sozialer Wirklichkeit werden sollte.

Utopische Züge trägt auch das teils aufklärerische, teils romantische Oeuvre Jean-Jacques Rousseaus, angesichts dessen – in den beiden ›Discours‹ ausführlich begründeten – kulturpessimistischer Grundhaltung die Forderung nach sozialer Gerechtigkeit geradezu zum Notschrei wider die zerstörerische Eigendynamik des Eigentums gerät. Die berühmt-berüchtigte Passage über die Entstehung des Eigentums aus dem ›Diskurs über die Ungleichheit‹ macht dies überaus deutlich: »Der erste, der ein Stück Land eingezäunt hatte«, heißt es da, »und es sich einfallen ließ, zu sagen: *dies ist mein*, und der Leute fand, die einfältig genug waren, ihm zu glauben, war der wahre Gründer der bürgerlichen Gesellschaft. Wie viele Verbrechen, Kriege, Morde, wie viel Not und Elend ... hätte derjenige dem Menschengeschlecht erspart, der die Pfähle herausgerissen oder den Graben zugeschüttet und seinen Mitmenschen zugerufen hätte: ›Hütet euch, auf diesen Betrüger zu hören; ihr seid verloren, wenn ihr vergeßt, daß die Früchte allen gehören und die Erde niemandem.‹«[32]

Auf dieser Kritik des Eigentums, wie es vor allem durch die Arbeitswertlehre John Lockes begründet wurde, basiert letztlich auch Rousseaus naturrechtliches Konzept eines Ausmaß und Grenzen politischer Herrschaft konstituierenden Gesellschaftsvertrags. Wahrer Souverän des durch diesen *contrat social* begründeten Gemeinwesens ist, wie schon früher erwähnt, eine Norm – die *volonté générale* –, deren Vorliegen selbst die Mehrheitsentscheidung nur indiziert, nicht aber unwiderlegbar präsumiert. Diese Norm schützt nicht nur Freiheit, Leib und Leben, sondern auch – das Eigentum. Da Rousseau dabei jedoch nur an das »kleine« Eigentum denkt und

[31] Th. Morus (1976), S. 149.
[32] J.-J. Rousseau (1984), S. 173.

eine sozial nivellierte Gesellschaft im Auge hat, liegt darin noch kein Widerspruch zu seiner prinzipiellen Ablehnung des Eigentumskonzeptes. Seine insoweit aber immerhin resignative, aus der Einsicht in die Unumkehrbarkeit der gesellschaftlichen Entwicklung resultierende Haltung hat Rousseau zwar den Spott eingetragen, Apologet einer »Kleinbürger-Demokratie«[33] und »konservativer Revolutionär«[34] zu sein; dennoch wird man davon ausgehen können, daß nicht nur sein Konzept der unmittelbaren Volksherrschaft, sondern auch seine flammende Philippika wider das Eigentum als Sozialidee sowohl zur Initialzündung als auch zur Profilierung der Französischen Revolution (wie auch ihrer Nachfolge-Revolutionen) wesentlich beigetragen hat – zu jenem Ereignis also, welches das soziopolitische Antlitz Europas verändert hat wie wohl kein anderes zuvor.

Utopistische Züge trägt auch der von Johann Gottlieb Fichte (1762–1814) konzipierte ›Geschloßne Handelsstaat‹, der im Zeichen eines sozialen Gerechtigkeitsideals die Unumgänglichkeit und Vorteilhaftigkeit einer zentral geplanten Staatswirtschaft bis in ökonomische Details hinein zu begründen sucht. Unverkennbare Vorbilder sind auch für Fichte Platon, Rousseau und – überraschenderweise – Kant, der sich in einer (unveröffentlichten) Frühschrift ausgesprochen sozialkritisch mit dem Eigentum der »Reichen« auseinandergesetzt hatte[35]. Fichte freilich versteht seinen ›Philosophischen Entwurf als Anhang zur Rechtslehre, und Probe einer künftig zu liefernden Politik‹ – so der Untertitel des Werkes – weniger als Utopie denn als konkrete Vorlage für einen »Vernunftsstaat«. In ihm soll jedem Einzelnen die Möglichkeit zuwachsen, jene selbstverantwortete Freiheit zu leben, die Existenzbedingung jedes Vernunftwesens ist.

Da die Rechtsordnung für Fichte vor allem wirtschaftlich determinierte Ordnung ist, hat der Staat »jedem erst das Seinige zu geben, ihn in sein Eigentum erst einzusetzen, und sodann erst, ihn dabei zu schützen«[36]. Das – durchaus noch traditionell als Recht, »andere von einer gewissen uns allein vorbehaltenen Tätigkeit auszuschließen«[37] definierte – Eigentum verliert damit seinen ausschließlich naturrechtlichen Charakter und wird durch Umkehrung des »Rechts auf Arbeit« zur Aufgabe des Staates, der den Einzelnen

[33] Vgl. dazu etwa Fetscher (1976), S. 153ff.
[34] Vgl. A. Künzli (1986), S. 257.
[35] Vgl. dazu R. Saage (1973).
[36] J. G. Fichte (1979), S. 13.
[37] Ebd., S. 58.

nicht zuletzt im Vollzug dieser Aufgabe an sich bindet[38]. »Sicherheit«, heißt es bei Fichte, »soll ihnen der Staat geben, die Gewähr soll er ihnen leisten. Zu sagen: das wird sich alles schon von selbst geben, jeder wird immer Arbeit, und Brot finden, und es nun auf dieses gute Glück ankommen zu lassen, ist einer durchaus rechtlichen Verfassung nicht anständig ...«[39]

Recht eigentlich existiert der Staat für Fichte nur um der sozialen Sicherheit willen, die er als unverzichtbare Grundlage selbstverantworteter Freiheit begreift. Als exklusives Recht auf eine bestimmte Tätigkeit hat das Eigentum daher auch nicht die Aufgabe, durch Arbeit Kapital zu akkumulieren, sondern es soll ermöglichen, die Arbeitszeit so weit zu reduzieren, daß alle Zeit haben und Kraft finden zu »Muße für Freiheit und Bildung«[40] als oberstem Zweck des Staates – einem Zweck, der aus Fichtes Perspektive entschwinden kann, sobald »die bloße Vernunft als höchster Richter allgemein anerkannt sein wird«[41].

2.2 Vorkämpfer des Sozialstaates

Fichtes Schrift über den ›Geschloßnen Handelsstaat‹, die übrigens von Rezeptoren sehr unterschiedlicher Provenienz und Prägung in Anspruch genommen werden sollte, erschien im Jahre 1800. Sie ist zwar eindeutig staatssozialistisch gefärbt, aber doch noch vor dem geistigen Hintergrund des Merkantilismus à la Colbert und des Physiokratismus à la Turgot und (vor allem) Quesnay zu sehen. Der merkantilistische Absolutismus, der das Lehenswesen durch den Aufbau eines Beamtenapparates und eines stehenden Söldnerheeres ersetzt, impliziert das Modell der Staatswirtschaft, während der aufklärerische Physiokratismus mit der Parole »Laissez faire et laissez passer, le monde va de lui même« den individualistischen Liberalismus impliziert. Um die Wende vom 18. zum 19. Jahrhundert war indessen weder für Merkantilismus noch für Physiokratismus mehr Raum. Die »qualità dei tempi« (Machiavelli) hatte bereits die Weichen für den ökonomischen und politischen Liberalismus à la Locke, Smith und Ricardo gestellt. Spätestens seit Beginn des 19. Jahrhunderts bricht sich der Manchester-Kapitalismus mit Macht seine Bahn – den Staat und das Recht hat er auf seiner Seite.

[38] Vgl. ebd., S. 60.
[39] Vgl. ebd., S. 60f.
[40] Ders. (1920), S. 46f. und passim.
[41] Ders. (1929), S. 53.

Die Wirtschaft wird fortan zum Schicksal Europas und mit Europas Siegeszug zum Schicksal der Erde. Zur kapitalistischen Sozialidee wird die – schon erwähnte – Vorstellung von Adam Smith, daß die individuelle Verfolgung des eigenen Nutzens zugleich auch zum kollektiven Besten führe. Die sozioökonomischen Bedingungen aber, die sich im Zeichen dieser Vorstellung entwickeln, scheinen für bloß theoretische Konzeptionen keinen Raum mehr zu lassen: »Die Philosophen haben die Welt nur verschieden *interpretiert«*, urteilt Marx bei seiner »materialistischen« Analyse der »deutschen Ideologie« des Idealismus, nun aber komme es »darauf an, sie zu *verändern«*[42].

Mit dieser berühmt-berüchtigten 11. These über Feuerbach gewinnt der »Kampf ums Recht« (Rudolf von Ihering) eine neue Dimension. Neben die theoretische tritt die konkrete politische Auseinandersetzung. »Ein Gespenst geht um in Europa«, schreiben Karl Marx (1818–1883) und Friedrich Engels (1820–1895) in der Einleitung zum ›Kommunistischen Manifest‹[43]. Und mit der von ihnen angestrebten Vereinigung der Proletarier aller Länder zur Niederzwingung des Kapitalismus wird der Klassenkampf zum – wenn auch zumeist nur latenten – sozialrevolutionären Programm des Vierten Standes, der aus der Schutzperspektive des nun auf breiter Ebene einsetzenden Konstitutionalismus noch weitgehend ausgeklammert ist. Das Besitzbürgertum versucht die Arbeiter»klasse« zur Absicherung des eigenen ökonomischen Status eben jenen politischen Status zuzuweisen, dem es selbst gerade erst entronnen ist – den der Rechtlosigkeit nämlich.

Der Kampf der sich allmählich politisierenden Arbeiterschaft, der von Kommunisten, Anarchisten und in wachsendem Maße auch Sozialisten – jeweils unterschiedlichster Prägung – angeführt wird, wird nun zur wohl wichtigsten Richtkraft in der Entwicklung der Sozialstaatlichkeit. Das soziale Elend dieser Frühzeit der europäischen Industrialisierung ist so offenkundig, die von der Aufklärung propagierte Humanität so gewaltig mit Füßen getreten, daß sich auch die Kirchen nicht mehr willig vor den Karren der kapitalistischen Ausbeutung spannen lassen, den sie vergleichsweise lange vergleichsweise willig mitgezogen haben. Und schließlich machen sich auch die »Staatswissenschaftler« und der Staat auf den Weg der Reform, um dem Elend – und der Revolution – die Spitze zu brechen. Nicht zuletzt auch diese Einsicht dürfte einzelne weitsichtige

[42] K. Marx (1983), S. 7.
[43] K. Marx u. F. Engels (1959), S. 462.

Unternehmer – wie etwa Robert Owen – auf einen reformistischen Sonderweg geführt haben[44]. Immer deutlicher zeichnete sich nämlich ab, daß es dem pauperisierten Proletariat nicht nur um einen gerechten Anteil an den Früchten seiner Arbeit, sondern eben auch um die »Verhältnisse« ging, die den Modalitäten der Verteilung zugrundelagen und die »nicht so« (Bert Brecht) waren, wie sie vernünftigerweise sein sollten. Der Wirtschaftskampf weitete sich zum Machtkampf um die Mitwirkung an der staatlichen Willensbildung oder auch schon um die »Übernahme« des – als Machtinstrument der Bourgeoisie begriffenen – Staates. Einerseits wurden konkrete materielle Verbesserungen gefordert, zugleich wurde aber auch die Transformation des Staates schlechtestenfalls zum Herrschaftsinstrument des Vierten Standes und bestenfalls zur integrativen sozialen Gemeinschaft verlangt.

Im Gegensatz zu England ist die industrielle Revolution in der ersten Hälfte des 19. Jahrhunderts an Deutschland noch vorbeigegangen. Die soziopolitischen Spuren der napoleonischen Eroberungs- und Befreiungsfeldzüge wurden durch die – nach dem Wiener Kongreß einsetzende – Restauration verweht. Im engen Rahmen der deutschen Klein- und Kleinststaaterei feierte obrigkeitsstaatliches Denken, Trachten und Handeln feudal- (und bestenfalls berufs-)ständische Urständ! Soweit sozialstrukturelle Reformen erkennbar sind, waren sie nicht nur obrigkeitlich geprägt, sondern in erster Linie dazu bestimmt, staatliche Interessen zu schützen. Zu dieser »Revolution von oben« zählen etwa die ab 1807 durch den Reichsfreiherrn vom Stein eingeleiteten und von seinem Nachfolger im preußischen Kanzleramt, Hardenberg, weitergeführten Maßnahmen zur Bauernbefreiung und zur Gewerbefreiheit. Wenn dies ein sozialer Fortschritt war, so doch einer von der Art, die sich erst im Laufe der Zeit dialektisch als segensreich erweisen. Denn die Bauern wurden zwar persönlich frei, wirtschaftlich jedoch zumeist vogelfrei, weil sie ihr Grundeigentum nicht halten konnten; sie verarmten, weil es in der Landwirtschaft *nicht mehr* genügend und in der Industrie *noch nicht* genügend Beschäftigungsmöglichkeiten gab. Auf diese Weise vergrößerten sie die sogenannte industrielle Reservearmee und wurden eher zu Verlierern als zu Gewinnern der Agrarreformen. Zu deren Gewinnern wurden vor allem die ostelbischen Großgrundbesitzer, die ihre Ländereien wohlfeil erweitern konnten. Zu Gewinnern der durch die Aufhebung des Zunftzwangs begründeten Gewerbefreiheit aber wurde vor allem die aus dem Hand-

[44] Vgl R. Owen (1947).

werk aufsteigende Unternehmerschaft, deren Spielräume sich durch den – von Friedrich List mit Nachdruck geforderten – Deutschen Zollverein von 1834 rasant erweiterten. Als »Gründer« führten die ihr Angehörenden Deutschland binnen weniger Jahrzehnte auf den Weg zur führenden Industrienation Europas.

Diejenigen, mit deren Hilfe dieser Weg im Laufschritt eingeschlagen werden konnte, blieben allerdings sozial »draußen vor der Tür«. Ihr Los war vielfach Hunger und das dazugehörige Armensüppchen. Dieses dünne Süppchen zur nahrhaften Suppe werden zu lassen, waren die hierfür zuständigen Gemeinden ebensowenig in der Lage wie der Staat, der bestenfalls für einen halb- und hartherzigen Minimalkanon von Arbeitsschutzmaßnahmen sorgte und damit die »Staatsfeindschaft« der allmählich zu politischer Bedeutung vorrückenden Arbeiterbewegung schürte.

Da sich die staatliche Gesetzgebung trotz der am politischen Himmel aufziehenden Gewitter bis ins letzte Viertel des 19. Jahrhunderts hinein nicht spürbar verbessert, beginnen nun fortschrittlichere Geister als die im konstitutionellen Absolutismus beheimateten Pickelhauben über die soziale Frage nachzudenken. Zu diesen zählt vor allem Lorenz von Stein, der die ›Geschichte der sozialen Bewegung in Frankreich von 1789 bis auf unsere Tage‹[45] sehr aufmerksam studiert und zu dem Ergebnis gelangt, daß der Gegensatz von Arbeit und Kapital zur sozialen Revolution führen werde, wenn sich der Staat nicht zum »sozialen Königtum« wandle – ein Gedanke, der dann von Rodbertus-Jagetzow, einem »konservativen Staatssozialisten«, auch noch wirtschaftswissenschaftlich untermauert wird. Obwohl Lorenz von Steins Bemühen zunächst noch akademisch wirkt, ist nicht zu verkennen, daß sich seine Vorstellungen später in Bismarcks Sozialgesetzgebung weitgehend realisiert haben.

Großen – theoretisch wie politisch wirksamen – Einfluß auf die soziale Entwicklung erlangten auch die sogenannten Kathedersozialisten, die im Jahre 1872 den »Verein für Sozialpolitik« begründeten. Das Anliegen dieser Gruppe angesehener Universitätslehrer, der so prägende Gestalten wie Lujo Brentano und Gustav Schmoller angehörten, war die Demaskierung des – von ihnen als realitätsfern und verantwortungslos gebrandmarkten – Wirtschaftsliberalismus. Hand in Hand mit ihrer Kritik des sozialen Status quo ging die Erarbeitung praktischer Vorschläge für eine staatliche Sozialpolitik, die insbesondere auch eine Stärkung der Position der Arbeiter bei der Festsetzung der Arbeits- und Tarifbedingungen vorsahen.

[45] L. v. Stein (1959).

Auch ihre Vorstellungen gewannen einen gewissen Einfluß auf die Bismarcksche Sozialpolitik, was allerdings auch damit zusammenhängen dürfte, daß der politische Ruf der »Katheder-Sozialisten« nicht durch eine (nicht gegebene) Affiliation mit den »Partei-Sozialisten« belastet war.

In der Nachfolge der noch sozial-konservativen Katheder-Sozialisten stehen dann sozialdemokratische Staatsrechtslehrer der Weimarer Zeit wie Sinzheimer, Radbruch und Heller. Vor allem Herman Heller war es, der mit seiner Lehre von der sozialen Geltung überpositiver Rechtsgrundsätze, mit seiner Beschwörung des »sozialen Rechtsstaates« und der »sozialen Demokratie« einen Schutzwall wider die ökonomische Anarchie und ihr politisches Pendant, die Diktatur, zu errichten versuchte[46].

Im Zusammenhang mit den geistigen Vorkämpfern der Sozialstaatlichkeit sind auch die Arbeiterbildungs-Vereine zu erwähnen, die zeitweise verboten, ab 1860 aber mit intensiver Unterstützung des liberalen Bürgertums und der Kirchen wiederbelebt wurden, weil diese Kräfte in der individuellen »Kulturation« einen vergleichsweise unproblematischen Weg der Befriedung durch sozialen Aufstieg sahen. Daß aus diesen Wurzeln (unter der Führung August Bebels und Wilhelm Liebknechts) auch eine radikaldemokratisch-sozialistische Arbeiterpartei hervorging, konnten sie freilich nicht verhindern.

Im ursprünglich eher bürgerlich-liberalen Zusammenhang der Arbeiterbildungs-Vereine steht auch die – insbesondere von Schulze-Delitzsch betriebene – Entwicklung des Genossenschaftswesens. Die Genossenschaften sollten ihren Mitgliedern – zunächst meist Kleinbürger und Handwerker, später aber auch Arbeiter – einen Teil jener einstigen sozialen Sicherheit zurückgeben, die unter den Bedingungen der industriegesellschaftlichen Entwicklung verlorengegangen war. In der hier praktizierten Kombination von Selbsthilfe, Solidarsicherung und Erziehung bzw. (Aus-)Bildung wurde ein Stück Sozialpolitik verwirklicht, das nach den vorliegenden Zeugnissen in seiner Zeit als eine wahre Offenbarung gewirkt haben muß[47].

Einen wichtigen Beitrag zur Genossenschaftslehre leistete auch Otto von Gierke mit seiner – bereits in anderem Zusammenhang erwähnten[48] – Lehre von den »realen Verbandspersönlichkeiten«. Er

[46] Vgl. dazu H. Heller (1983), (1930).
[47] Vgl. H. Hattenhauer (1971), S. 147ff.
[48] Vgl. oben, S.22.

entwickelte diese Lehre in dem Werk über ›Das deutsche Genossenschaftsrecht‹[49], das den Omnipotenzanspruch eines über der Gesellschaft thronenden Staates zugunsten der realen Vereinsvielfalt in Frage stellt. Gierke hat mit dieser Arbeit einen »Tropfen sozialen Öls« auf das altliberale *ius utendi et abutendi* gegossen, in dem er auf die Herausbildung vielfältiger gesellschaftlicher Interessen- und Konfliktlagen aufmerksam machte, die sich zwischen Staat und Individuum schieben. Zugleich hat er damit einen wichtigen Anstoß für die Entwicklung der Pluralismus-Theorie(n) gegeben, aus der Hugo Sinzheimer – der geistige Vater des Konzepts der Arbeiter- und Sozialräte (Art. 165 WRV) – dann die theoretischen Grundlagen der heutigen Tarifautonomie entwickelt hat.

Nach anfänglicher Distanz fanden auch die Sozialdemokratie und die Gewerkschaften zum Genossenschaftswesen, in dem sie die Verbindung von »solidarischer Selbsthilfe und demokratischer Selbstverwaltung«[50] hervorhoben. Ihr Interesse galt allerdings zunächst vor allem den Konsumgenossenschaften.

Angesichts der unheilschwangeren, sich bereits hier und dort entladenden sozialen Gewitterstimmung mochten auch die bislang zögerlichen Kirchen nicht länger im Abseits stehen. Ihr Zögern war nicht zuletzt darauf zurückzuführen, daß sie in benediktinischer Tradition Arbeit als prinzipiell gottgefällig und Nächstenliebe als Privatsache zu betrachten pflegten. Schon 1835 hatte aber der dem politischen Katholizismus zuzurechnende Romantiker Franz von Baader sich – ähnlich wie Lorenz von Stein – überzeugt gezeigt, daß einer sozialen Revolution nur noch durch eine soziale Reform vorgebeugt werden könne, die über die bislang geübten Formen karitativer Mildtätigkeit und Armenpflege hinausgehe. Diese Vorstellungen konkretisierten sich in den Forderungen Ritter von Buß' nach Einführung einer Kranken- und Unfallversicherung, Beschränkung der Arbeitszeiten etc., wie sie dann vor allem auch von der (katholischen) Zentrumspartei vertreten wurden. Für den Freiherrn von Ketteler, seit 1850 Bischof von Mainz, war die soziale Frage bereits die wichtigste Frage der Zeit, zu deren Lösung er freilich dem Staat nicht die nötige Kraft zutraute[51].

Kräftige Impulse und zugleich auch eine endgültige Abkehr von zum Teil noch romantisch-regressiven Ordnungsvorstellungen erfuhren die katholischen Bemühungen um eine Frühform von Sozial-

[49] O. v. Gierke (1954).
[50] Vgl. dazu das am 20. 12. 1989 beschlossene neue ›Grundsatzprogramm‹ der SPD (›Berliner Programm‹).
[51] Vgl. dazu H. Grebing (1966), S. 32ff.

staatlichkeit durch die im Jahre 1891 erlassene Sozialenzyklika ›Rerum novarum‹ Papst Leos XIII., in der erklärt wird, daß der Staat nicht nur berechtigt, sondern auch verpflichtet sei, zugunsten der sozial Schwächeren zu intervenieren. Diese Linie wird mit den Sozialenzykliken Papst Pius XI. ›Quadragesimo anno‹ vom Jahre 1931 und Papst Johannes XXIII. ›Mater et magistra‹ vom Jahre 1961 bis hin zur Enzyklika ›Laborem exercens‹ vom Jahr 1981 fortgesetzt, in der Papst Paul II. den Vorrang der Arbeit vor dem Kapital geltend macht. Diese päpstlichen Rundschreiben waren zwar oft sehr mißverständlich und haben daher auch allen beteiligten Seiten Argumentationshilfe geleistet, ihre Hauptabsicht lag aber wohl doch darin, den Bedrängten aus christlicher Verantwortung heraus zur Seite zu stehen, was nicht zuletzt auch aus den Schriften ihres großen Interpreten Oswald von Nell-Breuning erkennbar wird[52]. Fortwirkend ist die – auch für den Föderalismus bedeutsame – Ordnungsvorstellung der Subsidiarität, die neben der Solidarität das zweite Grundprinzip der katholischen Soziallehre darstellt.

Im Gegensatz zum Katholizismus hat der – insoweit wohl zumindest latent von calvinistischen Prädestinationsvorstellungen gehemmte – Protestantismus bis zur Revolution 1848/49 kaum sozialreformerische Theorien oder Aktivitäten entwickelt. Erst 1849 legte Johann Heinrich Wichern, der Begründer der Inneren Mission, eine programmatische Schrift zur sozialen Verantwortung der deutschen Protestanten vor, verlangte aber noch keineswegs staatliche Sozialreformen, empfahl vielmehr lediglich Armenpflege und verstärkte Seelsorge – eine Linie, die auch bei anderen Autoren erkennbar ist[53].

Insgesamt kann man resümieren, daß die – von einer allmählich wachsenden Zahl christlicher Vorkämpfer für einen sozialen Klimawechsel (wie von Bodelschwingh, von Hertling, Hitze, Kolping, Pilgram, Stöcker etc.) getragenen – Bemühungen eher die individuelle Not als die staatliche Not-Wende im Auge hatten. Trotz ihrer Distanz zum Staat blieb die Haltung der beiden großen Kirchen bürgerlich-konservativ. Im Rückblick bedeutsam ist sie nicht zuletzt deshalb, weil sie das humanitäre Verständnis der herrschenden Klassen jener Zeit demonstriert, das seinerseits einen gut Teil des Selbstverständnisses der mehr oder minder ausgebeuteten Klasse präformiert haben dürfte. Der Beitrag dieser Haltung ist auch nicht ohne Bedeutung für die sozialpolitische Öffnung des Staates geblieben.

[52] Vgl. etwa O. v. Nell-Breuning, Sozialenzyklika. In: Th. Meyer u. a. (Hrsg.) (1986), S. 554ff.

[53] Vgl. G. Brakelmann (1981), S. 111ff.

Deren eigentliches revolutionäres oder reformatorisches Subjekt freilich war und blieb die sich politisierende, nicht um die Verwirklichung eines humanitären Ethos, wohl aber um erträgliche Arbeits- und Existenzbedingungen kämpfende Arbeiterklasse.

Ihren Ausgang nahm die eigentliche Arbeiterbewegung von dem früh industrialisierten England. In seinem Werk über ›Die Lage der arbeitenden Klasse in England‹[54] hat Friedrich Engels die sozialen Auswirkungen des Manchestertums sehr eindrucksvoll belegt. Einen ersten, vor allem theoretischen Höhepunkt erlebt das Emanzipationsstreben der Arbeiterschaft dann in Frankreich, das wohl nicht zuletzt dank seiner revolutionären Tradition eine faszinierende Vielfalt sozialkritischer Ideen hervorbrachte, die sich mit so bekannten Namen wie Babeuf, Saint-Simon, Fourier, Sismondi, Cabet, Blanqui und Constant verbanden. In diesen – seit Marx als »frühsozialistisch« eingestuften – Schriften vermischte sich aufklärerisch-fortschrittliches Denken mit utopischem, anarchistischem, kommunistischem und sozialistischem Gedankengut auf unentwirrbare Weise[55]. Ihren theoretischen Höhepunkt freilich erreichte das Rüstwerk der Arbeiterbewegung erst im Gesamtwerk von Marx und Engels, das sich mit dem Anspruch präsentierte, die Bewegungsgesetze der Geschichte wissenschaftlich er- und begründet zu haben. Die Analyse der politischen Ökonomie des Kapitalismus, die sich dem Verhältnis von Eigentum und Arbeit widmet, gewinnt nun den zentralen Stellenwert, der der Arbeiterbewegung auch von der Theorie her jenen dynamischen »Kick down« verpassen sollte, der sie ihre historische Rolle zu spielen ermächtigte[56].

Während Marx und Engels die Auffassung vertraten, daß für eine – historisch-dialektisch zu verstehende – Übergangszeit eine »Diktatur des Proletariats« notwendig und vertretbar sei, sahen die im Wortsinne noch viel radikaleren Anarchisten im Staat die »Negation der menschlichen Freiheit schlechthin«[57]. Die Geschichte hat dann gezeigt, wozu die »Diktatur des Proletariats« führt und insoweit bestätigt, was der Anarchist Kropotkin 1919 in einem Brief an Lenin klar zum Ausdruck brachte: »Sollte die gegenwärtige Situation noch viel länger andauern, wird sich das Wort ›Sozialismus‹ in einen Fluch verwandeln.«[58] Die Geschichte hat allerdings auch ge-

[54] F. Engels (1958).

[55] Vgl. dazu A. Künzli (1986), insbes. S. 281 ff.; G. Brück (1989), insbes. S. 240 ff. sowie W. Hofmann (1971), insbes. S. 39 ff.

[56] Vgl. dazu insbes. K. Marx (1969) sowie K. Marx u. F. Engels (1983).

[57] E.-U. Huster (1989), S. 56.

[58] Zitiert nach: A. Künzli (1986), S. 521.

zeigt, wozu der – genossenschaftlich programmierte – Anarchismus führt: zum Untergang der anarchistischen Idee nämlich, die sich trotz der zum Teil terroristischen »Propaganda der Tat« gegen den bürgerlichen Staat nicht durchzusetzen vermochte, wenn man einmal von der Spielart des (Anarcho-)Syndikalismus absieht, der in Spanien und Frankreich eine kurze Blüte erlebte.

In der zweiten Hälfte des 19. Jahrhunderts verlor sich die Vielfalt der sozialorganisatorischen Entwürfe in vergleichsweise kurzer Zeit. Das sozialrevolutionäre bzw. sozialreformerische Potential aber verdichtet sich und schart sich um die eine zentrale Idee des Sozialismus, die nun ihren Siegeszug um die Welt antritt.

2.3 Die Vollstrecker

In diesem sozialen und intellektuellen Milieu entwickeln sich überall in Westeuropa sozialistische Parteien, die sich dann in der 1. Internationalen Arbeiter-Assoziation von 1864 vereinigen. Die Anfänge dieser »Internationalen« wurden durch die Auseinandersetzungen zwischen Anarchisten und Sozialisten über den weiteren Kurs bestimmt, ehe sich Marx mit der Vorstellung durchsetzen konnte, daß sich das Proletariat als politische Partei konstituieren müsse, um die Aufhebung der Klassen durch eine soziale Revolution zu erreichen. Seither waren es in erster Linie die »sozialistischen« Parteien, die sich als Träger der sozialen Idee präsentierten. Den Begriff einer »kommunistischen« Partei verwendeten dann erstmals die Bolschewiken nach der Okoberrevolution. Von da an bestimmt der Dualismus zwischen den die »Diktatur des Proletariats« propagierenden kommunistischen und den letztlich auf diese oder jene Form einer demokratischen Sozialstaatlichkeit zielenden, wenn auch nicht unbedingt dem Namen, so doch der Sache nach sozialdemokratischen Parteien den weiteren Weg des »Sozialismus«.

Der Geburtstag der deutschen Sozialdemokratie fällt auf den 23. Mai 1863, als sich unter der Führung Ferdinand Lassalles der Allgemeine Deutsche Arbeiterverein (ADAV) konstituiert. Lassalles Reformprogramm wird von drei »sozial-demokratischen« Hauptforderungen getragen: Er betont die Notwendigkeit einer unabhängigen Arbeiterpartei, verlangt das allgemeine und gleiche Wahlrecht auch für Arbeiter und fordert den »Nachtwächter-Staat« auf, die Schaffung von Produktionsgenossenschaften durch großzügige Kredite zu fördern, um das »eherne Lohngesetz« durch die Aneignung des »vollen Arbeitsertrages« durch Arbeiter-Assoziationen zu brechen[59]. Insbesondere die Forderung nach Staatshilfe, die ihn in scharfen Gegensatz zu den revolutionären Vorstellungen von Karl Marx bringt und lange Zeit den Richtungsstreit innerhalb der Sozialdemokratie bestimmt, indiziert deutlich den Weg einer sozialen Demokratie mit dem Endziel der Sozialstaatlichkeit.

Unter den repressiven Bedingungen des Bismarckschen Sozialistengesetzes (1878–1890) entschied sich die Sozialdemokratie zu einer Doppelstrategie der reformerischen Praxis, die sich in intensiver Parlamentstätigkeit ausdrückte wie auch einer »für alle Fälle« bereitgehaltenen revolutionären Theorie. Beide Optionen finden in dem – unter der Federführung der Antipoden Kautsky und Bernstein beschlossenen – Erfurter Programm von 1891 ihren Niederschlag, nachdem sich Lassalleaner und Marxisten (wie August Bebel und Wilhelm Liebknecht) auf dem Gothaer Parteitag von 1875 vereinigt hatten.

Daß der Hauptstrom des deutschen Sozialismus in sozialdemokratische Bahnen fand, ist nicht zuletzt der Tatsache zu verdanken, daß Bismarck neben der Peitsche auch Zuckerbrot bereithielt. Insbesondere war er ab Anfang der 80er Jahre bemüht, die Arbeiterschaft durch die Einführung öffentlicher Sozialversicherungen an den Staat zu binden. Nach heftigen Auseinandersetzungen im Reichstag wurden 1883 das Krankenversicherungsgesetz, 1884 das Unfallversicherungsgesetz und 1889 das Invaliden- und Altersversicherungsgesetz (Rentenversicherung) eingeführt, die den Arbeitern nun erstmals ein gewisses Maß an sozialer Sicherheit gewährten und den Weg des Vierten Standes und seiner politischen Exponenten zur staatstragenden Kraft – im Rahmen der nach der militärischen Niederlage und dem Sturz des Kaiserreiches 1919 begründeten Weimarer Republik – vorbereiteten. In der Weimarer Verfassung kommt Sozialstaatlichkeit wenn nicht nominell, so doch materiell durch die Verankerung sozialer Rechte und wirtschaftlicher Pflichten zum Ausdruck; das gleiche Wahlrecht für Männer und Frauen wird ebenso eingeführt wie der Acht-Stunden-Arbeitstag und eine Tarifvertragsordnung. Die wesentlichen Forderungen der Sozialdemokratie waren damit formell erfüllt. Die mit ihnen verknüpften Hoffnungen auf – wenn auch bescheidenen – Wohlstand freilich wurden im Zeichen von Inflation und Weltwirtschaftskrise nicht erfüllt. Erfüllen sollten sie sich erst im Zeichen der – nun auch nominell zum Sozialstaat bzw. zum »sozialen Bundesstaat« und zum »sozialen Rechtsstaat« avancierten – Bonner Republik, die im Gefolge des

[59] Vgl. dazu etwa F. Lassalle (1919).

nun schon seit vier Jahrzehnten anhaltenden »Wirtschaftswunders« zu einem – zumindest im geschichtlichen und geographischen Vergleich – weitgehenden sozialen Aufstieg des Vierten Standes wie auch zu einer nicht minder weitgehenden sozialen Homogenisierung geführt hat. Warum auch dieser neue Wohlstand in einem Problemfeld eigener Prägung steht, wird nun abschließend zu erörtern sein.

3. Wohin treibt der Sozialstaat?

In vielleicht noch stärkerem Maße als die anderen (Staatsstruktur- und) Staatszielprinzipien erweist sich die Sozialstaatlichkeit als eine rechtlich-politische Aufgabe, deren Lösung man sich zwar stetig nähern kann, die sich aber nicht ein für alle Mal lösen läßt, weil sich ihr Profil immer wieder verändert. Aus dem breiten Spektrum dessen, was im Hinblick auf die Sozialstaatlichkeit (schon) zu hegen ist und was es (noch) zu bewegen gilt, mögen hier nur einige Aspekte ins Blickfeld gerückt werden.

Daß die Industrieländer nach dem Zweiten Weltkrieg eine zum Teil sehr eindrucksvolle sozialstaatliche Entwicklung erfahren haben, ist unbestreitbar. Selbst auf dieser wirtschaftlichen Sonnenseite der Erde lassen sich jedoch gewisse soziale Schlagschatten nicht übersehen. In besonderem Maße fallen diese Schatten auf die in die Produktions-und Distributionsprozesse der »sozialen« Marktwirtschaft nur (noch) schwer oder gar nicht (mehr) integrierbaren Angehörigen sogenannter Randgruppen, die voll zu spüren bekommen, was es bedeutet, in einer Gesellschaft und nicht mehr (oder doch nur noch in sehr beschränktem Umfang) in einer Gemeinschaft zu leben. Dort aber, wo solche – den Einzelnen auch und gerade in Not- und Krisenfällen bergende – Gemeinschaftsstrukturen noch in stärkerem Maße vorhanden sind, werden sie in ihrer Wirksamkeit durch sozialdynamische Prozesse anderer Art überlagert. Dies gilt insbesondere für die Länder der Dritten Welt, deren überkommene soziale Auffangstrukturen nicht nur durch die weltwirtschaftliche Rollenverteilung zwischen Fertigprodukt-Lieferanten und Rohstoff-Lieferanten gestört werden, sondern auch durch die zum Teil ausgesprochen ausbeuterische Kollusion zwischen den einheimischen Machteliten und dem – aus international agierenden Großbanken, multinationalen Unternehmen und Großmaklern bestehenden – Weltwirtschafts-Establishment. Diese Kollusion verhindert in vielen Ländern der Dritten Welt auch eine den regionalen Möglichkeiten und Bedürfnissen angepaßte Landwirtschaftspolitik, was in vielen Ländern zu Hunger und Unterversorgung jeglicher Art führt und Sozialstaatlichkeit höchstens als papierenes Prinzip überleben läßt. Unterversorgung herrscht auch in weiten Teilen des sich heute rasch auflösenden, nur noch aus Gewohnheit so genannten »Ostblocks« der ehemals marxistisch dominierten Länder Osteuropas. Der Mißbrauch des Adjektivs »sozial« ist in diesem Bereich besonders augenfällig, wenn man die lange vorherrschende Sozialrhetorik mit den für ihre Bürger unmittelbar wirksam werdenden sozialen Leistungen dieser politischen Systeme vergleicht, die nun um Neuorientierung ringen.

Daß diese wenig erfreuliche Tour d'horizon aus der Perspektive der fortgeschrittenen Industriestaaten keinen legitimen Anlaß zur Selbstgefälligkeit bieten kann, liegt auf der Hand. Sehr viel angemessener erscheint es, die konkreten sozialstaatlichen Erfolge, Mißerfolge und Herausforderungen der Industrieländer als Paradigma zu bedenken, dessen Übertragbarkeit in Frage steht. Sowohl im Hinblick auf die Zukunft dieser, als auch im Hinblick auf die Zukunft der sich an ihnen orientierenden Länder mögen sich aus einer solchen Betrachtungsweise weiterführende Perspektiven eröffnen.

Als kurzfristig größte Herausforderung der deutschen Sozialstaatlichkeit dürfte sich die Vereinigung von BRD und DDR erweisen. Die unausweichliche Angleichung der sozialen Sicherungssysteme von Ost und West wird aller Voraussicht nach den künftigen Gesamthaushalt in einer Größenordnung belasten, die in manchen Gesellschaftsbereichen alte Disparitäten verschärfen und in anderen neue schaffen wird. Als indirekte gesellschaftliche »Gegenleistung« wird sich wohl in der Folge eine Belebung der Diskussion um sogenannte soziale Grundrechte (wie das Recht auf Arbeit, auf Wohnung, auf Kinderbetreuung und dergleichen) ergeben – eine Diskussion, die vor der Vereinigung vor allem in der DDR und in der Weimarer Republik geführt wurde. Überdies dürfte sich im Gefolge der Vereinigung aber auch – trotz des Beitritts der DDR zu der durch das Grundgesetz integrierten Rechtsgemeinschaft – eine allgemeine Verfassungsdiskussion ergeben, die nicht zuletzt unter dem Druck der erwähnten sozialen Folgekosten des Zusammenschlusses eine Vertiefung auch der Sozialstaatsdebatte und möglicherweise sogar eine Umakzentuierung des bisherigen Sozialstaatsverständnisses nach sich ziehen wird.

Wenn die Vereinigung von BRD und DDR für die Sozialstaatlichkeit eine Herausforderung bedeutet, so gilt dies bis zu einem gewissen Grade auch für die weitere Öffnung der Europäischen Gemeinschaft, die bis zum 1. Januar 1993 einen »Gemeinsamen Markt« und vielleicht schon bald auch eine »Politische Union« erstrebt. Die mit der Schaffung eines Gemeinsamen Marktes erstrebte ökonomische Liberalisierung läßt – nicht zuletzt wegen des Wohlstandsgefälles zwischen den Mitgliedsstaaten – vielfältige Rückwirkungen auf die Sozialstaatlichkeit erwarten. Ein Indiz dafür ist die Diskussion um die Sozialcharta vom 9. 12. 1989 und das angekündigte Sozialprogramm, deren Standards den Sozialnormen der BRD weit hinterherhinken, aber gleichwohl »nach unten korrigiert« werden sollen. Die Erwartung, daß die Sozialstaatlichkeit im Zuge der weiteren europäischen Integration eher abgeschwächt als verstärkt werden dürfte, gründet sich im übrigen nicht zuletzt auf die Tatsache, daß die – heute vielfach multinational angelegten – Unternehmen auf der europäischen Bühne sehr viel rascher und wendiger zu agieren vermögen als die Gewerkschaften, so daß diesen in künftigen Tarifkonflikten ein härterer Wind als bisher entgegenblasen wird. Obwohl das soziopolitische Resultat ambivalent sein kann, spricht doch einiges für die Vermutung, daß sich dieser Umstand eher zu Lasten als zu Gunsten der Sozialstaatlichkeit auswirken wird.

Der neuen *libertas oeconomica Europaea* wird der Sozialstaat aus doppeltem Grunde wenig Widerstand entgegensetzen können: Zum einen deshalb nicht, weil er zwar nicht denknotwendig, wohl aber kraft gesellschaftlicher Übereinstimmung als materielles Prinzip gilt und insoweit auch nur materiell erfüllt werden kann; zum anderen deshalb, weil die Sozialstaatlichkeit als Verfassungsprinzip nicht über das Hoheitsgebiet Deutschlands hinausreicht und schon aus diesem Grunde die internationalen Kapitalflüsse etc. nicht steuern kann.

Von ganz anderer Art als die mit den genannten Entwicklungen verbundenen Befürchtungen für die Zukunft der Sozialstaatlichkeit ist die Befürchtung, daß die Sozialstaatlichkeit gerade auch vor dem Hintergrund dieser Entwicklungen in stärkeren Konflikt mit der Volksstaatlichkeit geraten könnte. Dieses Zukunftsproblem ist zugleich auch ein Strukturproblem der Sozialstaatlichkeit. Im demokratischen Sozialstaat nämlich ist »Sozialpolitik eben Sache der Demokratie«. Und in der Demokratie besteht – wie bei jeder anderen Staatsform auch – stets die Gefahr, daß sich die Mehrheit der sozial mehr oder minder Saturierten stärker am Kriterium einer Art von Leistungs- oder gar Besitzstandsgerechtigkeit als an Kriterien einer sozialstaatlich motivierten Bedarfsgerechtigkeit orientiert[60]. Diesem Problem der Entstehung einer »Zwei-Drittel-Gesellschaft« läßt sich rechtlich höchstens durch eine vergleichsweise detaillierte Festschreibung sozialstaatlicher Errungenschaften in der Verfassung begegnen. Auch insoweit gilt allerdings wieder die alte Regel, daß selbst konstitutionelle Absicherungen nur insoweit Bestand haben, als sie durch die soziale und politische Kultur abgesichert und damit im Bewußtsein der Recht und Verfassung Tragenden verankert sind.

Nach wie vor aktuell ist aber auch der potentielle Konflikt zwischen Sozial- und Rechtsstaatlichkeit. Angesichts des in den fortgeschrittenen Industriegesellschaften seit der Industriellen Revolution der ersten Hälfte des 19. Jahrhunderts erarbeiteten gesellschaftlichen Reichtums könnte das Sozialstaatskonzept längst obsolet sein, könnte es sich längst in der zumindest tendenziellen Homogenität einer allgemeinen Bürgergesellschaft aufgelöst haben. Daß der Sozialstaat als Produkt des sozialen Elends der frühindustriellen Epoche noch nicht obsolet geworden ist, hat sicherlich auch Ursachen, die sozial- und politikwissenschaftlich nicht erfaßbar sind – Ursachen anthropologischer und vielleicht sogar metaphysischer Provenienz, die von vielen Sozialpathetikern schlichtweg verkannt oder verdrängt werden. Was jedoch sozial- und politikwissenschaftlich erfaßbar ist, ist die Tatsache, daß sich in der Sozialstaatlichkeit eine Art von gesamtgesellschaftlichem »Stillhalte-Abkommen« manifestiert, durch das die »Eigentumsmarktgesellschaft« (Macpherson) wenn vielleicht auch nicht mehr bloße »Armenpflege« betreibt, so doch das kaum aufhebbare Spannungsverhältnis von Kapital und Arbeit zu verwischen versucht. Dieses Stillhalteabkommen ist letztlich Ausdruck des nach wie vor latent schwelenden Konfliktes zwischen dem Rechtsstaat, der zumindest im Ansatz der Eigentumsgarantie (Art. 14 Abs. 1 S. 1 GG) gegenüber der Sozialbindung des Eigentums (Art. 14 Abs. 2 GG) den Vorzug gibt, und dem Sozialstaat, der die sozialen Folgen dieser Präferenz auf dem Wege einer Art von »Ersatzvornahme« abzumildern sucht. Vermeidbar wird dieses – mit austauschbaren Rollen durchführbare – Wettrennen zwischen Hase und Swinegel erst, wenn die von Konrad Hesse propagierte »praktische Konkordanz« nicht nur im Geiste wechselseitiger Kompromißbereitschaft, sondern vor allem auch im Bewußtsein wechselseitigen Optimationsvermögens vollzogen wird – was

[60] Vgl. dazu H. F. Zacher, Vierzig Jahre Sozialstaat – Schwerpunkte der rechtlichen Ordnung. In: N. Blüm u. H. F. Zacher (Hrsg.) (1989), S. 122.

im Verhältnis von Rechts- und Sozialstaatlichkeit nicht zuletzt die Erkenntnis bedeutet, daß der Rechtsstaat seine ideelle Erfüllung nur durch die Integration sozialstaatlicher Zielsetzungen finden kann, daß aber auch die Verfolgung sozialstaatlicher Ziele an einem bestimmten Punkt auf rechtsstaatliche Zielsetzungen zurückgreifen muß, wenn sie an ihr ideelles Ziel solidarischer Mitmenschlichkeit gelangen will.

Das wohl gravierendste Problem der Sozialstaatlichkeit zeichnet sich indessen im Verhältnis von Arbeit und Natur ab. Daß der gesellschaftliche Reichtum und damit auch das sozialstaatliche Potential auf Arbeit beruht, ist unabweisbar. Die soziale Freiheit ist daher – wie Peter Häberle zu Recht bemerkt – »nicht eine Funktion des Eigentums, sondern der Arbeit«[61]. Arbeit aber bedeutet Gebrauch und Verbrauch von Natur, ist Eingriff in die Natur und führt letztlich zu deren Störung und Zerstörung – eine Einsicht, die nicht zuletzt auch zu dem Ruf nach dem »Naturstaat« führt. Arbeit und Natur stehen jedenfalls in einem zumindest tendenziell antagonistischen, in aller Regel aber negativen Zusammenhang.

Zugleich ist aber auch unübersehbar, daß der Arbeitsgesellschaft allmählich die Arbeit auszugehen scheint. Die Konsequenz dieses Phänomens ist Arbeitslosigkeit – in manchen Ländern sogar Massen- und Langzeitarbeitslosigkeit. Da Arbeit jedoch letztlich zur Zerstörung von Natur führt, muß die – sozialpolitisch regelmäßig erstrebte – erfolgreiche Bekämpfung von Arbeitslosigkeit zu progressiver oder gar potenzierter Naturzerstörung führen. Die Industriegesellschaft gerät damit in eine doppelte Gefahr: Kann sie nicht ausreichend viele Arbeitsplätze zur Verfügung stellen, so gerät das System der sozialen Sicherheit, potentiell aber zugleich auch die Stabilität des politischen Gesamtsystems aus den Fugen. Gelingt es ihr aber, genügend Arbeitsplätze anzubieten, so werden die ökologischen Lebensbedingungen destabilisiert, wodurch wiederum das politische Gesamtsystem und auf längere Sicht selbst das System der Weltzivilisation durch ökologisch bedingte Globalkatastrophen vom Ausmaß etwa der sich längst ankündigenden Klimakatastrophe gefährdet erscheinen muß.

Besondere Brisanz erlangt dieser Zusammenhang durch die Tatsache, daß ein sich ständig vergrößernder Teil des für die Industrieländer zur (Schein-)Lösung ihrer Sozialprobleme erforderlichen Produktionszuwachses exportiert werden muß, was in den Importländern, vor allem in den Entwicklungsländern, Ver- und Über-

[61] P. Häberle, Grundrechte im Leistungsstaat. In: VVDStRL, Nr. 30 (1972), S. 101.

schuldung nach sich zieht. In Verbindung mit Unterentwicklung aber führt Überschuldung in aller Regel zu zusätzlichen Umweltbelastungen, die sich im Verein mit wachsenden Nutzungsansprüchen zu galoppierender Naturzerstörung steigern können, wie etwa das Schicksal der tropischen Regenwälder zeigt. Die unausweichliche Folge dieses Geschehens ist die Globalisierung des ökologischen Syndroms.

Ein Ausweg aus diesem Dilemma ist nicht in Sicht, solange sich Arbeit als ebenso gefährlich erweist wie Arbeitslosigkeit. In beiden Fällen wird Sicherheit letztlich ge- oder gar zerstört – im einen Fall die soziale, im anderen die vitale (sprich: ökologische). Die eine Sicherheit zerstört also die andere. Lösen läßt sich dieses »Arbeits-Paradoxon« wohl nur durch die Aufhebung des biblischen Verdiktes, daß nur essen soll, wer arbeitet. Zur Abwechslung könnte es der »Schweiß« vernünftiger Einschätzung der gegenwärtigen zivilisatorischen Situation sein, in dessen Zeichen der Mensch das Brot der Zukunft essen mag.

Diese – durch die Entwicklung der sozioökologischen Situation nahegelegte – neue Dimension der Sozialstaatlichkeit könnte etwa so aussehen, daß der Staat unter gewissen Voraussetzungen ein arbeitsunabhängiges Mindesteinkommen gewährt, an die Stelle des Rechtes bzw. der Pflicht zur Arbeit also ein (für die unfreiwillig Arbeitslosen ohnedies zur Pflicht gewordenes) »Recht auf Faulheit« setzt. Die sozioökologisch riskant gewordene Leistungs- und Besitzstandsgerechtigkeit würde damit in stärkerem Maße durch Elemente einer individuellen wie kollektiven Bedarfsgerechtigkeit ergänzt[62].

Ein erster Schritt auf diesem Weg wurde durch die Gewährung von Sozialhilfe beschritten. Die Motivation der Anerkennung eines – auf das Prinzip der Menschenwürde (Art. 1 GG) und der Sozialstaatlichkeit (Art. 20 Abs. 1 GG) gestützten – Rechts auf Sozialhilfe war und ist freilich aus einer ganz anderen, verfassungsgeschichtlich im »Brüderlichkeits«-Postulat der Französischen Revolution gründenden Motivationslage heraus gewährt worden. Das hier ins Blickfeld gerückte Mindesteinkommen würde für die soziale Teilnahme am gesellschaftlich erwirtschafteten Reichtum gewährt – das heißt also in diesem Falle für den Verzicht auf die Mitwirkung an der Naturzerstörung durch die Arbeit, der dieser gesellschaftliche Reichtum entspringt, die diesen gesellschaftlichen Reichtum durch die Zerstörung seiner Grundlagen aber zugleich auch wieder gefährdet.

[62] Vgl. zu diesem Konzept etwa M. Opielka u. G. Vobruba (Hrsg.) (1986).

Ein aufgeklärt-ganzheitliches, am Postulat der »praktischen Konkordanz« der Staatsstruktur- und Staatszielprinzipien orientiertes Sozialstaatsverständnis würde mithin den Verzicht auf die Teilnahme an der Gefährdung honorieren und zugleich auch einen Minimalstandard an Lebensgütern garantieren.

Unabdingbare Voraussetzung einer solchen Konzeption ist freilich, daß der zur Gewährung eines solchen Mindesteinkommens erforderliche kollektive Reichtum erwirtschaftet wird und daß auch das darüber hinaus – etwa für das ökologische Krisenmanagement und die ökologische Sanierung der gesellschaftlichen Produktions- und Distributionsmittel und -weisen – Erforderliche finanzierbar bleibt. Da das avisierte Mindesteinkommen aber eben auch nur ein *Mindest*einkommen sein würde, wird wohl die menschliche Natur dafür sorgen, daß der Wirtschaft die für die Erwirtschaftung des nötigen Reichtums erforderliche Arbeitskraft stets zur Verfügung stehen wird. Die überwiegende Mehrheit aller Bürger dürfte nämlich nach wie vor an einer über dieses Mindesteinkommen hinausgehenden Teilhabe am gesellschaftlichen Reichtum interessiert bleiben.

Gerade weil es zu den Implikationen der Sozialstaatlichkeit als Staatsstruktur- und Staatszielprinzip gehört, eine gerechte Sozialordnung nicht nur aufzurichten, sondern auch zu bewahren, muß sie in einen größeren Rahmen der skizzierten Art hineingedacht werden. Die Aufrechterhaltung einer lebensgerechten Sozialordnung könnte sich jedoch als noch schwieriger erweisen als die Herstellung einer solchen Ordnung, so schwierig sich diese auch im Laufe des letzten Jahrhunderts erwiesen hat und so schwierig sie sich im europäischen und im Weltmaßstab noch erweisen dürfte.

Literatur

Brück, Gerhard W. (1989): Von der Utopie zur Weltanschauung. Zur Geschichte und Wirkung der sozialen Ideen in Europa. Köln

Bull, Hans P. (1973): Die Staatsaufgaben nach dem Grundgesetz. Frankfurt a. M.

Forsthoff, Ernst (Hrsg.) (1968): Rechtsstaatlichkeit und Sozialstaatlichkeit. Aufsätze und Essays. Darmstadt

Grebing, Helga (1966): Geschichte der deutschen Arbeiterbewegung. Ein Überblick. München (2. Aufl.)

Hartwich, Hans-H. (1977): Sozialstaatspostulat und gesellschaftlicher Status quo. Opladen (2. Aufl.)

Häberle, Peter (1972): Grundrechte im Leistungsstaat. In: VVDStRL 30, S. 43ff.
Ridder, Helmut (1975): Die soziale Ordnung des Grundgesetzes. Leitfaden zu den Grundrechten einer demokratischen Verfassung. Opladen
Schilling, Kurt (1959): Geschichte der sozialen Ideen. Individuum, Gemeinschaft, Gesellschaft. Stuttgart
Zacher, Hans F. (1983): Sozialstaat und Recht. Grundlagen – Entwicklungen – Krisen. In: VSSR, S. 119ff.

IV. Der Staat als Naturstaat

1. Was ist ein »Natur«staat?

Den Terminus »Naturstaat« wird man im Grundgesetz oder anderen Verfassungen des euroamerikanischen Verfassungstypus vergeblich suchen. Was man hingegen in der (Verfassungs-)Norm und (erst recht) in der (Verfassungs-)Wirklichkeit vorfindet, läßt den Begriff eher in ironischem bis zynischem Licht erscheinen. Während im Begriff des Naturstaates zumindest der Zweifel an der Möglichkeit einer Herrschaft des Menschen über die Natur anklingt, kennen die Verfassungen unseres Rechtskreises keinen Natur- und Umweltschutz, der nicht unverkennbar anthropozentrisch geprägt wäre oder gar Eigenrechte der Natur anerkennen würde. Und in der Rechtswirklichkeit müßte man schon froh sein, wenn wenigstens die Anthropozentrik auf intelligente – und damit nicht nur den Menschen, sondern auch die Natur schonende – Weise umgesetzt würde. Daß dies (zumindest in der Bundesrepublik) auch etwas mit den Versäumnissen der jüngeren Verfassungsgeschichte zu tun hat, ist unabweisbar.

Beim Wiederaufbau des westdeutschen Gemeinwesens nach 1945 schlossen sich die Bundesländer an den Heimat- und Naturschutzgedanken der Weimarer Verfassung an. Diesem Gedanken verlieh der Geist des Art. 150 Abs. 1 WRV eine vor allem kulturell-pädagogische Prägung. Und im Grundgesetz selbst taucht der Begriff der »Natur« nur in der (Rahmen-) Kompetenznorm des Art. 75 Ziff. 3 GG sowie in der die Rechts- und Amtshilfe im Katastrophenfall regelnden Kompetenznorm des Art. 35 Abs. 2 und 3 GG auf. Nachdem jedoch die sozialliberale Koalition und die zu ihr in einem zwar nicht unmittelbar-politischen aber doch mittelbar-sozialenergetischen Zusammenhang stehende Bürgerinitiativbewegung ab Anfang der 70er Jahre Bewegung in die Umweltschutzdebatte gebracht hatten, erließen Bund und Länder nicht nur neue Gesetze zum Natur- und Umweltschutz, sondern begannen auch, ihre Verfassungen zu ergänzen[1]: 1976 erweiterte Baden-Württemberg den

[1] Vgl. Hasso Hofmann, Natur und Naturschutz im Spiegel des Verfassungsrecht. In: JZ 43 (1988), S. 273ff; ders., Die Aufgaben des modernen Staates und der Umweltschutz. In: Michael Kloepfer (Hrsg.) (1989), S. 26ff.

Art. 86 der Landesverfassung, indem es den bereits normierten Schutzgütern »Landschaft sowie Denkmale der Kunst, der Geschichte und der Kultur« die »natürlichen Lebensgrundlagen« voranstellte. 1984 wurde die Bayerische Verfassung im selben Sinne dreifach geändert. Zum ersten wurden die Staatsstruktur- und Staatszielbestimmungen des Art. 3 durch einen zweiten Absatz ergänzt, in dem es heißt: »Der Staat schützt die natürlichen Lebensgrundlagen und die kulturelle Überlieferung.« Zum zweiten wurden die in Art. 131 Abs. 2 BV genannten Bildungsziele der Verfassung durch das »Verantwortungsbewußtsein für Natur und Umwelt« ergänzt. Und zum dritten versuchte die Neufassung des Art. 141 Abs. 1 BV genauer zu bestimmen, was denn mit dem »Schutz der natürlichen Lebensgrundlagen« eigentlich gemeint sein könne[2]:

»Der Schutz der natürlichen Lebensgrundlagen ist, auch eingedenk der Verantwortung für die kommenden Generationen, der besonderen Fürsorge jedes einzelnen und der staatlichen Gemeinschaft anvertraut. Mit Naturgütern ist schonend und sparsam umzugehen. Es gehört auch zu den vorrangigen Aufgaben von Staat, Gemeinden und Körperschaften des öffentlichen Rechts, Boden, Wasser und Luft als natürliche Lebensgrundlage zu schützen, eingetretene Schäden möglichst zu beheben oder auszugleichen und auf möglichst sparsamen Umgang mit Energie zu achten, die Leistungsfähigkeit des Naturhaushalts zu erhalten und dauerhaft zu verbessern, den Wald wegen seiner besonderen Bedeutung für den Naturhaushalt zu schützen und eingetretene Schäden möglichst zu beheben oder auszugleichen, die heimischen Tier- und Pflanzenarten und ihre notwendigen Lebensräume sowie kennzeichnende Orts- und Landschaftsbilder zu schonen und zu erhalten.«

In Bayern wurde damit – erstmals in der modernen Verfassungsgeschichte – der Schutz der natürlichen Lebensgrundlagen zur vorrangigen Staatsaufgabe erklärt. Daß diese deklaratorische Vorrangigkeit dann wieder durch eine ganze Reihe sprachlicher Relativierungen »möglichst« eng umhegt wurde, wird niemanden verwundern können, der den Umgang der fortgeschrittenen Industriegesellschaften mit den sogenannten freien Gütern Wasser, Luft und Erde zu beobachten gewohnt ist. An die Farcenhaftigkeit des von der liberalkonservativen Koalition im Frühsommer 1990 im Bundestag zur Abstimmung gestellten Art. 20a GG jedoch, der den im Prinzip dort ebenfalls vorgesehenen Schutz der »natürlichen Lebensgrund-

[2] Siehe ebd., S. 29; Fünftes Gesetz zur Änderung der Verfassung des Freistaates Bayern vom 20. Juni 1984.

lagen des Menschen« – im Gegensatz zu sämtlichen anderen in Art. 20 und 28 GG genannten Staatszielen – unter einen Gesetzesvorbehalt stellen und damit das Staatsziel Umweltschutz zu einem Staatsziel zweiter Klasse machen wollte, reichen selbst diese Relativierung nicht heran[3]. Die BRD hätte sich mit dieser –von der Opposition verworfenen – Normierung noch weit unter das normative Niveau der DDR begeben, die im Juni 1990 Verfassungsgrundsätze verabschiedete, nach denen die zu diesem Zeitpunkt noch gültige DDR-Verfassung von 1974 auszulegen war. In Art. 1 dieser Grundsätze wurde die DDR ausdrücklich als »ökologisch orientierter Rechtsstaat« definiert. Wenn es in diesen Verfassungsgrundsätzen weiter hieß: »Der Schutz der natürlichen Umwelt ist Pflicht des Staates und aller Bürger. Er ist durch Gesetz zu gewährleisten«, so ist zwar auch hier auf konkretisierende Normen Bezug genommen, der Akzent ist aber völlig anders gesetzt[4].

Ökologische Zielsetzungen wurden inzwischen auch in die Verfassungen anderer deutscher Bundesländer aufgenommen. Ob nun aber diese oder die schon erwähnten Verfassungskorrekturen im Blickfeld stehen: Weist irgend etwas auf ein Staatsverständnis hin, das den hier – zur Pointierung der Problematik – eingeführten Terminus »Naturstaat« oder auch nur den von Michael Kloepfer thematisierten »Umweltstaat« rechtfertigen würde?[5]

Was im Grundgesetz allemal vage bleiben und wesentlich von der weiteren Gesetzgebungspraxis abhängen wird, versucht die Bayerische Verfassung einzugrenzen, indem sie den Begriff der »natürlichen Lebensgrundlagen« enger faßt. Der traditionelle Naturschutz und die damit verbundenen Bildungsziele, die sich im wesentlichen auf Naturschönheit, Heimatbewußtsein, Volksgesundheit und teilweise auch auf Sozialpolitik bezogen, wird durch die elementare Dimension des menschlichen Überlebens erweitert. Dabei gibt der Begriff des »Naturhaushalt(s)« zumindest einen Hinweis auf die leicht zu störende Eigendynamik der Natur, deren Entgleisungen auch der Mensch nicht zu entgehen vermag. Man mag hier einen normativen Ansatz sehen, der es ermöglicht, Natur nicht mehr als bloßes technisch-ökonomisches Mittel zu traktieren, das dem Menschen aus Ver- und Entsorgungsgründen erhalten werden muß. Auch die in Art. 141 BV genannte »Leistungsfähigkeit« könnte man als – wenn vielleicht auch verunglückte – Aufforderung interpretieren,

[3] Siehe SZ, 6. 6. 90, S. 2 und FAZ, 6. 6. 90.
[4] Siehe FAZ, 19. 6. 90.
[5] Siehe Michael Kloepfer (Hrsg.) (1989).

die Natur um ihrer selbst willen zu erhalten. Zumindest diejenigen, die Rechtsnormen auf die Goldwaage zu legen geneigt sind, mögen sich also fragen, ob hier eher als in dem fürs erste gescheiterten Art. 20a GG ein erstes staatliches Zeichen gegeben wurde, über einen – schon sprachlich auf den Menschen als Mittelpunkt der Welt bezogenen – »Um«weltschutz hinaus zu denken?[6]

1.1 Umwelt- und Naturschutz – Staatsziel oder Grundrecht?

Als Staatsaufgabe ist Umwelt- und Naturschutz durchaus mit anderen Staatszielen vergleichbar – es sei denn man hielte diese Zielsetzung für die Überbewertung eines nichtmenschlichen Lebensbereiches, der sich dann als Folge dieser Überbewertung gegen den Menschen richtet[7]. Oder man wäre der Auffassung, daß der Gesamtbereich des Umwelt- und Naturschutzes durch die Gewährleistungen der Art. 2 und 14 GG – des Rechtes auf Leben und körperliche Unversehrtheit und des Rechtes auf Eigentum also, die trotz ihres subjektivrechtlichen Zuschnitts als Teil der verfassungsrechtlichen Wertordnung objektivierbar sind – bereits hinreichend abgesichert sei.

Mit den übrigen Staatsstruktur- und Staatszielprinzipien hat jedoch die Idee eines Umwelt- oder Naturstaatsprinzips gemein, daß es bei all diesen Prinzipien um die Erhaltung und Sicherung für den Bestand der Gesellschaft wesentlicher Strukturen und Systeme geht[8]. Zumindest läßt sich auch die Natur in derartige Kategorien fassen. Verbindet sich die Idee des »Umweltstaates« dabei mit dem Gedanken der Vorsorge, der nicht nur auf aktuelle Krisenerscheinungen einer bereits ge- oder zerstörten Umwelt reagiert, sondern solchen Krisenerscheinungen präventiv zu begegnen und dafür zu sorgen sucht, daß sich Umweltstörungen und -zerstörungen nicht in einem die Existenz des Menschen gefährdenden Ausmaß ausbreiten können, so greift die Idee eines Naturstaates noch weit darüber hinaus[9]. Ökologisches Denken mit innerer Folgerichtigkeit zum Staatsziel zu erklären, impliziert nicht nur die Einsicht in die prinzi-

[6] Vgl. H. Hofmann, In: Kloepfer (Hrsg.) (1989), S. 29.

[7] Vgl. Hans H. Rupp, Ergänzung des Grundgesetzes um eine Vorschrift über den Umweltschutz? In: DVBl. 100 (1985), S. 990.

[8] Vgl. Michael Kloepfer, Umweltschutz und Verfassungsrecht – Zum Umweltschutz als Staatspflicht. In: DVBl. 103 (1988), S. 311.

[9] Siehe Hasso Hofmann, in: Kloepfer (Hrsg.) (1989), S. 32ff.

pielle Naturbedingtheit und Naturabhängigkeit des Menschen; es impliziert auch die Einsicht in die prinzipielle Unabschätzbarkeit technisch-ökonomischer Entwicklungen für die Natur selbst. Insofern geht es dem Naturstaat nicht nur um den »Frieden mit der Natur« (Meyer-Abich), sondern auch um den Frieden der Natur[10].

Angesichts der allenthalben erkennbaren ökonomischen Wachstumsdynamik und des aus ihr erwachsenden technischen Innovationsbedarfs werden die individuellen Umwelt- und Naturschutzbemühungen auch dann immer unzureichender, wenn sie sich ständig verstärken. Überall dort, wo die Schutzfunktion gesellschaftlicher Regelungsmechanismen versagt, ist daher auch der Staat zu einer wirksamen ökologischen Protektionspolitik aufgerufen. Kraft des den zentralen Staatszweck konstituierenden Auftrags, das Leben der Bürger zu schützen und zu fördern, und kraft des ihm zur Erfüllung dieses Auftrags verliehenen Gewaltmonopols hat der Staat das Allgemeininteresse an der Erhaltung der natürlichen Lebensgrundlagen auch gegenüber individuellen Interessen durchzusetzen. Bloße Zugangs- und Nutzungsregelungen zur Verwaltung der immer knapper werdenden Naturgüter reichen jedenfalls zur Wahrnehmung dieses Auftrages nicht mehr aus. Der Staat muß seine verfassungsrechtlichen Zielvorgaben vielmehr derart verändern, daß er selbst sich im Hinblick auf sein Verhältnis zu den natürlichen Lebensgrundlagen strukturell verändert[11]. Selbst das heute in der öffentlichen Diskussion stehende Staatsziel Umweltschutz greift daher zumindest solange zu kurz, als es nicht auch im Lichte eines – den Eigenwert des menschlichen Selbstentfaltungsstrebens relativierenden – Eigenwertes der Natur gesehen wird[12].

In die verfassungsrechtliche Diskussion um Sinn und Wert einer ökologisch akzentuierten Staatszielbestimmung mischen sich allerdings auch Stimmen, die ein bloßes Staatsziel »Umweltschutz« für unzureichend halten und den Umweltschutz zur blanken Staatspflicht erhoben sehen wollen. Dabei geht es zum einen um die Frage, wie eine solche Pflicht des Staates zum Schutz der Bürger vor Umweltbelastungen aus der Grundrechtssphäre ableitbar wäre, und zum anderen um die Frage, inwieweit Grundrechte einer solchen potentiellen Staatspflicht Grenzen zu ziehen in der Lage sind bzw. wären. Solche grundrechtlichen Grenzen ergeben sich nach

[10] Vgl. Klaus Michael Meyer-Abich (1984).

[11] Vgl. Otto Kimminich, Umweltverfassungrecht. In: ders., Heinrich v. Lersner u. Peter Christian Storm (1988), Bd. 2, S. 874ff.

[12] Christopher P. Stone (1987).

heute (noch) herrschender Rechtsmeinung vor allem aus Art. 2 Abs. 1 GG (allgemeine Handlungsfreiheit einschließlich des sogenannten Rechtes am eingerichteten und ausgeübten Gewerbebetrieb), aus Art. 3 GG (allgemeiner Gleichheitssatz), aus Art. 12 GG (Berufsfreiheit) und Art. 14 GG (Schutz des Eigentums in seinen verschiedenen Ausprägungen)[13]. Umgekehrt lassen sich Grundrechte aber auch ökologisch akzentuieren und insoweit als Abwehrrechte gegen Umweltzerstörungen interpretieren, die durch staatliches Tun bzw. Unterlassen direkt oder indirekt verursacht werden. Gerade die Dimension der indirekten Verursachung ist im Hinblick auf das staatliche Recht und die staatliche Pflicht zur Genehmigung und Überwachung potentiell umweltgefährdender privater und gewerblicher Anlagen von größter Bedeutung. Um den Grundrechtsschutz der Bürger auch gegenüber solchen indirekten (Mit-)Verursachungen zur Geltung zu bringen, bedarf es verfassungsrechtlicher Hilfskonstruktionen, die es ermöglichen, dem Staat die (genehmigten) Umweltbeeinträchtigungen zuzurechnen. Und solcher Hilfskonstruktionen bedarf es auch zum Schutz der Bürger vor privaten Verursachern von Natur(zer-)störungen, da die sogenannte Drittwirkung von Grundrechten in unserer Rechtsordnung nicht bzw. nur gegenüber privaten Monopolbetrieben anerkannt wird. Immerhin läßt sich aus Art. 1 Abs. 1 S. 2 GG eine Schutzpflicht des Staates begründen. Solche Schutzpflichten werden jedoch von der Rechtsprechung nur gegen unmittelbar rechtswidrige Eingriffe anerkannt. Der in den vergangenen beiden Jahrzehnten immer wieder unternommene Versuch, das Grundrecht auf Leben und körperliche Unversehrtheit (Art. 2 GG) im Kampf gegen Umwelt- und Naturzerstörungen einzusetzen, wurde von der Rechtsprechung fast immer wieder zurückgewiesen oder zumindest äußerst restriktiv behandelt[14]. Am ehesten hatte noch die Berufung auf die Eigentumsgarantie (Art. 14 GG) Aussicht auf Erfolg. Auch auf die Eigentumsgarantie gestützte Klagen wurden aber weitgehend eingedämmt; nicht zuletzt auch die Schwierigkeit der Verursacherermittlung setzten ihnen häufig genug Grenzen. Und die Bereitschaft auch der – unabhängigen – Gerichte, den Staat selbst im Hinblick auf die lasche Handhabung seiner Schutzpflicht für die entstehenden Natur(zer)störungen verantwortlich zu machen, ist denkbar gering,

[13] Vgl. Kimminich, S. 878ff. und Werner Hoppe u. Martin Beckmann (1989), S. 47ff.

[14] Vgl. Kloepfer, Auf dem Weg zum Umweltstaat? In: ders. (Hrsg.) (1989), S. 46f; ders., Umweltschutz und Verfassungsrecht, S. 307f. und D. Rauschning, Staatsaufgabe Umweltschutz. In: VVDStRl. 38 (1980), S. 177ff.

wie u.a. das Augsburger Waldschadensurteil auf eindrucksvolle Weise belegt hat[15].

Angesichts dieser in der Rechtslehre wie in der Rechtspraxis nicht vorhandenen Bereitschaft, die vom Grundgesetz gewährten Grundrechte in einer ökologisch aufgeklärten und fortschrittlichen Weise zu nutzen, ist auch die Forderung nach einem allgemeinen Umweltgrundrecht, das heißt also einem Grundrecht auf staatlichen Umwelt- und Naturschutz, illusorisch bis abwegig. Seine Unbestimmtheit und Unbestimmbarkeit würde ein solches Grundrecht zur nichts- bzw. vielsagenden Alibi-Farce werden lassen. Wenn wenigstens ein ernsthafter Versuch unternommen werden soll, die sozioökologische Krise auch mit rechtlichen Mitteln einzudämmen, so ließe sich dies wohl am ehesten mit Hilfe einer den Rang eines vollgültigen – allem staatlichen Handeln als Richtlinie vorgegebenen – Staatszielprinzips einnehmenden Normierung erreichen[16]. Aus ihr müßte dann mehr als das – von der vorherrschenden Rechtspraxis aus dem Sozialstaatsprinzip abgeleitete – Recht auf ein »ökologisches Existenzminimum« zu erwarten sein.

1.2 Nachweltschutz und soziale Zukunftsvorsorge

Die Problematik des Umwelt- und Naturschutzes läßt sich heute – soviel scheint sicher – nicht mehr auf die Ebene des lediglich intersubjektiven Interessenausgleichs abschieben. Immer deutlicher wird vielmehr die Vision einer Raum und Zeit transzendierenden Rechtsgemeinschaft, die den wechselseitigen Schutz Aller vor Allen und Aller durch Alle zur genuinen – und nicht zuletzt deshalb auch nicht bloß auf der Grundrechtsebene zu lösenden – Gemeinschaftsaufgabe macht[17].

Diese Gemeinschaftsaufgabe stellt sich vor allem auch im Hinblick auf künftige Generationen. Zwar läßt sich aus der Verfassung ein normativer »Nachweltschutz« entnehmen; da nachfolgende Generationen aber logischerweise nicht im voraus subjektive Abwehr-

[15] BGH-Urteil vom 10. 12. 1987 – IIIZR220/86, abgedruckt in: NJW 41 (1988), S. 478ff.

[16] Vgl. Kloepfer, Auf dem Weg zum Umweltstaat? S. 47f.; Ernst Benda, Verfassungsrechtliche Aspekte des Umweltschutzes. In: UPR 8 (1982), S. 243f. und Dietrich Murswiek, Umweltschutz – Staatszielbestimmung oder Grundsatznorm? In: ZRP 21 (1988), S. 16ff.

[17] Vgl. Hermann Soell, Umweltschutz ein Grundrecht? In: Natur + Recht 7 (1985), S. 206; G. Teutsch (1985), S. 22f.; Meyer-Abich (1984), S. 23 u. Kloepfer, Umweltschutz und Verfassungsrecht, S. 310.

rechte geltend machen können, läßt sich dieser normative Nachweltschutz allenfalls zu einer Präventionspflicht des Staates ummünzen[18]. Anerkannt wird eine solche Pflicht des Staates, Risiken für die Nachwelt entgegenzuwirken, nur, soweit diese Risiken nach den gängigen wissenschaftlichen Prognosetechniken hinreichend bestimmbar sind. Nicht zuletzt die Einsicht in die Fragwürdigkeit solcher Prognosetechniken macht deutlich, welch enge Grenzen diesem Nachweltschutz gezogen sind[19].

Ohne die Berücksichtigung der Dimension der Zeit ist der normative Aktionsradius des Staates freilich nicht sinnvoll bestimmbar. Da die primär ökonomisch motivierte Wirtschaft in aller Regel nur ökonomisch absetzbare – das heißt also berechenbare – Zeiträume in ihr Kalkül einbezieht, ist von ihr schon aus der inneren Logik ihres Wirtschaftens heraus nur eine vergleichsweise kurzatmige Umweltvorsorge zu erwarten. Der Staat hingegen ist als Repräsentant des Gemeinwohls – nicht zuletzt auch im Interesse der Wirtschaft, die auf die Erhaltung ihrer natürlichen Ressourcen angewiesen ist – zu einer langzeitökonomischen (und damit allemal ökologischen) Vorsorge-Politik aufgerufen. Das Vorsorge-Interesse des Staates muß daher auch zwangsläufig über die nähere Zukunft hinausgehen. Im Zeichen genuin ökologischer Seriosität läßt sich dieses Interesse aber nur sehen, wenn es sich als Vollzug einer (Rechts-)Pflicht des Staates zur Erhaltung der natürlichen Lebensgrundlagen des Menschen darstellt, ohne diese Pflicht (ausdrücklich) auf die aktuellen Interessen der Menschen zu beschränken[20].

Die Idee eines »Naturstaats« ist daher mit Schwierigkeiten konfrontiert, denen auch ihre potentielle Umsetzung nicht entgehen wird. Schon die Idee eines präventiven »Umweltstaats«, erst recht aber die eines »Naturstaats« legt den Gedanken umfassender Wirtschaftslenkung nahe, einer Konzeption also, die mit den – sowohl

[18] Vgl. Otfried Höffe (1983), S. 324ff.; ders., Umweltschutz als Staatsaufgabe – Umrisse einer rechtsphilosophischen Begründung. In: Mensch und Umwelt (1980), S. 307ff.; M. Kloepfer, Umweltschutz und Verfassungrecht, S. 305–316; G. Kohler, (Staatlicher) Umweltschutz und (privater) Eigennutz. In: H. Lübbe u. E. Ströker (Hrsg.) (1986), S. 136f.

[19] Vgl. Murswiek, Umweltschutz, S. 16; P. Henseler, Verfassungsrechtliche Aspekte zukunftsbelastender Parlamentsentscheidungen. In: AöR 108 (1983), S. 489–560; H. Hofmann, Nachweltschutz als Verfassungsfrage. In: ZRP 19 (1986), S. 87ff.; D. Murswiek (1985), S. 206; M. Kloepfer, in: ders., (Hrsg.), S. 48; vgl. auch Dieter Birnbacher (Hrsg.) (1980); ders. (1988); Peter Saladin u. Christoph A. Zenger (1988); Kurt Peter Merk (1991); im weiteren vgl. John Rawls (1975).

[20] Vgl. H. Jonas (1979); Beat Sitter, Ethik der technisch wissenschaftlichen Zivilisation – Plädoyer für Würde und Eigenrecht der Natur und ein Überleben der Menschheit. In: Mensch Natur Gesellschaft (1988), H. 2, S. 61f.

im Hinblick auf ihren Beitrag zur Mehrung des konventionell definierten Wohlstandes als auch im Hinblick auf ihren Beitrag zur Minderung des Umweltstandards bewährten – Prinzipien der freien Marktwirtschaft kollidiert. Daß sich auch die Planwirtschaft des »real existierenden Sozialismus« als äußerst umwelt- und naturzerstörerisch erwiesen hat, ist unleugbar. Auch sie kann nicht mehr als ökologische Alternative zur Marktwirtschaft angepriesen werden. Umgekehrt verbessert aber auch das – nach der Öffnung des »Eisernen Vorhangs« in seiner ganzen Gnadenlosigkeit erkennbar gewordene – ökologische Debakel des Realsozialismus nicht die ökologische Krisensituation der marktwirtschaftlich organisierten Länder. Zentrale Struktur- und Funktionselemente auch dieser Wirtschaftsordnung wirken einem Ausgleich des menschlichen Handels und Wandels mit dem Naturhaushalt entgegen. In ganz besonderem Maße gilt dies für die Prinzipien der Wachstumsmaximierung, der Konkurrenzintensivierung und der Profitorientierung, die allesamt naturstaatlichen Zielsetzungen zuwiderlaufen. Im Gegensatz zu kapitalisiertem Eigentum läßt sich Natur weder berechnen noch besitzen noch tauschen. Man kann sie höchstens gegen (allzu intensive) menschliche Zudringlichkeit abschirmen. Will man ihr gerecht werden, so mag man sie als eine Art Lehen betrachten – als jene Art von Besitz also, der einem nach mittelalterlicher Rechtsvorstellung zu treuen Händen anvertraut wurde und über dessen sorgliche Behandlung man immer wieder Rechenschaft zu geben hatte. Und dieser Zwang zur Rechenschaftslegung war zugleich auch die Garantie für die Erhaltung des Nutzwertes wie des Naturwertes des empfangenen Lehens. So fielen eine nicht auf kurzfristige Ausbeutung fixierte Langzeitökonomie und Ökologie schon immer zusammen. Angesichts des durch die ununterbrochene Kette von technischen Revolutionen ins Unmeßbare gesteigerten Ausbeutungspotentials der fortgeschrittenen Industriegesellschaften ist diese Erkenntnis jedoch heute bedeutsamer denn je zuvor.

Hinsichtlich der fortschreitenden Naturzerstörung ist selbst die – längst klassisch gewordene – Jellinieksche Drei-Elemente-Lehre neu zu überdenken. Ein Staat kann nicht mehr durch die Trias von Staatsgewalt, Staatsvolk und Staatsgebiet charakterisiert werden, ohne daß die natürliche Beschaffenheit des letzteren mit in die Betrachtung einbezogen wird. Seine Existenz ist zumindest wesentlich beeinträchtigt oder gar bedroht, wenn die natürliche Beschaffenheit seines Staatsgebietes – das heißt also: die Lebensgrundlage der Bürger – starken Zerstörungen ausgesetzt ist. Dies gilt sowohl im biologischen als auch im ökonomischen Sinne. Die biologische

Dimension dieser Problematik ist augen- und sinnfällig; die ökonomische Dimension wird in aller Regel gerade von denen übersehen, die auf die wirtschaftlichen Vorteile des technischen Fortschritts bauen. Wie sehr ein solches Bauen ein Bauen auf Sand ist, zeigen Katastrophen wie der Super-GAU von Tschernobyl, dessen Folgekosten ganz offensichtlich nicht einmal ein so großer Staat wie die UdSSR zu tragen in der Lage ist – aber auch »Normal«situationen wie die der BRD, deren jährliche Umweltschäden von der UNO auf ca. 140 Milliarden DM geschätzt werden – Kosten also, die selbst von einem so wohlhabenden Staat wie der BRD auf die Dauer nicht verkraftet werden können, zumal die Kompensationssummen ja ihrerseits wieder auf Kosten der Natur erwirtschaftet werden müssen. Naturstaatlichkeit heißt unter solchen Bedingungen nicht zuletzt Sicherung des Staatsgebietes und damit Erfüllung einer ebenso fundamentalen wie klassischen Staatsaufgabe[21].

1.3 Von der Anthropozentrik zu den Eigenrechten der Natur

Trotz der hier vorausgesetzten Notwendigkeit, die Ideenwelt der Anthropozentrik wenn nicht zu überwinden, so doch zu überschreiten, wird man in der Diskussion über die Einführung einer ökologischen Staatszielbestimmung fürs erste am Begriff des »Umwelt«schutzes festhalten müssen, zumal selbst das – gegenüber dem Ideal des »Naturstaats« sehr viel bescheidenere – Wort vom »Umweltstaat« im Hinblick auf den vorherrschenden Werthorizont der Gesellschaft als eklatanter Euphemismus erscheinen muß. Und dies, obwohl sich der Begriff der »Umwelt« in diesem Zusammenhang auf die heutigen, industriell geprägten Lebenszusammenhänge des Menschen bezieht und auch der Begriff des »Umweltstaates« heute immer noch grundsätzlich so verstanden wird, daß die Natur weiterhin den staatlichen und gesellschaftlichen Interessen untergeordnet wird, ohne daß auch nur die Bedeutung ihres Eigenwertes für den Menschen bedacht bzw. dessen Abhängigkeit von der Natur in vollem Umfang berücksichtigt würde. Eine Entscheidung für die verfassungsrechtliche Normierung der Umweltstaatlichkeit bedeutet daher auch die Statuierung eines – gegenüber der Naturstaatlichkeit ganz andersartig akzentuierten – Staatszielprinzips. Während der Begriff der Umwelt(staatlichkeit) die gesamte Natur auf die menschlichen Zwecke hin (und ihr unter-)ordnet, würde die

[21] Siehe Kloepfer, Auf dem Weg zum Umweltstaat, S. 39.

Natur(staatlichkeit) sowohl Tiere, Pflanzen und sonstige Naturerscheinungen wie auch die Natur als originären Funktionszusammenhang zu Schutzgütern erklären, die um ihrer selbst willen zu bewahren sind – und zwar selbst dann noch, wenn diese Idee der Bewahrung nur aus einer anthropozentrischen Perspektive heraus entworfen werden kann[22]. Natur um ihrer selbst willen und nicht nur als natürliche Umwelt des Menschen zum Staatsziel zu erklären, um damit auch den Staat selbst ideell und strukturell zu wandeln, könnte vor dem Hintergrund der allgegenwärtig gewordenen Naturzerstörung und im Hinblick auf das menschliche Bestreben, kollektiv und individuell zu überleben, grundlegende Bedeutung gewinnen. Daß jede Naturbetrachtung – auch die um der Natur selbst willen unternommene – in einen Interessensbezug zum Menschen gestellt werden kann und der in die Betrachtung Eingebundene immer der Mensch bleibt, ist unleugbar. Wenn aber der Mensch sich bislang vor den Bedrohungen durch die Natur mit Hilfe der Technik zu schützen suchte, so scheint es heute soweit gekommen zu sein, daß er sich vor den Gefahren der Technik mit Hilfe der Natur schützen muß, die er in wachsendem Maße wenn nicht als eigenes Subjekt, so doch wenigstens in ihrer Eigendynamik zu begreifen trachtet[23].

Trotz all dieser Bezüge behält der Begriff der »Natur« gegenüber dem – zur Charakterisierung der hier erörterten Problematik gebräuchlich gewordenen – Begriff der »Umwelt« einen seltsam fremden, beinahe romantisierenden Klang, der in die juristische Sprechweise einer Staatszieldebatte nicht so recht passen will, und an dem vielleicht gerade deshalb zumindest als Kontrapunkt festgehalten werden sollte. Im Begriff der Umwelt bleibt die Natur eben Objekt des Menschen, mit dem er ohne Rücksicht auf die natürliche Welt an sich verfahren kann. Diese allzu lange mehr oder minder unbekümmert gelebte Anthropozentrik läßt die Naturbedingtheit des Menschen weitgehend außer acht, konzipiert diesen vielmehr als *animal rationale*, das sich aus seinen Ursprüngen lösen und daher auch seine natürliche Umgebung nach Belieben verwandeln darf.

Um diesen anthropozentrischen Unterton zu vermeiden, hat Klaus Michael Meyer-Abich vorgeschlagen, den Begriff der Umwelt wenigstens durch den Begriff der »Mitwelt« zu ersetzen. Auch die »Mitwelt« unterliegt dem Ein- und Zugriff des Menschen – nicht umsonst heißt der ökologische Leitbegriff bei Meyer-Abich

[22] Vgl. Heinz-Joachim Peters, Praktische Auswirkungen eines im Grundgesetz verankerten Staatsziels Umweltschutz. In: Natur + Recht 9 (1987), S. 294; Murswiek, Umweltschutz, S. 16.

[23] Vgl. Herbert Marcuse (1973), S. 72ff.

»Kultur des Gartens«; zugleich signalisiert der Begriff aber doch auch Respekt vor dem Eigenleben dieser Mitwelt sowie auch ein Zusammengehörigkeitsgefühl, das dann auch trotz der prinzipiellen Beibehaltung der anthropozentrischen Perspektiven einen rücksichtsvolleren Stil des Umgangs mit der Natur erwarten läßt[24].

Für eine ganzheitlich orientierte Anthropologie – und sowohl Meyer-Abichs Vorstoß als auch die hier vertretene Position ist in diesem Zusammenhang zu sehen – verliert die in der Ökologiedebatte unserer Tage mit so viel konfessionellem Eifer forcierte Polarisierung von Anthropozentrik und Kosmozentrik jedenfalls an Gewicht. Unverzichtbar ist jedoch aus dieser Perspektive, daß die Eingebundenheit des Menschen in die Natur stets mitberücksichtigt wird, daß auch im Hinblick auf ein Staatsziel Umweltschutz stets mit an Natur und nicht nur an »Um«welt gedacht wird. Als Einheit von Körper, Geist und Seele nämlich bedarf der Mensch nicht nur gesunder Lebensbedingungen. Der Wahrnehmung und Achtung der Natur kommt auch eine Erlebnisqualität zu, die eine unverzichtbare Voraussetzung für die Entwicklung des ganzheitlichen Potentials des Menschen bildet. Die Entwicklung dieses menschlichen Ganzheitspotentials aber hat ihrerseits entscheidende Rückwirkungen auf die Qualität von dessen sozialer, ökonomischer und technischer Lebenswelt[25]. Insoweit muß auch im Umgang mit dem philosophisch geweiteten und politisch pointierten Begriff der Ökologie als Lehre von der Eingebundenheit des Menschen in umfassende kosmische Zusammenhänge die Wende vom umwelt- zum naturzentrierten Denken vollzogen werden. Wie der Politischen Ökologie angesichts einer immer artifiziellere und destruktivere Züge annehmenden Lebenswelt zwangsläufig die Rolle einer normativen Leitwissenschaft zuwächst, die den Charakter einer – als zusätzliche, spezielle Disziplin der Erforschung (sozial-)ökologischer Zusammenhänge verstandenen – »Umweltwissenschaft« sprengt, so sollte es auch im Zusammenhang mit der Normierung einer ökologischen Staatszielbestimmung zumindest der Sache nach nicht nur um die »Um«welt, sondern um die Natur schlechthin gehen[26].

Unleugbar ist freilich, daß es sich beim Begriff der Natur um einen sowohl erkenntniskritisch als auch juristisch schwer bestimmbaren Begriff handelt. Vor dem – seit Descartes (1596–1650) aufscheinenden – philosophischen Hintergrund des okzidentalen Sub-

[24] Vgl. Meyer-Abich (1984), S. 116, S. 267.
[25] Vgl. Mayer-Tasch (1990), S. 17.
[26] Vgl. ders. (1985), S. 28f.

jektivismus könnte der wissenschaftliche Zugang zur Natur sogar als gänzlich verstellt oder doch nur in äußerst vagen Umrissen erkennbar erachtet werden. Natur mag dabei den Ort jenes Kantschen Begriffs eines Dinges an sich einnehmen, der nur noch die Grenze des menschlichen Erkenntnisvermögens markiert. Überdies mag eine zunehmend technisch geprägte Zivilisation aber auch jegliches Naturverständnis fraglich werden lassen, weil kaum mehr geklärt werden kann, was am gegenwärtigen Naturverständnis Kulturprodukt ist und was noch ursprüngliche Natur verkörpert[27]. Im Kontext der Staatszieldebatte bedeutet dies etwa, daß kaum mehr oder nur noch mit großen Schwierigkeiten zu ermitteln ist, was etwa in den fortgeschrittenen europäischen Industrieländern noch »natürliche Lebensgrundlagen« sind, um einen Terminus des Art. 141 BV exemplarisch herauszugreifen. Im Sinne einer technomorphen Rechtssprache läßt sich deren Lebensraum problemlos in urbane, industrielle oder agrarische Ökosysteme einteilen, für die dann insgesamt wohl der Begriff Umwelt eine adäquate Beschreibung darstellt. Als in einem ursprünglichen Sinne »natürlich« lassen sich diese Ökosysteme allerdings kaum mehr bezeichnen. Ursprüngliche Ökosysteme gibt es zumindest in Mitteleuropa fast nicht mehr. Und die wenigen, die man in diesem ursprünglichen Sinne noch als »naturnah« qualifizieren könnte, bedürfen zumeist auch schon stützender technischer Maßnahmen, um ihre Stabilität nicht gänzlich zu verlieren. Kann man also bei ihnen noch von »Natur« reden? Oder ist es nicht schon beinahe unmöglich, in der Rechtssprache noch von etwas anderem als von »Umwelt« zu sprechen?[28]

Vor dem Hintergrund solcher Fraglichkeiten muß auch offen bleiben, ob die Anthropozentrik mit den Mitteln des Rechts überhaupt noch überwunden werden kann, wie dies von einer – eine Rechtsgemeinschaft von Mensch und Natur beschwörenden – Schule ökologisch gesinnter Juristen und Philosophen erhofft wird. Ihre im Anschluß an Christopher Stones Frage: »Should trees have standing?«[29] ausgelöste Bemühung um die Anerkennung von »Eigenrechten der Natur« will der Natur auch dann noch eine eigene Rechtsstellung sichern, wenn der Mensch sein Zerstörungswerk in tradierter Manier fortzusetzen versucht. Die Umsetzung dieser Idee in die Rechtspraxis begegnet einer Fülle von Problemen. Auf welche Weise sich Naturstaatlichkeit und Rechtsstaatlichkeit dann

[27] Vgl. Hans-Martin Schönherr (1989b), S. 261f.

[28] Vgl. Dietrich Rauschning, Aufnahme einer Staatszielbestimmung über Umweltschutz in das Grundgesetz. In: DÖV 39 (1986), S. 491.

[29] Vgl. Stone (1987).

in der Praxis wechselseitig durchdringen können, ist jedoch fürs erste eine cura posterior. Bedeutsam ist diese Debatte um die Anerkennung von Eigenrechten der Natur insbesondere im Hinblick auf ihre bewußtseinsbildende Kraft und damit im Hinblick auf ihre Wirkung auf die aktuelle Rechts- und Politikkultur[30]. Hat sie sich in entscheidender Weise verändert, werden ganze Legionen von Juristen bereitstehen, die dogmatischen Probleme der Integration dieses Konzeptes in die überkommenen rechtsstaatlichen Strukturen zu lösen.

2. Woher kommt der Naturstaat?

2.1 Das Naturrecht

Das Nachdenken über die Wechselbeziehungen des Menschen zur Natur läßt sich bis zu den Anfängen der abendländischen Philosophie zurückverfolgen. Ein bedeutsamer Aspekt dieses Nachdenkens war stets auch die Einsicht, daß die Eingriffe der Menschen in die Natur mit Risiken verbunden sind und daher auch besonderer Behutsamkeit und (Selbst-)Begrenzung bedürfen. Die Entstehung des Naturrechtsgedankens in der Vorsokratik spielt in diesem Zusammenhang eine wesentliche Rolle. In ihm begegnen sich der Mensch als politisches Wesen, der sich seiner Herkunft bewußte Staat sowie die Natur als Legitimation wie auch als Leitlinie moralischen und rechtlichen Handelns.

Die frühen Vorsokratiker waren vor allem naturphilosophisch orientiert; ihre Naturphilosophie vermag auch dem ökologischen Denken der Gegenwart noch wesentliche Impulse zu vermitteln. Mit dem Menschen, seinen Angelegenheiten und Problemen sowie der Möglichkeit, diese im Staat zu regeln, befaßten sie sich noch wenig. Die erste philosophische Strömung, die den Menschen in den Vordergrund ihrer Betrachtung stellte und auch den Staat mitbedachte, war die Sophistik. Mit ihr beginnt daher auch die Naturrechtstradition. So entspringen etwa für Protagoras Staat und Sitte der Natur; Prometheus und Hermes haben nämlich die Menschheit mit diesen (Hilfs-)Mitteln ausgerüstet, um ihre sonstigen Mängel

[30] Vgl. Meyer-Abich (1984), S. 98, S. 139; Jörg Leimbacher (1988), S. 29ff., S. 117ff.; Sitter, Ethik, S. 63f.; ders. (1984).

auszugleichen; die Fähigkeit, Staaten zu bilden, ist für den Menschen eine den vielfältigen Fähigkeiten der Tiere entsprechende Sonderbegabung[31].

Der erste, der dabei die menschliche Einbindung in die Natur auch im Hinblick auf das Recht bedenkt, ist der in der zweiten Hälfte des 5. Jahrhunderts lebende Sophist Antiphon. Das Naturrecht stellt für ihn nicht nur eine in Staat und Gesellschaft machtvoll wirkende Kraft dar; man kann auch nicht ungestraft dagegen verstoßen, was für das vom Menschen gesetzte »positive« Recht nicht unbedingt gilt:

»Wenn man nun bei der Übertretung von Gesetz und Brauch von denen, welche die Vereinbarung getroffen haben, unbemerkt bleibt, ist man von Schande und Strafe frei, andernfalls nicht. Vergewaltigt man dagegen die mit der Natur verwachsenen Gesetze über das mögliche Maß hinaus, so ist das Unheil um nichts geringer, wenn es auch kein Mensch merkt, und um nichts größer, auch wenn es alle Welt sieht. Denn der Schaden erwächst nicht aus der Meinung, sondern aus der Wirklichkeit.«[32]

Antiphon erkennt bereits den – zumindest potentiellen – Widerspruch des positiven Rechts zum Naturrecht, erkennt, daß dieses Bedingungen zu schaffen in der Lage ist, die den natürlichen Lebensbedingungen widersprechen. Er ahnt somit nicht nur den Gegensatz von Kultur und Natur, sondern auch den Verfremdungseffekt der Kultur, der sich gegen die Natur richtet. Da jedoch – wie die Erfahrung lehrt – mit Gegenreaktionen der Natur zu rechnen ist, läßt sich aus Antiphons Einsichten folgern, daß das positive Recht, daß Brauch und Sitte im Staat gemäß der Natur und dem Recht der Natur entworfen werden müssen. Solche Überlegungen laufen also letztlich darauf hinaus, daß der Staat die natürlichen Lebensgrundlagen nur dann wirksam zu schützen vermag, wenn er den menschlichen Umgang mit der Natur nach deren Gesetzen organisiert, wenn er sich mithin als Naturstaat und nicht nur als Umweltstaat im hier vorausgesetzten Sinne versteht. So sieht auch schon Alkidamas aus Eläa – der Nachfolger des Gorgias (ca. 400 v. Chr.) in der Leitung von dessen Rednerschule – den Naturzustand positiver als den Kulturzustand[33].

Ansätze zu einem ökologischen Staatsdenken, das den Schutz der natürlichen Lebensgrundlagen zur Aufgabe des Staates macht, fin-

[31] Protagoras, in: Nestle (Hrsg.) (1929), S. 187ff.
[32] Antiphon, in: ebd., S. 225f.
[33] Vgl. Alkidamas, in: ebd., S. 210.

den sich auch bei Platon: Wie nicht zuletzt Sternkunde und Medizin belegen, ist die Natur harmonisch aufgebaut[34]. Der Mensch aber vermag diese Harmonie zu stören. Wenn Platon in seinem späten Staatsentwurf der ›Nomoi‹ den Wächtern das Recht zuerkennt, nicht nur für die Aufrechterhaltung der Ordnung in der Polis zu sorgen, sondern beim Auftreten unvorhergesehener Probleme auch neue Gesetze zu erlassen, so erschließt er Dimensionen der Staatstätigkeit, die gerade im Zusammenhang mit dem Kompensations- und Improvisationsbedarf, den die Ausbreitung der sozioökologischen Krise mit sich bringt, von größter Bedeutung sind. Überdies betont Platon auch die Schutzwürdigkeit einzelner natürlicher Güter – des Wassers etwa – und verpflichtet Brunnenvergifter zu Schadensersatz[35].

Enger als bei Platon wird die Verbindung von Staat und Natur bei Aristoteles konzipiert, dessen Vorstellungen insoweit mit denen der Sophisten vergleichbar sind und der insoweit auch die Naturrechtstradition fortsetzt. Von ihm stammt nicht nur die Bestimmung des Menschen als staatenbildendes Wesen; er betont auch die Vollendung der Natur des Menschen im Staat. Umgekehrt ist aber auch die Natur in die Struktur des Staates eingebettet, zu dessen Wesen eben gehört, sich zu vollenden. Wenn sich dergestalt bei Aristoteles der Wesens- und der Naturbegriff ineinander verschränken, so drückt sich darin das Wechselverhältnis von Mensch, Staat und Natur aus: Das Wesen des Staates zu vollenden, vollendet auch die Natur. Im Gegensatz zu den Sophisten sieht Aristoteles daher auch keinen Widerspruch zwischen Natur und Kultur. Er sinnt von vornherein auf einen Ausgleich zwischen Mensch und Natur. Diesen Ausgleich herzustellen, vermag nur der Staat, der für ihn (daher auch) ursprünglicher ist als der einzelne Mensch. Da das Ganze den Teilen begrifflich vorausgeht, muß auch der Staat dem Menschen von Natur aus vorausgehen, muß er in diesem Sinne früher sein als der Einzelne[36].

Da sich der Mensch als *zoon politikon* im Staate verwirklicht, kann sich die Wirtschaft erst im Staat entfalten, obgleich sie von der Hauswirtschaft herkommt. Auch das Haus ist nur als Teil des Staates vorstellbar. Und Wirtschaft ist daher eine Aufgabe nicht nur für Hausväter, sondern auch für Staatsmänner. Beiden aber schreibt Aristoteles ins Stammbuch, daß sie nicht vergessen dürften, daß ein jeder Reichtum von Natur aus begrenzt sei und nicht beliebig herge-

[34] Vgl. Platon (1957), Bd. 2, S. 217ff.
[35] Vgl. ders. (1959), Bd. 6, S. 151ff., S. 208ff.
[36] Siehe Aristoteles (1976), S. 49f.

stellt und vermehrt werden könne. Tugend und Gerechtigkeit hängen aus dieser Perspektive also vom rechten Maß ab, davon, daß man die rechte Mitte zwischen den jeweils anstehenden Extremen findet. Die Suche nach der rechten Mitte begründet überhaupt erst das richtige politische Handeln[37]. Ein Primat des ökonomischen oder gar schrankenlosen Wachstums wäre aus Aristotelischer Sicht mit diesen Maximen des richtigen Handelns unvereinbar. Beides zeugt für den Verlust der rechten Mitte bzw. für den Verlust an einschränkender und ausgleichender Autorität des Staates, die es verhindert, daß der Mensch beliebig in die Natur eingreift und damit die eigenen Lebensgrundlagen zerstört.

Ein ähnlicher Gedanke taucht dann auch bei Epikur (341–271 v. Chr.) auf, für den menschlicher Reichtum in vergleichbarer Weise von Natur aus beschränkt ist. Seine Ethik, die auf dem Prinzip der Selbstgenügsamkeit beruht, kritisiert Maß- und Grenzenlosigkeit als Hybris. Wahres Leben vollzieht sich in bescheidenem Einklang mit der Natur – einer Natur, die dem Menschen im wesentlichen freundlich und nicht unfreundlich begegnet. »Die Armut«, schreibt Epikur, »die ihr Maß hat am Endziel der Natur, ist ein großer Reichtum. Der Reichtum, der keine Grenze hat, ist eine große Armut.«[38]

2.2 Harmonie zwischen Staat und Natur

Leben im Einklang mit der Natur läßt sich durchaus als ein Grundgedanke der antiken Philosophie herauskristallisieren. Dies gilt auch noch für die lange Tradition der stoischen Philosophie, die sowohl die Selbstgenügsamkeit als auch das Leben im Einklang mit dem alles beseelenden Pneuma oder Logos empfiehlt. Der Staat spielt dabei immer wieder die Rolle einer Vermittlungsinstanz, die auf die Einheit des menschlichen Lebens mit der Natur und gemäß der Natur zu achten hat.

Gegen Ende der Antike gelangt dieses Denken im Neuplatonismus noch einmal zu einem Höhepunkt, wenn bei Plotin (205–270) auch die Idee der Ganzheit aufscheint. Einen ökologisch-ganzheitlichen Gedanken entwickelt Boethius (480–524), der langjährige, schließlich einem Justizmord zum Opfer gefallene Kanzler Theoderichs. Die Sorge der Natur, so Boethius, ist darauf gerichtet, das Leben zu erhalten und seine Vernichtung zu vermeiden. In der Ver-

[37] Vgl. ebd., S. 57ff.
[38] Epikur (1949), S. 51.

wirklichung dieser (Für-)Sorge besteht ihre Harmonie. Natur als Einheit und Ganzheit ist somit das Gute schlechthin – ein Gedanke, der an das Sonnengleichnis anschließt, in dem Platon das Gute mit dem Licht der Sonne vergleicht, ohne das der Mensch keine Welterkenntnis gewinnen kann. So leben denn die guten Menschen mit der Natur, die schlechten gegen sie. Die ersteren sind stark, die letzteren schwach. Zu erhalten vermag sich daher nach Boethius auch nur, wer die Ordnung der Natur einhält; alles Naturwidrige aber geht unter[39].

Der Identität und Differenz von Mensch und Schöpfung, Staat und Natur sinnt auch – beinahe zeitgleich zum Neuplatonismus – die Patristik auf vielfältige Weise nach, bringt aber dabei auch im Zuge von dessen Dogmatisierung das Christentum auf den Weg. Die Ordnung des Staates wird auf die Ordnung der Schöpfung übertragen und umgekehrt. Beim Kirchenvater Athanasius, Bischof von Alexandrien und »Sieger« gegen Arius beim Konzil von Nicäa (325 n. Chr.), findet sich ein an Aristoteles erinnernder Vergleich zwischen Staat und Natur, wenn es dabei auch weniger um ein Lob der Schöpfung als vielmehr um ein Lob des Schöpfers geht. Die Ordnung der Schöpfung ist aus seiner Sicht mit der Ordnung des Staates identisch. Staat und Natur besitzen dieselbe Struktur. Die Harmonie des Weltalls, in der Gott als Lenker der Welt erkennbar wird, überträgt sich wiederum auf den Staat, in dem alles ebenso wohlgeordnet zu sein hat wie in der Natur. Die Schöpfung erscheint somit als (Kosmo-)Polis, als Einheit von Staat und Kosmos. An ihrem Gesetz hat sich seit Platon nichts geändert – es folgt der Gerechtigkeit als oberster Tugend. Die innere Ordnung der Schöpfung beruht damit auf dem friedfertigen Ausgleich, auf dem einträchtigen Miteinander. Wie die Schöfpung eine große prae-und parapolitische Einheit darstellt, so verkörpert sich aus dieser – insoweit durch und durch platonischen – Sicht im Staat die Gerechtigkeit, in der alles mit allem verbunden ist. In ihm offenbaren sich also sowohl kosmische Harmonie als auch Göttlichkeit und setzen ihn auf gleichsam naturhafte Weise mit der Schöpfung in eins[40].

Auch Thomas von Aquin (1225/6–1274), der große Vermittler zwischen Platonismus und Aristotelismus, Theologie und Philosophie, entwirft nicht nur ein umfassendes System der Natur, das konkrete Anschauung mit christlicher Offenbarung verbindet, sondern beschwört auch die Retorsionsgewalt der Natur: Wer wider die Na-

[39] Vgl. Anicius Manlius Severinus Boethius (1932), S. 89ff., S. 123ff.
[40] Vgl. Athanasius (Textauszüge), in: Heilmann u. Kraft (Hrsg.) (1963), S. 206.

tur handelt und damit gegen die Gesetze der göttlichen Schöpfung verstößt, wird bestraft. Da nämlich die Harmonie der Schöpfung auf die Erhaltung der Geschöpfe ausgerichtet ist, wirkt sie auf alles, was dieser Ausrichtung zuwiderläuft, destruktiv zurück – ein Gedanke, der sich in der Morgendämmerung der abendländischen Philosophie schon in dem Fragment Anaximanders angekündigt hatte, in dem davon die Rede ist, daß die Dinge »einander Buße und Vergeltung für ihr Unrecht« leisten[41].

In dieser Rückwirkung ahnt Thomas den Atem Gottes. Wie Aristoteles fordert auch er das rechte Maß im Leben des Einzelnen, sei es bei der eigenen Ernährung und Lebensentfaltung, sei es im Umgang mit der Natur. Auch dem Fürsten gibt er entsprechende Ratschläge, die aus der normativen Perspektive eines potentiellen postmodernen Naturstaates nicht vergessen werden sollten. So empfiehlt er etwa, bei der Neugründung einer Stadt besonders auf die Luft zu achten: »Denn vor jedem staatlichen Zusammenleben liegt das natürliche Leben, das durch die Gesundheitswirkung der Luft vor Schaden bewahrt wird.«[42] In entsprechender Weise ist auch bei der Situierung einer Stadt vieles zu bedenken – so etwa, daß die Sonneneinstrahlung maßvoll bleibt und der Boden geeignete Früchte trägt. »Ebenso ist, da wir unter allem, was als Nahrung eingenommen wird, das Wasser in Speise und Trank am allerhäufigsten verwenden, außer der Reinheit der Luft nichts für die Gesundheit einer Gegend so maßgebend wie gesundes Wasser.«[43] Wenn Thomas dem Fürsten in seiner kleinen Schrift ›Über die Herrschaft der Fürsten‹ diesen und viele andere Ratschläge auf den Weg gibt, so deshalb, weil er – und dies ist die naturstaatliche Komponente – für den Schutz der natürlichen Lebensgrundlagen zuständig ist. Die Obrigkeit nämlich ist es, die die Verantwortung trägt für die Übereinstimmung des Menschen mit der kosmischen Harmonie aller Natur und Kreatur.

Obwohl sich die Renaissance-Philosophie dann gegen den Aristotelismus – insbesondere gegen die thomistische Spielart des Aristotelismus – wendet, bleibt sie doch stark diesseitsbezogen, sucht aber zugleich auch im Platonischen Sinne den ganzheitlichen Puls der Welt. So fragt schon Nikolaus von Kues wie die einzelnen Naturdinge mit dem Kosmos harmonieren. Um diese Frage zu klären, muß der Mensch von der Welt wissen. Um das Ganze zu erfassen muß er

[41] Anaximander, in: Nestle (Hrsg.) (1929), S. 109.
[42] Thomas von Aquin (1981), S. 63.
[43] Ebd., S. 66.

sich aber von der Welt abwenden und in sich hineinhorchen, um dort den Schöpfer dieses Ganzen zu erkennen. Die Natur versteht Cusanus als Einheit und Ganzheit, als »Kreis des Alls«, in dem die göttliche Harmonie waltet. Die Schöpfung folgt den Gesetzen der Arithmetik, der Musik und der Geometrie; sie wird vom Geist Gottes beseelt und erleuchtet. Die Erde sieht Nikolaus als atmendes Wesen, mit dessen innerer Harmonie sich auch die menschliche Gesellschaft in Einklang zu bringen hat[44].

Klarer als Cusanus kommt das neue heliozentrische Weltgefühl bei Giordano Bruno zum Ausdruck: Die Schöpfung beginnt nun wichtiger zu werden als der Schöpfer. Ein unendliches, lichtdurchflutetes Universum weitet sich raumgreifend zu einem materiellen wie spirituellen Ganzen – zum Spiegelbild Gottes, das einerseits die Differenz von Schöpfer und Schöpfung festhält, andererseits aber auch beide verschmelzen läßt. Die Harmonie des Universums begreift Bruno als das Produkt einer schaffenden Natur, deren immanente Kraft als eigenes Subjekt begriffen wird. Der Schöpfergott verflüchtigt sich dabei in pantheistischer Teilhabe an der Schöpfung oder verliert sich in deistischer Entfernung von der Alltagsszene an eine dann nurmehr periphere Rolle. In Brunos Begriff der *natura naturans* vereint sich derart Naturkraft und Naturgeist zu einem umfassenden kosmischen Gesang: Im Universum herrscht kosmische Eintracht, vereint sich das Vielfältige zu einer ganzheitlichen Umfassung von Geist und Materie[45].

2.3 Kreislauf und Apokalypse

Die Idee der kosmischen Harmonie wird von den Anfängen der Philosophiegeschichte an stets durch ein Denken ergänzt, das Phänomene der Differenz, der Störung, des Niedergangs und des Todes einbezieht und damit auch den ökologischen Grundgedanken eines natürlichen Kreislaufs von Entstehen und Vergehen wie auch den Zusammenhang alles Seienden in der Welt vorwegnimmt. Bereits der – schon erwähnte – wahrscheinlich älteste uns überlieferte Satz der Philosophiegeschichte ist nicht zuletzt auch ökologisch zu deuten: »Der Ursprung der Dinge ist das Grenzenlose. Woraus sie entstehen, darein vergehen sie auch mit Notwendigkeit. Denn sie lei-

[44] Vgl. Nikolaus von Kues (1971), S. 155ff.
[45] Vgl. Giordano Bruno (1923), S. 100f.

sten einander Buße und Vergeltung für ihr Unrecht nach der Ordnung der Zeit.«[46]

Ganz im Sinne der orphischen Mystik begreift der milesische Naturphilosoph in diesem (einzigen von ihm überlieferten) Satz die Entstehung alles Geeinzelten aus der Einheit des Seins als Unrecht und sieht in diesem gleichsam erbsündigen Ursprung auch den Grund ihres Vergehens. Eine solche Sicht spricht nicht zuletzt für eine vergleichsweise frühe geschichtliche Erfahrung der vielfältigen Wechselbeziehungen im Naturgeschehen. Die Frage liegt nahe, ob Anaximander schon ahnte, daß alle Eingriffe des Menschen in die Natur auf den Menschen zurückwirken können und der Mensch sich die Erde daher auch gar nicht untertan machen kann, weil sie ihm nicht folgenlos gefügig ist, wie geschickt er sie auch technisch zu manipulieren versucht. Anaximanders Einsicht mag so eine Art von Grundnorm des Verhältnisses von Mensch und Natur markieren, weil sie den Urgrund des – nach antiker Auffassung – ewigen Kreislaufs von Werden und Vergehen nennt. Aus ihr läßt sich daher durchaus auch der Kontroll- und Regelungsbedarf des menschlichen Umgangs mit der Natur ablesen, aus dem sich heute eine Verpflichtung des Staates zum prinzipiellen Schutz und Erhalt der Natur ergibt.

Auch in der Patristik werden Differenzen spürbar. Augustinus, der wohl einflußreichste Lehrer der Christenheit, sieht in der Schöpfung eine kunstvolle Ordnung. Jedoch erkennt er auch die Notwendigkeit, sich mit den Störungen der Harmonie zu befassen. Er löst dieses Problem im Sinne der Theodizee: Daß Gott das Schlechte, die Krankheit, den Tod und überhaupt den Verfall in der Natur zuläßt, ist nur im Hinblick auf eine allumfassende kosmische Ordnung und im Hinblick auf ein Ziel der Geschichte zu erklären, das anzunehmen den Menschen schwerfällt. Auch in der Augustinischen Sicht wird dabei das Modell des Kreislaufs erkennbar, welches das ökologische Denken unserer Tage zumindest im Ansatz vorwegnimmt:

»Einer, der nicht sorgfältig in die Wandlungen und Neugestaltungen der Dinge schaut, kann nur sagen: Jene Blätter faulten, neue entstehen. Bei richtiger Betrachtung aber sieht er, daß auch die faulenden sich in Kräfte der Erde verwandeln. Wovon wird denn die Erde fett, wenn nicht von der Fäulnis des Irdischen. Das beachten jene, die den Acker bebauen.«[47]

Das Kreislauf-Modell überträgt Augustinus auch auf den Staat

[46] Anaximander, in: Nestle (Hrsg.) (1929), S. 109.

[47] Augustinus (Textauszüge), in: Heilmann u. Kraft (Hrsg.) (1963), Bd. 1, S. 146.

und auf die Lehre von den zwei Reichen – dem Reich der Demut und der Ergebung in Gott und dem Reich des Hochmuts und der menschlichen Überheblichkeit. Die Entwicklung der Menschheit erfolgt somit einem göttlichen Erziehungsplan gemäß. Das Reich Gottes, das im Himmel bereits existiert, muß sich auf Erden erst im Laufe der Geschichte durchsetzen, muß die Herrschaft über das Reich des Teufels erlangen und insofern die Einheit von Mensch, Gott und Natur wiederherstellen, die der Mensch in seiner Sündhaftigkeit immer wieder zerbricht.

Im Rahmen dieser Skizze der Vorgeschichte der Naturstaatlichkeit sei hier auch auf jenen unbekannten Christen hingewiesen, der sich in seinen – um 500 n. Chr. verfaßten – Schriften als der wahrscheinlich erste Bischof von Athen im ersten nachchristlichen Jahrhundert ausgibt – auf Pseudo-Dionysios Areopagita, der als Begründer der sogenannten negativen Theologie Gott keinerlei Eigenschaften zubilligt, nicht einmal die Eigenschaft des Seins. Als Ureinheit des Ganzen läßt sich der Gottesbegriff des Pseudo-Dionysios noch am ehesten mit Platons Begriff des Guten vergleichen. Die Natur ist mithin Gleichnis für die unbekannte göttliche Welt, die in ihr Einheit und Ursprung findet. Einerseits wird damit die Erkennbarkeit Gottes problematisiert, andererseits aber werden zugleich auch Natur und Staat vergöttlicht, in denen allein sich etwas von Gott erahnen läßt[48].

In ähnlicher Weise wie die Patristik thematisiert die Scholastik das Problem des Verhältnisses von Staat und Natur nur indirekt. Schon in den Anfängen scholastischen Denkens im 9. Jahrhundert taucht jedoch bei Scotus Eriugena, einem an Augustinus und den Neuplatonikern orientierten mystischen Naturphilosophen, mit der Idee des Kreislaufs wieder ein die ökologische Diskussion unserer Tage vorbereitender Gedanke auf – ein Gedanke, in dem sich das Ineinander von Mensch, Natur und Gott aktualisiert. Urbilder im Sinne der stoischen Logos-Lehre lassen den Heiligen Geist und die göttliche Liebe in die Natur eingehen. Alles an und in ihr kann daher als Erscheinungsform Gottes, gleichsam als dessen Selbstoffenbarung gelten. Als Mittler zwischen geistiger und leiblicher Welt nimmt der Mensch zwar eine Sonderstellung ein; auch er geht jedoch aus dem göttlichen Geist hervor, vereinzelt sich in der Natur und kennt dann nur noch das Ziel der Rückkehr zu Gott in die ewige Ruhe. Gleicht das Ende dem Anfang, so vollendet sich die Bewegung, schließt sich der Kreis[49].

[48] Vgl. Pseudo-Dionysius Areopagita (1986), S. 29ff., S. 36ff.
[49] Vgl. Johannes Scotus Eriugena (1983), S. 50ff., S. 113ff.

Vor dem Hintergrund dieser Ideenwelt stellt sich der mittelalterlichen Herrschaft die Verantwortung für die Natur noch nicht als ein besonderes Problem: Der Feudalherr(scher) ist wesenhaft in Natur und Schöpfung eingebunden und hat daher auch die Aufgabe, den Heilsweg des Menschen zu ebnen. Nur wenn es diese Aufgabe erfüllt, kann das Gemeinwesen Anteil am Reich der Demut haben, nur dann ist es eine christliche Institution, die der menschlichen Hybris entgegenwirkt. Im Menschen nämlich – so auch Hildegard von Bingen, die Begründerin der deutschen Naturmystik im 12. Jahrhundert – strömt die ganze Schöpfung zusammen. Gerade diese privilegierte Stellung des Menschen ermöglicht es ihm, die Einheit und Ordnung der Schöpfung zu stören, in der sich alles berührt, in der alles mit allem zusammenhängt: »Jegliches Geschöpf«, schreibt Hildegard im ›Buch der Lebensverdienste‹, »strebt hin zu seinem Schöpfer und erkennt klar, daß nur Einer es hervorgebracht hat. Nur der Mensch ist ein Rebell. Er zerreißt seinen Schöpfer in die Vielzahl der Geschöpfe ... Wenn aber die welke Schöpfung dahingeschwunden sein wird, dann werden die Auserwählten die höchste Freude im Leben voller Wonnen schauen.«[50]

Gerade weil der Mensch als Mikrokosmos den Makrokosmos in sich trägt, ist er nicht nur von ihm abhängig, sondern auch für ihn verantwortlich. Und diese Verantwortlichkeit aktualisiert sich in einem die letzte Vollendung ermöglichenden apokalyptischen Kontext. Die Apokalypse ist daher auch janusköpfig, signalisiert ein Doppeltes: die Reinigung zum einen und das Ende zum anderen – ein Ende freilich, das zugleich auch den Beginn eines neuen Zeitalters darstellt. An beidem hat der Mensch nicht nur Anteil, für beides trägt er auch mit Verantwortung. Diese Verantwortung des Menschen für die Schöpfung oder die Biosphäre erteilt jedem Menschen – vor allem aber dem Fürsten – einen bestimmten Auftrag: den Auftrag nämlich, die menschliche Hybris, das heißt also den Bruch des Menschen mit der Natur, zu vermeiden. Sie fordert die Verwirklichung der Einheit von Herrschaft und Natur.

2.4 Mechanismus oder organische Ganzheit

Selbst noch für Galilei, der die neuzeitlichen Naturwissenschaften auf mathematische Quantifizierung und Experiment gründet und dabei auf die in der Renaissance eröffneten weiten Horizonte der

[50] Hildegard von Bingen (1972), S. 133.

Geometrie und (damit auch) des Universums zurückgreifen kann, geht es um eine umfassende Einheit der Welt, in der die Einzelerkenntnis einen je und je bestimmbaren systematischen Ort erhält, der in der Ganzheit des Kosmos für sie ausgespart ist. Das Wesen der Natur aber ist in der Sprache der Mathematik nachlesbar. So entwirft Galilei eine mystische Identität von Natur, Mathematik und menschlicher Erkenntnis, innerhalb derer der menschliche Geist schrittweise zur Erkenntnis des Universums gelangen kann. Die neue, mathematisch und experimentell begründete Naturwissenschaft wird auf diese Weise mit dem Anspruch auf religiöse und politische Mündigkeit verbunden. Mathematik und Mechanismus sollen dem Menschen helfen, der Natur ohne Vorschriften – welcher Autorität auch immer – zu begegnen[51]. Die Freiheit des Menschen gründet sich aus dieser neuen Perspektive auf unvoreingenommenes und aufgeklärtes Wissen von Natur.

Ungeachtet der problematischen Implikationen des mechanistischen Weltbildes für die naturphilosophische Begleitung der Neuzeit, bot es der Staatslehre Einsichten, die über ihre unmittelbare Bedeutung für die Grundlegung des neuzeitlichen Staatsbegriffes hinaus auch für die rechtlich-politische Bewältigung der sozioökologischen Krise noch von Interesse sind. Das *more geometrico* entfaltete Staatsdenken von Thomas Hobbes belegt dies auf besonders einleuchtende Weise: Sinn und Zweck der Konstruktion der Staatsmaschine ist der Schutz Aller vor Allen, das heißt also die Erhaltung des Lebens. Kann der Staat diesen Staatszweck – etwa aufgrund seiner eigenen Laschheit im politischen Umgang mit der ökologischen Krise – nicht mehr erfüllen, so dankt er ab und setzt den Bürger wieder in seine – wenn auch ungesicherte – ursprüngliche (subjektive) Rechtsfülle: »Die Verpflichtung der Bürger gegen den Oberherrn kann nur so lange dauern«, heißt es im ›Leviathan‹, »als dieser imstande ist, die Bürger zu schützen; denn das natürliche Recht der Menschen, sich selbst zu schützen, falls es kein anderer tun kann, wird durch keinen Vertrag vernichtet.«[52] Aus der Umkehrung der dem Bürger aus dem – auch ökologischen – Versagen des Staates erwachsenden Möglichkeiten läßt sich ohne weiteres das Staatsziel Natur- oder wenigstens Umweltstaatlichkeit ableiten. Mit anderen Worten: Wenn der Staat im Zeichen fortschreitender industrieller Naturzerstörung noch das Leben und das Eigentum seiner Bürger

[51] Vgl. Galileo Galilei, Dialog über die beiden hauptsächlichen Weltsysteme, das ptolemäische und das kopernikanische (Auszüge). In: ders. (1987), Bd. 1.

[52] Thomas Hobbes (1974), S. 197; vgl. dazu: Mayer-Tasch (1965) und ders. zus. mit Carl Amery und Klaus Michael Meyer-Abich (1979).

schützen will, muß er zumindest zum »Umweltstaat« werden. Leistet er nicht dieses Minimum, wird die Korrelation von Schutz und Gehorsam gesprengt, verwirkt er seine Legitimation und riskiert seine Auflösung.

Versucht sich das mechanistische Denken so gewissermaßen gegen die eigenen Implikationen abzusichern, sucht die Tradition des deutschen Rationalismus bereits – als Kritik am mechanistischen Denken – die Einheit von Mensch, Staat und Natur wiederherzustellen und als Ganzheit zu erfahren. Während Hobbes die Legitimation der Staatsgewalt aus einer mechanischen Anthropologie bezieht, sieht Spinoza im ›Tractatus theologio-politicus‹ die menschliche Gesellschaft mit der natürlichen Welt im Sinne eines pantheistischen Monismus, in dem sich Geist und Natur aufs innigste miteinander verbinden. Im Vergleich zu den Rechtsgesetzen sind die Naturgesetze zwar zwingend; jedoch entspringt auch die Macht, die dem Menschen aus den Rechtsgesetzen zuwächst, der Natur selbst[53]. Insofern ist auch der Staat ein – freilich zur Selbsttranszendierung fähiges – Naturprodukt. Und seine Aufgabe ist es, sich von dieser Basis nicht zu entfernen.

Bei Leibniz und Christian Wolff findet diese Traditionslinie ihren Höhepunkt und Abschluß. Dabei steht das Denken von Leibniz im Spannungsfeld von Atomistik und ganzheitlichem Denken: Der allumfassenden Harmonie des Universums steht die Monade gegenüber, in der sich der Kosmos spiegelt. Alle Geschöpfe der Natur gehören zur Ganzheit des Universums. Auch wenn der Mensch vielleicht auf einer höheren Stufe der universalen Ordnung stehen mag, kann es daher auf keinen Fall legitim sein, eine ganze Art auszurotten[54]. Mit dieser Argumentation gibt Leibniz zwei Grundvoraussetzungen für die Entwicklung der Naturstaatlichkeit an – die Achtung vor der Natur und die Befähigung, für sie Verantwortung zu übernehmen.

Im Einklang mit der Natur zu leben, bedeutet für Christian Wolff gar Glückseligkeit. Da nach ihr alle Menschen streben, ist die Beobachtung und die Beachtung der Natur äußerst wichtig. Auch dem Staat wächst damit eine bedeutsame Aufgabe zu: Er hat für Lebensbedingungen zu sorgen, unter denen die Menschen natürlich und (damit) glücklich leben können. Jene Menschen, die schon so leben, muß der Staat schützen und fördern; jene, die sich noch nicht dazu bereitfinden, muß er zur Not dazu zwingen. In erster Linie aber soll-

[53] Vgl. Baruch Spinoza (1979), Bd. 1, S. 133.
[54] Vgl. Gottfried Wilhelm Leibniz (1933), S. 239f.

te er bestrebt sein, die Bürger zu lehren, wie sie im Einklang mit der Natur leben können. In diesem Zusammenhang empfiehlt er – und wird mit dieser Empfehlung zu einem Vorkämpfer der allgemeinen Schulpflicht – auch kostenlosen Unterricht: Um der allgemeinen Harmonie willen sei es nun einmal erforderlich, daß Alle lernen, glücklich mit der Natur zu leben[55].

2.5 Naturteleologie und Weltbürgerlichkeit

Weder mit einer harmonistischen Weltsicht von der Art des deutschen Rationalismus noch mit einer lediglich mechanistischen Betrachtung von Staat und Natur mag sich Immanuel Kant zufriedengeben. In der Auseinandersetzung zwischen theoretischer und praktischer Vernunft denkt er vielmehr den Bruch zwischen Mensch und Natur, Ethik und Erkenntnis. Zum Abschluß seines Systems versucht Kant dann aber doch, die so eröffnete Differenz wieder zu überwinden. In der dritten seiner großen Kritiken –jener der Urteilskraft – will er den Spalt zwischen Natur und Kultur schließen, indem er die Natur im Lichte der Zweckmäßigkeit betrachtet, um so die teleologisch verstandene Natur in einen Zusammenhang zu der ohnedies teleologisch gedachten Kultur zu setzen. Als Gegenmodell zu der – dem Prinzip der theoretischen Vernunft und der mechanistischen Naturbetrachtung verpflichteten – Kausalität ist die – dem Prinzip der praktischen Vernunft verpflichtete – Teleologie Agens eines spezifisch menschlichen Kulturationsverlangens. Zugleich entwirft Kant aber auch ein Kulturkonzept, das sich als Naturabsicht deuten läßt und die Kultur so wieder in teleologisch verstandene Naturzusammenhänge einbindet: Zum einen nämlich heißt Kultur Disziplin und nicht ungehemmte Triebhaftigkeit, zum anderen gibt Kant der Vernunft auf, auch die natürlichen Seiten des Menschen zu entwickeln[56].

Was aber läßt sich am Menschen als Naturzweck verstehen? Wolff sah noch den engen Zusammenhang zwischen Glück und natürlichem Leben. Das ist Kant zu vage, ist (nicht nur) aus seiner Sicht zu sehr von der jeweiligen Konstitution der Menschen abhängig. Wenn mithin Glückseligkeit allein nicht der dem Menschen von der Natur aufgegebene Endzweck sein kann, so bleibt nur noch die Fähigkeit, sich aus vernünftiger Überlegung heraus selbst Zwecke

[55] Vgl. Christian Wolff (1980), S. 729f., S. 735f.
[56] Vgl. Kant (1957), Bd. V, S. 429ff.

zu setzen, bleibt nur noch die Kultur sowohl als Bedingung als auch Verwirklichung von Freiheit und Vernunft. Vernunft und Urteilskraft sind für Kant ja Naturanlagen, deren Verwirklichung deshalb auch durchaus als Endzweck der Natur verstanden werden kann. Kants Kulturbegriff ist daher auch nicht durch Technik und Ökonomie bestimmbar, wenn dergleichen auch zu den regelmäßigen Begleiterscheinungen von Kultur gehört. Die menschliche Vernunft kann sich in ihnen allerdings nicht erschöpfen. Um die wichtigsten Naturanlagen des Menschen zu entfalten, bedarf es vielmehr der Aufrichtung eines *status civilis* – eines Staates also, der (wie schon oben erwähnt) die Freiheit der »Willkür eines jeden mit jedermanns Freiheit nach einem allgemeinen Gesetz der Freiheit« versöhnt[57]. Letztlich endet der Weg Kants von der Natur über die Kultur zu staatsbürgerlichen Verhältnissen erst in einem weltbürgerlichen Ganzen, in einem Bund aller Staaten, die als Vorstellung vom ewigen Frieden allerdings auch von ihm – der die Kulturentwicklung realistischerweise durch Leid und Not bewegt sieht – als Utopie eingeschätzt wird[58].

Wenn der Mensch in seiner Eigenschaft als sittliches Wesen als Endzweck der Natur verstanden werden kann, so ist er kraft seines – nicht zuletzt im eigenen Verantwortungsbewußtsein bestehenden – Selbstwerts auf die Natur zurückbezogen. Bei einer mechanistischen Betrachtung könnte sich der Mensch von der Natur hinwegheben. Als Endzweck der Natur jedoch bleibt seine Herkunft, Überlieferung, Heimat, Bestimmung und Aufgabe in ihr. Verwirklicht aber werden kann diese mehrdimensionale Bindung an die Natur in einer – nationalen wie transnationalen – Staatlichkeit. Dieser Rückschluß auf die mittelbare staatliche Verantwortung für die Natur macht aus Kants Entwurf das wohl ausgefeilteste Plädoyer, das die abendländische Theoriegeschichte in das Stammbuch einer künftigen Umwelt- bzw. Naturstaatlichkeit geschrieben hat.

Wenn die kausal-mechanistische Betrachtung von Mensch, Staat und Natur das Prinzip der Verantwortung nicht zu intergrieren vermag, und wenn eine teleologische Betrachtungsweise Rückschlüsse auf die Natur eröffnet, dann läßt sich daraus auch im Sinne einer ökologischen Ethik etwa à la Hans Jonas die moralische Verantwortung des Menschen für die Natur ableiten. Da der praktischen Vernunft bei Kant das Primat zukommt, muß er das Problem einer Naturteleologie nur in der Ethik fundieren. Der entscheidende Brük-

[57] Ders. (1954), S. 35.
[58] Vgl. ders. (1957), Bd. V, S. 432ff.

kenschlag zwischen Mensch und Natur findet jedoch nicht in der Ethik, sondern in Staat und Kultur statt. Als äußere Bedingung des menschlichen Lebens spiegelt sich die Natur in der – gegenüber dem moralisch frei bestimmten Willen ebenfalls äußeren – Bedingung der Kultur wie auch in dem diese ordnenden Staate. Damit nimmt Kant Hegels rechtsphilosophische Akzentverlagerung von der Moralität des Einzelnen zur Sittlichkeit des Staates vorweg[59]. Angesichts einer unaufhörlich wachsenden zivilisatorischen Komplexität, in deren Rahmen der sittliche Spielraum des Einzelnen immer geringer wird, muß es in der praktischen Philosophie nicht zuletzt um den Staat gehen, und nicht mehr nur um den Menschen. Zwar bleibt der Einzelne auch weiterhin ethisch aufgerufen, als »Natur-Denker« –das heißt also ökologisch bewußt und verantwortlich – zu handeln. Wenn jedoch die Auswirkungen seines Handelns oder Unterlassens auf das Ganze immer geringer und die Auswirkungen staatlichen Handelns oder Unterlassens auf das Ganze immer bedeutungsvoller werden, so wird es in wachsendem Maße zur Aufgabe des Staates, die Verantwortung für die von der Industriegesellschaft hart bedrängte Natur zu übernehmen – für jene Natur, die des Menschen Ursprung ist und die ihm um so mehr zum Geschick wird, je mehr er sich, wie schon Martin Heidegger betont hat[60], im Medium der Technik entfremdet.

Der Naturstaat im hier avisierten Sinne verwirklicht sicher (noch) nicht Friedrich Nietzsches Forderung nach einer Rückkehr zum Sinn der Erde. Sehr wohl aber könnte er das – über die Bemühung um Erhaltung der natürlichen Lebensgrundlage des Menschen hinausreichende – Staatziel verkörpern, die Menschen auf die Ankunft und die Annahme eines derartigen Geschickes als »Sinn der Erde« vorzubereiten. Im Naturstaat mag sich vielleicht Nietzsches »letzter Mensch«, von dem der von den Bergen herabgestiegene Zarathustra voll des Ekels spricht[61], denkend auf die Notwendigkeit des Über-Menschen vorbereiten, von dem Heidegger schreibt:

»Der Über-Mensch ist derjenige, der das Wesen des bisherigen Menschen erst in seine Wahrheit überführt und diese übernimmt. Der so in seinem Wesen fest-gestellte bisherige Mensch soll dadurch in den Stand gebracht werden, künftig der Herr der Erde zu sein, das heißt die Machtmöglichkeiten in einem hohen Sinne zu verwal-

[59] Vgl. Hegel (1970), Bd. 7, S. 286ff. und ders. (1970), Bd. 13, S. 253ff.
[60] Vgl. Martin Heidegger (1978), S. 14.
[61] Vgl. dazu Nietzsche (1953), Bd. 2, S. 280, S. 283ff.

ten, die dem künftigen Menschen aus dem Wesen der technischen Umgestaltung der Erde und des menschlichen Tuns zu-fallen.«[62]

Was damit gemeint und zugleich auch zu folgern ist, liegt auf der Hand: Nun, da die technisch-industrielle Naturzerstörung bereits ein so hohes Ausmaß erreicht hat, daß die Beschwörung einer Naturstaatlichkeit bereits als Alltagsaufgabe gesehen werden müßte (und nicht als das Exotikum, als das es dem einen oder anderen noch erscheinen mag), muß die ökologische Individualethik ungebrochen in eine ökologische Kollektivethik überführt werden, muß die Politische Ökologie in die ihr aus der Not der Stunde zuwachsende »Kraft und Herrlichkeit« gesetzt werden.

3. Welche Chancen hat der Naturstaat?

Trotz der seit Anfang der 70er Jahre – mit erheblichen zwischenstaatlichen Phasenverschiebungen – intensivierten legislativen und administrativen Bemühungen sind sowohl die Gefahrenpotentiale wie auch die (täglich neu entstehenden Altlasten) weiter gewachsen. Heute, im Jahre 1991, gilt dies vor allem für das Waldsterben, für die Verunreinigung der landwirtschaftlichen Böden und der Meere, für die immer schwieriger werdende Trinkwasserversorgung und Abwasserentsorgung. Und es wird morgen – wenn nicht alle Anzeichen trügen – in noch stärkerem Maße auch für die Zerstörung der Ozonschicht und für die Klimaveränderungen gelten. Angesichts einer weithin »verseuchten Landkarte« und des weiterhin »grenzenlosen Versagens« der nationalen wie der internationalen Umweltpolitik geht es heute um nichts weniger als um neue Grundlagen dieser Umweltpolitik[63].

Die eingangs erörterten Pläne und Ansätze zur Integration einer ökologischen Staatszielbestimmung in die bundesdeutsche Verfassung haben zunächst noch wenig verändert. Und auch dann, wenn sie ihr verfassungsrhetorisches Soll erreicht haben werden (was im Augenblick angesichts der eingangs skizzierten Retardierungstendenzen noch keineswegs absehbar ist), wird sich im real existierenden Umwelt- oder gar Naturstaat noch wenig ändern. Mehr ändern

[62] Heidegger (1984), S. 26.

[63] Vgl. Tutzinger Forum Ökologie, Vergraben – vergessen – verdrängen. Von alten Altlasten und neuen Altlasten. Tutzinger Materialien Nr. 65/1990; vgl. Mayer-Tasch u.a. (1987).

könnte sich wohl dann, wenn die ökologische Not so groß geworden ist, daß der unter massiven soziopolitischen Druck geratende Gesetzgeber sich genötigt sieht, einer Umwelt- oder Naturstaatsklausel normative Priorität einzuräumen. Dann aber werden sich sehr wahrscheinlich die faktischen Umweltverhältnisse derart dramatisch verschlechtert haben, daß die normative Aufwertung bzw. gar Priorisierung diese faktische Verschlechterung kaum mehr auszugleichen in der Lage sein dürfte.

Andererseits darf die Signalwirkung der ernsthaften Erweiterung der Staatsgrundnormen um eine – wie immer gefaßte – ökologische Staatszielbestimmung aber auch nicht unterschätzt werden. Einerseits wird sie den ohnedies ökologisch progressiven Kräften in Legislative, Exekutive und Judikative die Legitimationsbasis für ihre Entscheidungs- und Interpretationsarbeit liefern, andererseits mag sie den ökologisch nicht oder wenig Motivierten Grenzen signalisieren. Daß diese Grenzen fließend sind und letztlich dem mehr oder minder freien Spiel der gesellschaftlichen Kräfte überlassen bleiben, ist unleugbar. Dafür sorgt schon der immer wieder ins Blickfeld rükkende, an der Idee der Einheit der Verfassung orientierte Zwang zur Erreichung »praktischer Konkordanz« in der Abwägung der einzelnen Staatsstruktur- und Staatszielbestimmungen. Je stärker allerdings die ökologischen Herausforderungen auf dem Lebensgefühl der Gesellschaft lasten, desto größer wird die Wahrscheinlichkeit, daß eine ökologische Staatszielbestimmung eine Art von De-facto-Priorität gewinnen kann.

Signalwirkung würde einer ökologischen Staatszielbestimmung aber insbesondere auch für den gesellschaftlichen Raum nichtstaatlichen Handelns zukommen. Dies gilt sowohl für die von ihr zu erwartende Förderung technischer und ökonomischer Innovationen als auch für die hinsichtlich des Kommunikations- und Konsumtionsverhaltens der Bevölkerung zu erwartenden Impulse. Ganz allgemein dürfte eine entsprechende Steigerung des sozioökologischen Bewußtseins und der sozioökologischen Wahrnehmungsbereitschaft zu erwarten sein. Und wenn die konkrete Utopie der Naturstaatlichkeit einen guten Sinn haben soll, dann muß sie auch in der Tat auf einen tiefgreifenden Bewußtseinswandel zielen, der die Suche nach einem lebenserhaltenden Ausgleich zwischen Natur und Gesellschaft zunächst einmal denkmöglich und dann im Gefolge der Denkmöglichkeit auch politisch möglich macht.

Von größter Bedeutung ist in diesem Zusammenhang, daß sich die normative Perspektive nicht so sehr auf die – von der kapitalistischen Dynamik nur allzu gerne geförderte – Neu- oder Umgestaltung der natürlichen Umwelt des Menschen richtet, sondern eher um ein Los- und Seinlassen der Natur – um das also, was heute auch in der Psychopathologie und Psychotherapie der zwischenmenschlichen Beziehungen in immer stärkerem Maße ins Bewußtsein rückt. Obwohl diese Erwartung des Loslassen- und Seinlassenkönnens über den Umweg der Reaktivierung der Selbstheilungskräfte der Natur im vitalen menschlichen Interesse liegt, mag sie die Beschneidung altgewohnter, aber eben im Hinblick auf ihr Naturzerstörungspotential anachronistisch gewordener Freiheitsrechte erforderlich machen. Der im Schlagwort von der »Ökodiktatur« aufklingende Vorwurf, autoritäre oder gar totalitäre Entwicklungen zu fördern, wird daher kaum vermeidbar sein, wo von Natur- oder auch nur von Umweltstaatlichkeit die Rede ist[64]. Sicher ist jedenfalls, daß die bislang im neuzeitlichen Europa erlebten Formen autoritärer und totalitärer Staatsgestaltung ihre Eingriffs- und Kontrollkompetenzen direkt oder indirekt in den Dienst jenes technisch-ökonomischen Fortschrittsverständnisses gestellt haben, das die derart fortgeschrittenen Industriegesellschaften an der Schwelle zum dritten Jahrtausend nun in eine akute sozioökologische Existenzkrise hineingetrieben hat, während das Staatsziel der Natur- bzw. Umweltstaatlichkeit diese überstürzte Entwicklung zumindest in gemäßigte Bahnen, möglichst aber auf ein alles Leben förderndes Geleise zu bringen bemüht ist[65]. In welchen rechtlich-politischen Formen die Abkehr von dem – den modernen und spätmodernen Staat kolonialisierenden – Totalitarismus des ökonomischen Paradigmas erfolgen kann, wird – wie schon im ersten Abschnitt dieses Kapitels betont – nicht zuletzt von dem Beschleunigungstempo der Naturzerstörung und von der Reaktion der Gesellschaft auf diesen Verfall ihrer natürlichen Lebensgrundlagen abhängen. Je eher sie sich der tödlichen Gefährdung ihrer Existenz bewußt wird und entsprechende rechtlich-politische Konsequenzen zieht, desto größer ist die Chance, daß der Übergang in demokratischen Formen gelingen kann. Je mehr sie dazu neigt, das (Einschränkungen erfordernde) ökologische Paradigma zugunsten des (zunächst noch Daseinserweiterungen versprechenden) ökonomischen Paradigmas hintanzustellen, desto größer ist das Risiko, daß irgendwann von irgendjemandem die Notbremse der Krisendiktatur gezogen wird. Wie immer diese Situation dann auch beurteilt werden mag – denjenigen, die sich frühzeitig für die politische Ver-

[64] Vgl. Kloepfer, Auf dem Weg zum Umweltstaat. In: Kloepfer (Hrsg.) (1989), S. 43f.
[65] Vgl. Hans-Martin Schönherr (1989b).

wirklichung naturstaatlicher Perspektiven eingesetzt haben, kann sie jedenfalls nicht angelastet werden.

Unabweisbar ist aber, daß auch eine frühzeitige rechtlich-politische Verwirklichung naturstaatlicher Perspektiven für den Bürger bislang unbekannte Einschränkungen mit sich bringen wird. Die unverzichtbare Intensivierung der staatlichen Umweltpolitik wird so oder so nicht umhinkommen, mit rechtsstaatlichen Vorstellungen zu kollidieren, wird jedoch – und dieser Aspekt wird leider häufig übersehen – im Akt der Kollision andere, erst durch die Berücksichtigung naturstaatlicher Aspekte zugänglich werdende Dimensionen der Rechtsstaatlichkeit erschließen. Wer, um ein beliebiges Beispiel zu nennen, keine sauberen Lebensmittel mehr genießen kann, weil sie durch seine eigenen und seiner Mitbürger Aktivitäten verseucht werden, wird zweifellos in seiner Freiheit gefördert, wenn die rechtlich-politisch erzwungene Verminderung der Emission von Zivilisationsgiften langfristig zu einer Verbesserung der Qualität der Lebensmittel führt. In der Schaffung der Voraussetzungen dieser Freiheitsförderung wird er aber möglicherweise eingeschränkt, weil er etwa nicht mehr im selben Maße wie zuvor die Umwelt mit Abgasen aus Haushalt, Gewerbe oder Verkehrsmitteln belasten darf. Was dem Bürger auf der einen Seite genommen wird, wird ihm auf der anderen wieder gegeben – und zwar auf eine nicht nur ihn, sondern auch das Gemeinwohl fördernde Weise. Dem sich in der wechselseitigen Abwägung einander potentiell entgegenwirkender Staatsstruktur- und Staatszielbestimmungen verwirklichenden Gebot der praktischen Konkordanz ist damit allemal Genüge getan. Der Staat muß auf die Destruktivität der technisch-ökonomischen Entwicklung reagieren, weil sie sich – entgegen den Hoffnungen des Frühliberalismus auf eine alle Widersprüche harmonisierende unsichtbare Hand – ganz offensichtlich nicht in ausreichendem Maße selbst zu regulieren vermag[66]. Wenn ihm diese Reaktion auf eine alle »wohlverstandenen« Interessen optimierende Weise gelingt, so erfüllt er selbst die auf ihn von den anspruchsvolleren Staatskonzepten – wie etwa denen des Deutschen Idealismus – gesetzten Erwartungen. Um die Erfüllungen solcher Erwartungen wenigstens theoretisch möglich erscheinen zu lassen, bedarf es aber nun einmal der normativen Ansiedlung aller wesentlichen Gemeinwohlaspekte im Zentrum der Verfassungsstaatlichkeit.

Wenn von der Signalwirkung einer konstitutionellen Normierung der Naturstaatlichkeit auch für den gesellschaftlichen Raum die Rede ist, so ist insbesondere an die normative Referenz für die

[66] Vgl. dazu Kloepfer (1988), S. 305f.

vom Staat zu fördernde ökologische Bildungs-, Erziehungs- und Aufklärungsarbeit zu denken, die für die Formierung jenes Umweltbewußtseins unverzichtbar ist, ohne das jede staatliche Umweltpolitik letztlich leerlaufen würde[67]. In einem Stadium, in dem die aktive Sorge um die Verlangsamung der sozioökologischen Anabasis noch einer deutlichen Minderheit überlassen bleibt, ist die Formierung eines solchen Umweltbewußtseins doppelt wichtig. Einerseits müssen die Aktivitäten dieser Minderheit gegen die (vermeintlichen) Interessen der Mehrheit geschützt werden, zum anderen muß angesichts der existentiellen Bedeutung dieser Problematik für die gesamte Gesellschaft versucht werden, aus der Minderheit eine Mehrheit entstehen zu lassen.

Die Sorge um die Sicherung eines starken sozialen Trägers für die – als Norm nicht an einen ein für allemal feststehenden Verkörperer der Norm zu bindende – *volonté générale* gehört nun einmal zu den am schwierigsten zu lösenden Problemen nicht nur der Demokratie, sondern jedes Staatswesens. In der Demokratie wird dieses Problem aber gemeinhin als besonders schwerwiegend empfunden, weil die Einsicht in die Bedingtheit der Mehrheitslegitimation offenbar erhebliche Hemmschwellen zu überwinden hat – Hemmschwellen, die aber überall dort leichten Fußes überschritten werden, wo die totalitäre Dimension des Mehrheitsdiktates voll durchdacht wird. Begründet jedenfalls ist die Hoffnung auf einen starken sozialen Träger der – heute vor allem auch naturstaatlich zu akzentuierenden – *volonté générale* am ehesten dort, wo die Bürger durch ein klar artikuliertes Staatsziel zur gemeinsamen Sorge für die Natur aufgerufen werden.

Im Hinblick auf die – mutmaßlich stürmische – weitere Entwicklung der Technik, wie auch im Hinblick auf die mit dieser Entwicklung verbundenen, weitgehend unkalkulierbaren Gefahren sowie auch im Hinblick auf die zumeist verdrängten, jedoch nicht minder gefährlichen Auswirkungen des naturfernen Lebens, zu dem ungezählte Menschen in den fortgeschrittenen Industriegesellschaften verurteilt sind, wird sich der Staat zu Schutzmaßnahmen entschließen müssen, die weit über die sogenannte Umweltvorsorge hinausgehen. Da es im Bereich der Gesellschaft keine Institution gibt, die in der Lage wäre, derart weitgespannte Zielhorizonte zu eröffnen, wird der Staat seine Schutzpflicht auch – jenseits aller Anthropozentrik – auf die Erhaltung der Natur qua Natur ausdehnen müssen[68].

[67] Vgl. Kloepfer, Auf dem Weg zum Umweltstaat. In: ders. (Hrsg.) (1989), S. 44f.

[68] Vgl. Ulrich Beck (1986), S. 302ff. u. P. Marburger, Das technische Risiko als Rechtsproblem. In: Bitburger Gespräche. Jahrbuch 1981, S. 39ff.

All dies ist aber Zukunftsmusik, die in den wenigen Takten der verfassungsrechtlichen Ökologisierungsbemühungen noch nicht aufklingt. Ganz im Gegenteil wird man davon ausgehen müssen, daß es – im Vergleich zu den im ökologischen Bewußtsein fortgeschritteneren Sektoren der Gesellschaft – nicht nur ein »governmental lag« (Heiner Geißler), sondern auch ein »constitutional lag« gibt, das angesichts der Allgegenwart des ökologischen Niedergangs geradezu als Anachronismus verstanden werden muß. Das im Gefolge der politischen Öffnung Osteuropas – und hierzulande vor allem auch im Gefolge der Wiedervereinigung – erneut ausgebrochene Wachstumsfieber, das sich unter dem Ansturm des osteuropäischen bzw. ostdeutschen Nachholbedarfs aller Voraussicht nach noch verstärken wird, läßt im übrigen auch befürchten, daß die altbewährte (Umwelt-)»Politik des peripheren Eingriffs« auch die Umweltpolitik der Zukunft bleiben wird[69]. Und dies um so mehr, als der politökonomische Zusammenbruch des real existierenden Sozialismus im Westen ein Gefühl kaum verhohlener Selbstgefälligkeit hat aufkommen lassen, das nun mit den durch diesen Zusammenbruch eröffneten Wachstumschancen eine ökologisch fatale Mésalliance einzugehen verspricht. Eine verfassungsrechtliche Abfederung dieses Trends wäre jedenfalls äußerst wünschenswert. Die Erfahrungen mit der Sozialstaatlichkeit, deren verfassungsrechtliche Proklamation angesichts der selbstgefälligen Verabsolutierung des Rechtsstaates schon im 19. Jahrhundert fällig gewesen wäre, lassen aber auch hier wenig Raum für Hoffnung. Und doch gibt es zur tätigen Hoffnung keine Alternative – zu der Hoffnung etwa, daß es nicht auch hier – wie im Falle der Sozialstaatlichkeit – ökologistischer Revolutionen bedarf, um die Gesellschaft in die richtige Richtung zu drängen.

Realistischerweise kann von der verfassungsrechtlichen Normierung des Natur- oder Umweltstaatsprinzips nicht mehr erwartet werden als von der verfassungsrechtlichen Normierung des Sozialstaatsprinzips. Ähnlich wie der Sozialstaat durch den Rechtsstaat in den privatwirtschaftlichen Schranken des kapitalistisch genutzten Eigentums gehalten – und damit von der vollen Entfaltung seiner Grundidee abgehalten – wird, werden die natur- bzw. umweltstaatlichen Bemühungen vom Zusammenspiel der durch das Rechtsstaatsprinzip abgesicherten Eigentums- und Wirtschaftsordnung mit den aus dem Sozialstaatsprinzip ableitbaren Ansprüchen der Arbeitnehmer und der sozial Schwachen stark beschnitten werden. Auch die

[69] Vgl. Doran, Mayer-Tasch, u. Hinz (1974).

Volksstaatlichkeit, die in ihrer repräsentativen Variante alle gesellschaftlichen Probleme in den Bann ihrer Wahlkalküle zerrt, scheint bislang der nötigen Ökologisierung eher im Wege zu stehen, womit selbstverständlich nicht gesagt sein soll, daß eine autoritäre Strukturierung des Staates diesem Ziel eo ipso förderlich wäre. Man wird kaum davon ausgehen können, daß es überhaupt – wie auch immer thematisierte – Prinzipien gibt, deren Anwendung schon in sich die sozioökologische Situation verbessern würden. Eine wirkliche Verbesserung wird sich letztlich nur aus der steten Wechselwirkung normativer Setzungen und faktischer Entwicklungen ergeben, aus einer Art von Kosakentanz, der auf die Vereinigung von Idee und Wirklichkeit zielt.

Dies jedenfalls ist der perspektivische Hintergrund, vor dem auch die Bemühungen um die verfassungsrechtliche Etablierung einer ökologischen Grundnorm zu sehen sind, die fürs erste vor allem Fragen offenlassen. Angesichts der notorischen Diskrepanz von geschriebener und gelebter Verfassung ist die Frage nicht so sehr, wie nun die endgültige Formulierung einer entsprechenden Staatszielbestimmung lauten wird. Wo ein entsprechender Wille vorhanden ist, läßt sich die stärkste Vorschrift restriktiv und die schwächste extensiv auslegen. Die Frage ist also im Sinne des zur Dynamik des Kosakentanzes Gesagten eher, ob sich die von einer solchen – wie auch immer formulierten – Bestimmung ausgehenden erzieherischen und bewußtseinsbildenden Impulse mit den tatsächlichen sozioökologischen Entwicklungen in einer Art und Weise verbinden, die der konstitutionellen Innovation innere Strahlkraft zuwachsen läßt. Und die Frage ist auch, auf welche Weise dieser Prozeß erfolgen wird, ob er eher integrativ oder – was wahrscheinlicher ist – über die Aktivierung von Bürgerinitiativen und Umweltverbänden eher disruptiv ablaufen wird. Oder ob er gar im Gefolge einer nicht auszuschließenden katastrophalen Verschlechterung auch zu dramatischen politischen Entwicklungen führen wird.

Welche Rolle einer ökologischen Staatszielbestimmung in der Fülle denkbarer Zukunfts-Szenarien zukommen wird, läßt sich nicht eindeutig bestimmen. Ob sie wirklich ein oder der entscheidende Schritt auf dem Weg zu einem Naturstaat der Zukunft sein wird, ist ebenfalls nicht gewiß. Gewiß ist aber, daß sich auf diesem noch nicht entborgenen Wege das Schicksal des postmodernen Verfassungsstaats erfüllen wird.

Beck, Ulrich (1986): Risikogesellschaft. Frankfurt a.M.
Birnbacher, Dieter (1988): Verantwortung für zukünftige Generationen. Stuttgart
Forsthoff, Ernst (1971): Der Staat der Industriegesellschaft. München
Heidegger, Martin (1978): Die Technik und die Kehre. Pfullingen
Ders. (1984): Was heißt Denken? Tübingen
Hoppe, Werner u. Martin Beckmann, (1989): Umweltrecht – Juristisches Kurzlehrbuch für Studium und Praxis. München
Jonas, Hans (1979): Das Prinzip Verantwortung. Frankfurt a.M.
Kimminich, Otto, Heinrich von Lersner u. Peter Christian Storm (1988): Handwörterbuch des Umweltrechts. Bd. 2. Berlin
Kloepfer, Michael (Hrsg.) (1989): Umweltstaat. Berlin, Heidelberg
Leimbacher, Jörg (1988): Die Rechte der Natur. Basel
Malunat, Bernd M. (1988): Weltnatur und Staatenwelt. Gefahren unter dem Gesetz der Ökonomie. Zürich, Osnabrück
Mayer-Tasch, Peter Cornelius (1985): Aus dem Wörterbuch der politischen Ökologie. München
Ders. (1990): Ein Netz für Ikarus. München (2. Aufl.)
Ders. u.a. (1991): Natur denken. 2 Bde. Frankfurt a.M.
Merk, Kurt Peter (1991): Der Generationenvertrag oder Das Dilemma der Kinder. Frankfurt a.M.
Meyer-Abich, Klaus Michael (1984): Wege zum Frieden mit der Natur. München
Saladin, Peter u. Christoph A. Zenger (1988): Rechte künftiger Generationen. Basel
Schönherr, Hans-Martin (1985): Philosophie und Ökologie. Philosophische und politische Essays. Essen
Ders. (1989) a: Von der Schwierigkeit, Natur zu verstehen. Entwurf einer negativen Ökologie. Frankfurt a.M.
Ders. (1989) b: Die Technik und die Schwäche. Ökologie nach Nietzsche, Heidegger und dem »schwachen Denken«. Wien
Sitter, Beat (1984): Plädoyer für das Naturrechtsdenken. Zur Anerkennung von Eigenrechten der Natur. Basel
Stone, Christopher D. (1987): Umwelt vor Gericht. Die Eigenrechte der Natur. München (dt. Übersetzung von: Should Trees have Standing? 1972)

1. Was ist ein »Bundes«staat?

Wenn die Bundesstaatlichkeit hier als letztes der Staatsstruktur- und Staatszielprinzipien erörtert wird, so deshalb, weil es im Gegensatz zu allen anderen kein notwendiges Element des Verfassungsstaates darstellt. Während alle modernen Verfassungsstaaten mehr oder minder zahlreiche Aspekte der Rechts-, Volks-, Sozial- und Naturstaatlichkeit in ihr politisches Leben integriert haben, gilt dies für die Bundesstaatlichkeit keineswegs. Staaten, die nicht Bundesstaaten sind, sind im Zweifel Einheitsstaaten. Und diese sind im Weltmaßstab sogar in der Überzahl. Einige der wichtigsten Staaten der Welt sind jedoch Bundesstaaten – so etwa die USA, die UdSSR, Indien, Australien, Kanada, die Schweiz, Österreich und die »Bundes«republik Deutschland, die sich in Art. 20 Abs. 1 GG als »sozialer Bundesstaat« apostrophiert.

Wie schon der Name erkennen läßt, handelt es sich beim Bundesstaat um eine Verbindung bzw. einen Verbund von Staaten. Was der Name selbst freilich noch nicht verrät, von welcher Beschaffenheit diese Verbindung bzw. dieser Verbund ist. Die Tatsache jedoch, daß die Betonung auf »Staat« liegt, indiziert, daß die Verbindung bzw. der Verbund von Staaten zu einem neuen, eigenständigen Staat geführt hat. Und genau dies ist der Fall. Während es sich beim Staatenbund – dem Gegenbegriff zum Bundesstaat – nur bzw. erst um eine Verbindung souveräner Staaten handelt, die zur äußeren Sicherung oder zur inneren Befriedung ihres Staatsgebietes oder auch zu sonstigen Zwecken eine auf Dauer gerichtete vertragliche (Ver-)Bindung eingegangen sind, geht der bundesstaatliche Verbund viel weiter. Zwar gilt auch eine vertragliche Verbindung souveräner Staaten nur dann als Staatenbund, wenn gemeinsame Organe geschaffen werden, durch die diese Staaten zu einer gemeinsamen Willensbildung finden. Die Verbindung bzw. der Verbund als solcher gewinnt jedoch trotz dieser organisatorischen Verdichtung keine eigene Rechtspersönlichkeit, geschweige denn verlieren die einzelnen Staaten die ihre oder gar ihre Souveränität. Insoweit kann es sich beim Staatenbund innerhalb einer föderalistischen (foedus = das Bündnis) Dynamik allenfalls um eine Entwicklungs- bzw. Zwischenstufe auf dem Weg zur Bundesstaatlichkeit handeln. Als historische Beispiele für eine solche Zwischenstufe mag der Deutsche Bund von 1815 oder auch der Norddeutsche Bund von 1866/67 dienen – politische Gebilde, die als Vorformen der mit dem Deutschen Reich von 1871 begründeten deutschen Bundesstaatlichkeit betrachtet werden können.

Gegenüber einem Staatenbund stellt ein Bundesstaat eine weitere staatsrechtliche Verdichtungsstufe der »Verbindlichkeit« dar. Zum Bundesstaat nämlich wird ein Staatsverbund erst dann, wenn sich die einzelnen Staaten so innig verbinden, daß aus dieser Verbindung ein eigenständiges politisches Gebilde mit Rechtspersönlichkeit, das heißt also: ein eigener Staat entsteht. Die sich verbindenden Staaten verlieren zwar ihre eigene Staatsqualität (nicht) – dies wäre erst bei der Verbindung zu einem Einheitsstaat der Fall –, werden aber zu Gliedstaaten eines Zentralstaats, dem allein Völkerrechtssubjektivität zukommt. Dabei geht man heute überwiegend vom zweigliedrigen Bundesstaatsbegriff aus, das heißt neben dem Zentralstaat und den Gliedstaaten (in der Terminologie des Grundgesetzes: Bund und Länder) existiert kein – diese beiden Gliederungen zusammenfassender – Gesamtstaat[1].

Die Gliedstaaten bleiben aber eben auch im Rahmen der Bundesstaatlichkeit Staaten mit eigener, jedoch – nach Maßgabe der bundesstaatlichen Verfassung – beschränkter Souveränität. Im Rahmen der ihnen verfassungsrechtlich zugeordneten Aufgaben und Kompetenzen üben sie ihre Staatsgewalt »durch besondere Organe der Gesetzgebung, der vollziehenden Gewalt und der Rechtsprechung« (Art. 20 Abs. 2 GG) aus – ganz so, wie dies auch für den Zentralstaat gilt.

Die staatlichen Aufgaben werden zwischen Zentralstaat und Gliedstaaten aufgeteilt. Für die Erfüllung dieser Aufgaben steht mithin dem Zentralstaat wie den Gliedstaaten nach Maßgabe der konstitutionellen Kompetenzordnung (Teil-)Souveränität zu. Um jedoch den normativen und faktischen, auf die Ganzheit des Bundesstaats bezogenen Zusammenhang zwischen Zentralstaat und Gliedstaaten zu wahren, müssen den Gliedstaaten Einflußmöglichkeiten auf die Tätigkeit des Zentralstaats und dem Zentralstaat Einflußmöglichkeiten auf die Tätigkeit der Gliedstaaten eingeräumt werden[2]. Ersteres geschieht über die Mitwirkung der Gliedstaaten an der Gesetzgebung des Zentralstaats (die in der Regel durch eine zweite Kammer – Bundesrat, Senat, etc. – erfolgt), letzteres durch ein gewisses Maß

[1] Vgl. R. Herzog in Th. Maunz, G. Düring u. R. Herzog (1987), Randnummer 15–22. In der nichtstaatsrechtlichen Literatur werden die Begriffe Zentralstaat und Gesamtstaat meist synonym gebraucht. Im übrigen ist der Themenstreit unergiebig.

[2] Vgl. K. Hesse (1982), S. 84.

an Koordinationskontrolle (die sich in der BRD als »Bundesaufsicht« und als »Bundeszwang« präsentiert).

Der Bundesstaat besitzt insoweit die sogenannte Kompetenz-Kompetenz[3], als er selbst die Aufgabenverteilung zwischen Zentralstaat und Gliedstaaten festlegen kann. Diese Festlegung erfolgt in der Verfassung, die freilich – wenn auch unter erschwerten Bedingungen – modifizierbar ist. In der Bundesrepublik bedarf es zu Verfassungsänderungen einer Zweidrittelmehrheit der Mitglieder sowohl des Bundestags als auch des Bundesrats (Art. 79 Abs. 2 GG). Die Bundesstaatlichkeit selbst allerdings, das heißt die Gliederung des Bundes in Länder und die grundsätzliche Mitwirkung der Länder bei der Gesetzgebung, ist durch Art. 29 Abs. 3 GG jeglicher Verfassungsänderung entzogen. Soweit die Verfassung keine Kompetenzregelung getroffen hat, gilt der – in Art. 30 GG zum Ausdruck kommende – Grundsatz, daß die Erfüllung der staatlichen Aufgaben im Zweifel Sache der Länder ist – ein Prinzip, das an bayerischen Universitäten mit einem scherzhaften »in dubio pro Bavaria« umschrieben zu werden pflegt. Soweit allerdings die verfassungsrechtliche Kompetenz des Zentralstaats reicht, gilt ebenso unverbindlich der Grundsatz »Bundesrecht bricht Landesrecht«. Zur Schlichtung von Kompetenzstreitigkeiten zwischen Zentralstaat und Gliedstaaten sehen bundesstaatliche Verfassungen in aller Regel einen Obersten Gerichtshof vor; in der BRD ist hierfür das Bundesverfassungsgericht zuständig.

Vom Staatenbund, der seine Mitglieder miteinander verbindet, ohne sie zu einer staatlichen Einheit zusammenzufassen und ohne über eigene Gesetzgebungsbefugnisse zu verfügen, hebt sich der Bundesstaat durch die Bildung eines Zentralstaats mit eigener Legislative ab. Durch das Nebeneinander mehrerer staatlicher Organisationen und Rechtsordnungen unterscheidet er sich vom Einheitsstaat, in dem nur eine einheitliche staatliche Organisation und Rechtsordnung existiert. Im Blick auf die Verfassung eines Gemeinwesens ist es daher zumeist sehr einfach, es (schon) als Einheitsstaat, (noch) als Bundesstaat oder (sogar) als bloßen Staatenbund zu erkennen. Wie so oft weichen allerdings auch hier die konkreten, durch die Geschichte des betreffenden Landes bedingten Erscheinungsformen vom Idealtypus ab. Die Dynamik des Verfassungsstaates äußert sich nicht zuletzt darin, daß jede Organisationsform die Tendenz zur Gegenbewegung in sich birgt bzw. entwickelt. So gibt es unitaristische Tendenzen im Bundesstaat und föderalistische bzw. regionalistisch-dezentralistische im Einheitsstaat.

[3] Vgl. U. Barschel (1982), S. 6.

Da die sinnverwandten Begriffe föderalistisch, regionalistisch und dezentralistisch hier gebraucht wurden, mögen sie in einem kleinen Exkurs erklärt werden:

Föderalismus ist nicht nur ein rechtlich-politischer Begriff; er wird vielmehr auch in anderen Dimensionen des sozialen, ökonomischen und kulturellen Lebens gebraucht. Als Strukturprinzip charakterisiert er eine Organisation, die auf dem Grundsatz der Erhaltung autonomer Gruppen aufbaut, jedoch aus der Einsicht in die Notwendigkeit aufsteigender Verbindungen lebt. Philosophisch gesehen steht das föderalistische Prinzip daher auch dem Subsidiaritätsprinzip nahe, das die jeweils nächsthöhere Organisationsform nur hilfsweise (subsidiär) zum Zuge kommen lassen will. Politisch gesehen bedeutet der Föderalismus stets die organisatorische Zusammenfassung mehr oder minder selbständiger Einheiten (wie Staaten, Länder oder Regionen) zu einem übergeordneten Ganzen. Ein Willensbildungssystem ist daher föderalistisch, wenn sich ein Verbund territorial zusammengefaßter Gruppierungen oder Einheiten ergibt, die eine verhältnismäßig große Eigenständigkeit besitzen und bei der Bildung des Verbandswillens in klar umrissenen Formen regelmäßig mitwirken[4].

Während die föderalistische Bewegung von unten nach oben verläuft, verläuft die regionalistische von oben nach unten. Unter *Regionalismus* im rechtlich-politischen Sinne versteht man daher Bestrebungen, einen Einheitsstaat in Regionen oder Provinzen zu gliedern, denen eine gewisse Selbständigkeit zukommen soll[5]. Anknüpfungspunkt für eine solche Untergliederung des Staates sind zumeist geographische, historische, kulturelle, religiöse, sprachliche oder sonstige Besonderheiten von Teilgebieten. Der politisch erfolgreiche Regionalismus führt daher in aller Regel zu einer vergleichsweise wirkungsvollen Vertretung der regionalen Sonderinteressen. Im Gegensatz zum Bundesstaat, der aus eigenständigen und gleichgeordneten Gliedstaaten gebildet wird, erfolgt die Bildung von Regionen oder Provinzen im regionalistisch »dezentralisierten« Einheitsstaat ausschließlich durch die – zuweilen freilich unter politischem Druck zustandegekommene – Entscheidung der politischen Zentralinstanz. Die Autonomie der Regionen ist aus der Zentralverfassung abgeleitet und unterliegt daher – wenn auch rechtlich und politisch in dieser oder jener Weise begrenzten – Eingriffs- und

[4] Vgl. M. Frenkel (1984), S. 80.

[5] Originelle Vorschläge für die Föderalisierung und Regionalisierung insbes. von größeren Staaten macht Leopold Kohr. Vgl. L. Kohr (1965).

Aufsichtsmöglichkeiten der Zentrale, die eine Regionalverfassung im Prinzip auch wieder aufheben könnte. Im Gegensatz zu den Ländern oder Kantonen eines Bundesstaates stehen den Regionen im übrigen auch keine Mitwirkungsrechte an der zentralstaatlichen Gesetzgebung zu[6].

Dezentralismus schließlich signalisiert im rechtlich-politischen Kontext die Tendenz, staatliche Funktionen trotz prinzipieller Zuständigkeit der oberen Staatsorgane von nachgeordneten Organen und Selbstverwaltungskörperschaften vollziehen zu lassen, wobei den letzteren größere Gestaltungsspielräume verbleiben. Als allgemeines Strukturprinzip ist der Dezentralismus nicht an die Dimension des Raumes gebunden[7].

Aufgrund seiner jeweils sehr unterschiedlichen historischen, politischen, ökonomischen, sozialen und kulturellen Bedingungen hat der Bundesstaat auch sehr unterschiedliche Ausprägungen erfahren. Jeder einzelne Bundesstaat stellt eine konkrete historische Individualität dar. Für den deutschen Bundesstaat gilt insoweit nichts anderes als für alle anderen Bundesstaaten auch.

Das Grundgesetz geht in seinem zweiten Abschnitt auf das Verhältnis von Bund und Ländern ein. Während Art. 20 und 28 GG die Bundesstaatlichkeit als Staatsstruktur- und Staatszielprinzip verankern, finden sich in nahezu allen Abschnitten des Grundgesetzes Bestimmungen, die den föderativen Aufbau im einzelnen regeln. Das Bundesstaatsprinzip ist sehr viel detaillierter normiert als die anderen Staatsstruktur- und Staatszielprinzipien. In höherem Maße als diese ist es daher nicht nur materielles, sondern auch formales Verfassungsprinzip.

Die Aufteilung der Staatsaufgaben zwischen Zentralstaat und Gliedstaaten kann auf verschiedene Weise erfolgen. Eine Hauptvariante ist die, daß sowohl der Zentralstaat als auch die Gliedstaaten für jeweils ganz bestimmte Materien zuständig sind, für die sie dann sowohl die Legislative als auch die Exekutive als auch die judikative Gewalt ausüben. Diese Variante wird etwa in den USA praktiziert. Die andere Hauptvariante differenziert nach den Funktionen, was dann dazu führt, daß für manche Materien die Gesetzgebungskompetenz beim Zentralstaat und die Vollzugskompetenz bei den Gliedstaaten liegen mag. Diesen Weg geht das Grundgesetz. Es regelt die Kompetenzverteilung derart, daß es in erster Linie die Kompetenzen des Bundes nennt. Soweit Aufgaben und Befugnisse nicht gere-

[6] Vgl. E. Samsinger (1984), S. 12.
[7] Vgl. P. C. Mayer-Tasch (1980), S. 69–97.

gelt oder ausgeschlossen sind, sind die Länder kraft der – schon erwähnten – allgemeinen Zuständigkeitsvermutung des Art. 30 GG am Zuge.

Im Hinblick auf die Gesetzgebungskompetenz des Bundes unterscheidet das Grundgesetz zwischen der ausschließlichen, der konkurrierenden, der Rahmen- und der Grundgesetzgebung (Art. 70ff. GG). Unter Berufung auf Art. 72 Abs. 2 GG kann der Bund das »Bedürfnis nach bundesgesetzlicher Regelung« postulieren und auf dem Weg der konkurrierenden Gesetzgebung eine Vielzahl von Gesetzgebungsmaterien an sich ziehen. Für die Länder sind in der BRD nur vergleichsweise wenige wichtige Gesetzgebungsmaterien – wie etwa der Kulturbereich und das Polizei- und Kommunalwesen – übriggeblieben.

Das Schwergewicht der Eigenstaatlichkeit der Länder liegt im Rahmen der deutschen Bundesstaatlichkeit auf der Verwaltungsebene. Die Wahrnehmung von Verwaltungsaufgaben ist den Ländern im Grundsatz als eigene Angelegenheit übertragen. Nur in Ausnahmefällen kann der Bund – mit Zustimmung des Bundesrates – Weisungen erteilen. In einigen Teilbereichen existiert neben einer eigenen Bundesverwaltung eine Bundesauftragsverwaltung der Länder.

Im Bereich der Rechtsprechung bestehen als Bundesgerichte neben dem Bundesverfassungsgericht nur die – hauptsächlich letztinstanziell zuständigen – obersten Gerichtshöfe des Bundes. Alle übrigen Gerichte sind Landesgerichte.

Besonderheiten bestehen auf dem Gebiet der Finanzverfassung. In diesem für das Leben (auch) jedes Bundesstaates entscheidend wichtigen Bereich sucht das Grundgesetz, Bund und Länder durch spezielle Zuweisung kleinerer Steuerarten und durch Teilung der Großsteuererträge (aus der Einkommens-, Körperschafts- und Umsatzsteuer) finanziell voneinander unabhängig zu machen. Der unterschiedlichen Finanzkraft der Länder wird durch einen vertikalen Finanzausgleich zwischen Bund und Ländern wie auch durch einen horizontalen Finanzausgleich zwischen den einzelnen Ländern Rechnung getragen.

Das organisatorische Medium der Einflußnahme der Länder auf den Bund ist der Bundesrat. Durch ihn wirken die Länder bei der Gesetzgebung und der Verwaltung des Bundes mit. Der Bundesrat hat das Recht der Gesetzesinitiative. Bei sogenannten Zustimmungsgesetzen kommt dem Bundesrat ein absolutes Vetorecht zu. Liegt dagegen nur ein Einspruchsgesetz vor, so kann der Einspruch vom Bundestag mit qualifizierter Mehrheit zurückgewiesen werden. Als Kompromißorgan amtiert ein Vermittlungsausschuß, der – je zur

Hälfte – aus (nicht weisungsgebundenen) Mitgliedern des Bundesrates und des Bundestages besteht. Im Gegensatz zu föderativen Bundesorganen anderer Staaten – wie etwa denen der USA – besteht der Bundesrat aus Mitgliedern der Länderregierungen (Art. 50 GG), ist also nicht direkt demokratisch legitimiert. Die Länder haben (je nach Einwohnerzahl) unterschiedlich viele Stimmen im Bundesrat und können diese Stimmen jeweils nur einheitlich abgeben.

Dem Bund sind insbesondere durch die Institute der Bundesaufsicht, des Bundeszwangs und der Bundesintervention Einflußmöglichkeiten auf die Länder eröffnet. Im Wege der Bundesaufsicht kontrolliert der Bund die Ausführung der Bundesgesetze durch die Länder. Sie ist grundsätzlich auf die Überprüfung der Rechtmäßigkeit dieser Ausführung beschränkt. Als äußerstes Mittel steht dem Bund das Instrument des Bundeszwanges zur Verfügung: Wenn ein Land die ihm nach dem Grundgesetz oder einem anderen Bundesgesetz obliegenden Bundespflichten nicht erfüllt, kann die Bundesregierung – mit Zustimmung des Bundesrates – die notwendigen Maßnahmen treffen, um das Land zur Erfüllung seiner Pflichten anzuhalten.

Den Bestand der bundesstaatlichen Ordnung sucht das Grundgesetz dadurch zu sichern, daß bei Streitigkeiten zwischen Bund und Ländern oder zwischen einzelnen Ländern das Bundesverfassungsgericht zu entscheiden hat. Die wichtigsten Rechtsbehelfe hierfür sind die abstrakte Normenkontrolle (Art. 93 Abs. 1 Nr. 2 GG) und die Bund-Länder-Streitigkeiten (Art. 93 Abs. 1 Nr. 3 GG). Als Maßstab spielt in der Entscheidung des Bundesverfassungsgerichts der ungeschriebene Grundsatz der Bundestreue eine wesentliche Rolle[8]. Er verpflichtet Bund und Länder zur Bemühung um »bundesfreundliches« Verhalten und kann zu diesem Zwecke sowohl zusätzliche Pflichten der Partner begründen als auch die Ausübung der ihnen im Grundgesetz eingeräumten Kompetenzen beschränken.

Der Bund hat im übrigen dafür zu sorgen, daß die verfassungsmäßige Ordnung in den Ländern in Einklang mit den Homogenitätsgrundsätzen des Art. 28 GG erfolgt. Voraussetzungen jeglicher sinnvollen bundesstaatlichen Ordnung sind nämlich eine gewisse wirtschaftliche, soziale und kulturelle Homogenität und ein gewisses Mindestmaß an Strukturgleichheit von Bund und Ländern. Um dieses zu gewährleisten, muß die verfassungsmäßige Ordnung in den Ländern den Grundsätzen des republikanischen, demokratischen und sozialen Rechtsstaates im Sinne des Grundgesetzes entspre-

[8] BVerfGE 12, 205 (255 ff.).

chen, von denen im letzten Abschnitt dieses Kapitels noch die Rede sein wird.

2. Woher kommt der Bundesstaat?

In seiner heutigen Prägung ist der Bundesstaat ein Kind der Neuzeit. Von Bundesstaatlichkeit in diesem heutigen Sinne kann man wohl erst seit dem Ringen um die amerikanische Bundesverfassung von 1789 sprechen, auf europäischer Ebene seit den Bemühungen um eine Transformation des Heiligen Römischen Reiches deutscher Nation in einen deutschen Nationalstaat.

2.1 Die geschichtlichen Vorläufer

Wenn man einmal von dem biblischen Begriff des (Alten und Neuen) »Bundes« als Bestimmung des Verhältnisses zwischen Gott und den Menschen wie auch von der daran orientierten und auch schon politisch verstandenen Bezeichnung des »Bundes der Stämme Israels« aus dem 13. Jahrhundert vor Christus absieht[9], taucht der Begriff erstmals (wieder) in Griechenland auf. Im 4. vorchristlichen Jahrhundert wird das Wort *koinon* (Bund) zur Bezeichnung eines politischen Verbandes griechischer Städte am westlichen Ufer des Schwarzen Meeres verwendet[10].

Wir wissen von diesem Bund, aber wir wissen nichts von seiner theoretischen Begründung. So fruchtbar sich die theoretischen Überlieferungen der griechischen Antike im allgemeinen für die kultur- und politikgeschichtliche Entwicklung des Abendlandes erwiesen haben, so wenig ergiebig zeigen sie sich für die Entwicklungsgeschichte des Föderalismus. Keiner der großen politischen Denker äußert sich explizit zur Begründung des Föderalismus; ihr (Haupt-)Interesse gilt dem Zusammenleben innerhalb der Polis. Wenn Aristoteles als Maßstab für die Maximalgröße eines Gemeinwesens die »Überschaubarkeit der Lebensverhältnisse« nennt[11], so deutet sich darin allerdings schon eine Rechtfertigung des föderati-

[9] Vgl. D. Elazar (1987), S. 117.
[10] G. Wissowa (1921), S. 1053.
[11] Aristoteles (1981), 7. Buch, 4. Kap.

ven Prinzips an. Ein weiterer Rechtfertigungsgrund liegt auf der Hand – die Schwäche der Stadtstaaten nämlich, die allesamt Kleinstaaten waren. Militärbündnisse waren daher auch im Griechenland jener Zeit eine viel praktizierte Form politischer Bindung. Und vom Militärbündnis zu höheren politischen Verdichtungsformen war es dann nur noch ein Schritt. Handelte es sich bei dem – im Jahre 477 v. Chr. begründeten – Ersten Attischen Seebund noch um ein reines (gegen Persien gerichtetes) Verteidigungsbündnis, so entfaltet das *koinon* an der Wende vom 4. zum 3. vorchristlichen Jahrhundert bereits staatsbildende Kraft. Die bekanntesten Zusammenschlüsse aus dieser Zeit sind der – erstmals 314 v. Chr. erwähnte – Aitolische Bund und der – 280 v. Chr. begründete – Zweite Achaische Bund.

Im älteren Aitolischen Bund waren die Mitglieder durch Maß- und Münzbarkeit verbunden. Jeder Angehörige einer Mitglieds-Polis konnte in jeder anderen Mitglieds-Polis Land erwerben und eine Ehe eingehen. Zweimal im Jahr tagte eine allgemeine Bundesversammlung, die den Vollbürgern aller »Gliedstaaten« offenstand; sie entschied über Krieg und Frieden, ernannte die Bundesbehörden und übte die Gesetzgebung aus. Die laufenden Geschäfte wurden von einem häufiger zusammentretenden (Bundes-)Rat geführt, dessen Mitglieder von den einzelnen Gliedstaaten – gemäß ihrer Größe – delegiert wurden[12].

Zeigte schon der Aitolische Bund gewisse bundesstaatliche Züge, so galt dies in noch stärkerem Maße von dem Zweiten Achaischen Bund, den man bereits als echte Frühform eines Bundesstaates betrachten kann. Den Bürgern jedes Gliedstaates kamen in jedem anderen Gliedstaat volles Politen(=Bürger)recht zu. Durch internen Machtausgleich – in der BRD ist heute von »Länderausgleich« die Rede – wurde versucht, das politische Gewicht der einzelnen Gliedstaaten untereinander im Gleichgewicht zu halten und (damit) die Bundesgewalt zu stärken. Erreicht wurde dies vor allem durch die Aufteilung des Bundesgebietes in Bezirke und durch die Stationierung von Bundestruppen im gesamten Bundesgebiet. Wie in heutigen Bundesstaaten waren auch hier schon alle bedeutsamen Verfassungsinstitutionen doppelt – auf der Bundes- wie auch der Gliedstaatsebene – vorhanden[13]. Jedoch lassen nicht nur solche strukturellen Neuansätze das *koinon* bereits als Frühform des Bundesstaates heutiger Prägung erscheinen; auch seine Ausdehnung und die Zahl seiner Mitglieder rechtfertigen diese Klassifizierung: In seiner Blüte-

[12] Vgl. H. Berve (1953), S. 286f.
[13] Vgl. Ehrenberg (1957), S. 96.

zeit erstreckte sich der Achaische Bund fast über den ganzen Peloponnes und umspannte bis zu 60 Poleis und Landschaften[14]. Bemerkenswert – und auch dies ein Vorgriff auf neuzeitliche Entwicklungen – ist jedoch die Tatsache, daß keine der bedeutenden Poleis Mitglied der genannten Bünde war. Ganz abgesehen von machtpolitischen Erwägungen und Zusammenhängen, dürfte hierfür verantwortlich gewesen sein, daß außerhalb des Traditionszusammenhangs von Gemeinwesen mit einer »ruhmreichen« Vergangenheit Verbindungen leichter zustandekommen können als dort, wo ungezählte historisch motivierte Rücksichten zu nehmen sind. Der Vergleich zwischen der Geschichte der USA und der Geschichte Europas in den letzten drei Jahrhunderten illustriert dieses Phänomen deutlich genug.

Die nicht oder kaum stattfindende Rezeption der föderativen Idee in der zeitgenössischen politischen Theorie und Geschichtsschreibung ermöglichte auch keine Ausbreitung des föderativen Gedankengutes in den nachfolgenden Jahrhunderten. Dafür ließ allerdings auch das in den folgenden Jahrhunderten auf alle Staatswesen des Mittelmeerraumes und seiner Hinterländer ausstrahlende Machtstreben des Imperium Romanum wenig Raum. Der Herrschaftsbereich des Römischen Reiches breitete sich aufgrund von Unterwerfungen oder Bündnissen sternförmig vom Zentrum aus. Zur römischen Zentralmacht standen die derart integrierten Gebiete in unterschiedlichen Abhängigkeitsverhältnissen. So gab es Stammesgruppen, die das volle römische Bürgerrecht erhielten; daneben gab es Gemeinwesen mit eingeschränktem Bürgerrecht (*civitates sine suffragio = municipia*) sowie Bundesgenossen mit Selbstverwaltungsrecht (*civitates foederatae = socii*). Schon nach den Latinerkriegen (340–338 v. Chr.) in der Frühzeit der römischen Republik wurden die unterworfenen Gemeinwesen durch Rechtsordnungen ganz unterschiedlicher Art an Rom gebunden. In aller Regel aber lag die uneingeschränkte Herrschaft in und bei Rom, das aufgrund seines Macht- und Sendungsbewußtseins davon absah, seine einheitsstaatliche Zentralgewalt in eine bundesstaatliche Organisation zu überführen, an der dann die besiegten Stämme und Gemeinwesen Anteil gehabt hätten. Insbesondere ist auch im Verhältnis Roms zu den *civitates foederatae* keine Vorform der Bundesstaatlichkeit zu sehen; die überhaupt als bündnisfähig anerkannten Stammeseinheiten befanden sich vielmehr in einer Art von vasallischer Abhängigkeit[15].

[14] E. Deuerlein (1972), S. 17.
[15] Ebd., S. 22.

An dieser Situation sollte sich bis zum Ende des Römischen Reiches im Westen und bei seiner Wiederbelebung in neuer Form unter der Ägide der Karolinger (ab 800 n. Chr.) wenig ändern. Auch die – Aristotelisch wie römisch-rechtlich geprägte – Staatslehre des (hohen) Mittelalters bot keine markanten Ansatzpunkte zur Erörterung von zusammengesetzten Staaten, Staatenbünden oder Bundesstaaten. Wie so oft (nicht nur) in der Entwicklungsgeschichte des Föderalismus erwuchsen politische Strukturierungen nicht aus einer theoretisch begründeten Normativität, sondern vielmehr aus der Faktizität der politischen Praxis. So ist es – schon vor der Gründung des Heiligen Römischen Reiches durch Karl den Großen – die Existenz einer Mehrzahl germanischer Stämme in Mitteleuropa, deren Freiheitsdrang und deren Bündnispolitik, die den Boden für jene föderative Tradition bereitet haben, die sowohl die politische Struktur des Reiches als auch die politische Struktur seiner politischen Erben prägen sollte. Daß es dem Merowinger Chlodwig im 5. Jahrhundert n. Chr. zwar gelang, ein mächtiges Frankenreich zu begründen, nicht aber, alle besiegten germanischen Stämme diesem Reich völlig einzugliedern, hat die Vitalität des deutschen Föderalismus bis in die Gegenwart hinein bestimmt. Auch die (späte) Unterwerfung der Sachsen durch den großen Erben der Merowinger hatte für die Geschichte des Föderalismus keine andere Bedeutung als etwa die Unterwerfung der Alemannen und der Bajuwaren durch Chlodwig. In beiden Fällen wurde die Macht der Stammesherzogtümer nicht existentiell gebrochen, sondern letztlich nur enger an das entstehende Großreich gebunden. Nach dem Abtreten der überragenden Integrationsgestalt Karls des Großen von der politischen Bühne und der Teilung des Reiches unter seine Enkel im Vertrag von Verdun (843 n. Chr.) konnte sich die im Nebeneinander der Stammeseinheiten beschlossene föderative Substanz des Reiches voll entfalten.

Auch die mittelalterliche Lehensordnung sollte schon bald eine gewaltenteilig-föderative Entwicklungsdynamik entfalten. Die ideelle Reziprozität der lehensrechtlichen Verbindung von Lehensherrn und Vasall geriet mehr und mehr in den zentrifugalen Sog einer »normativen Kraft des Faktischen«, die ihre vitale Basis in der tatsächlichen Innehabung des Lehens durch den Vasallen und der Lückenhaftigkeit der lehensherrlichen Aufsichtsmöglichkeiten hatte. Insbesondere die Stellung der unmittelbaren Kronvasallen wird ständig verstärkt; es gelingt ihnen, sich selbst an die Spitze von Lehenspyramiden zu setzen und damit die Verbindung des Königs als oberstem Lehensherrn zu den Untervasallen zu unterbrechen[16]. Die Reichseinheit wird so – wenn auch mit Unterbrechungen, die in der Integrationskraft der jeweiligen Kaiser und Könige ihre Begründung finden – mehr und mehr in Frage gestellt, föderative Entwicklungen werden gefördert. Bedeutsame Schritte auf dem Weg zur fürstlichen Landeshoheit – und damit zum Staat im Staate – waren die Durchsetzung von Belehnungszwang und Erblichkeit der Lehen wie auch die Übertragung von Reichsrechten (Regalien) wie etwa dem Münz- und Zollrecht. Insbesondere die Fürstengesetze von 1220 und 1231, in denen der in Sizilien residierende Stauferkaiser Friedrich II. (1215–1250) einen hohen politischen Preis für die Loyalität seiner weltlichen und geistlichen Vasallen in Deutschland zu zahlen hatte, waren Meilensteine auf diesem Wege.

Die Unstetigkeit der Reichspolitik war indessen geeignet, die politische Struktur des Reiches immer wieder zu verwischen. Bei ständig wechselnden Konstellationen und Koalitionen wurde ununterbrochen um die Vormachtstellung gerungen. Begleiterscheinungen dieses Ringens Aller mit Allen waren häufige Korrekturen der Verfassungsstruktur, die daher auch von politischen Zufälligkeiten, Formelkompromissen und mehr oder minder geschickt kaschierten Hegemonialbestrebungen geprägt ist. Insoweit kann das Heilige Römische Reich auch als ein Feudalsystem sui generis betracht werden. Zwar war es kein Bundesstaat im heutigen Sinne, wohl aber eine Art von Föderation. Gesellungen und Ordnungen des Reiches waren ihrerseits Föderationen, deren Zahl schließlich so groß und deren Formen so verwirrend waren, daß die Gesamtstruktur nahezu unüberschaubar wurde.

Klärend und entscheidend weiterentwickeln konnte sich die Idee der Bundesstaatlichkeit erst unter dem Einfluß des politischen Denkens der Neuzeit. Stoff und Ausgangspunkt hierfür bot noch immer die komplizierte Struktur des »Heiligen Römischen Reiches deutscher Nation« (wie es seit dem 14. Jahrhundert genannt wurde). Wie üblich, begann die Eule der Minerva aber auch hier erst in der Dämmerung ihren Flug. Die Dämmerung trat in diesem Falle – in Form des den Dreißigjährigen Krieg beendenden Westfälischen Friedens von 1648–49 – eher abrupt ein. Das Verhältnis zwischen Kaiser und Reichsfürsten wurde durch dieses Vertragswerk auch staatsrechtlich grundstürzend und grundlegend verändert. Insbesondere wird den Fürsten die Landeshoheit – das *ius territorii* – und das Bündnisrecht – das *ius foederis* – zuerkannt. Sie werden damit souverän, wobei diese Souveränität sich allerdings nicht durch eine

[16] Vgl. H. Mitteis (1955), S. 425f.

aggressive Bündnispolitik gegen das Reich richten darf – eine Einschränkung, wie sie heute in ähnlicher Weise in der Verfassungspraxis des britischen Commonwealth zu finden ist.

Erst nach diesem »klärenden Wort« des Westfälischen Friedensvertrags wurde die Reichsstruktur von Juristen und politischen Denkern voll rezipiert, erst jetzt wurde die Bundesstaatsdiskussion richtig entfacht.

Ludolf Hugo (1630–1704) spricht von einer zweifachen Regierung: der des Reiches und der der (reichsunmittelbaren) Reichsterritorien. Die Territorialgewalten seien zwar selbständig, nach Maßgabe einer ganz bestimmten Kompetenzabgrenzung aber doch der Reichsgewalt partiell unter- bzw. nachgeordnet. Der Zentralgewalt und den Lateralgewalten seien jeweils die Kompetenzen zugeordnet, für die es – heute würden viele Rechts-und Politiktheoretiker sagen: kraft »Natur der Sache« – am besten qualifiziert sei. So obliege dem Reich die Pflicht und das Recht zur Besorgung der allen gemeinsamen Angelegenheiten, zu denen er (in einem gewissen Gegensatz zur ausdrücklichen Gewährleistung des *ius foederis* durch den Friedensvertrag von Münster und Osnabrück) auch die auswärtigen Angelegenheiten zählt. In die Zuständigkeit der Territorialstaaten falle hingegen sowohl die Rechtspflege (mit Ausnahme des letztinstanziellen Reichsgerichts) als auch ein allgemeines *ius reformandi*[17].

Interessanterweise taucht schon bei Hugo die Forderung nach weitgehender Homogenität der Reichs- und der Territorialverfassungen auf. Von ihm wird der Begriff des »aus Staaten gebildeten Staates« erstmals gebraucht. Und auch die Kompetenzverteilung der deutschen Bundesstaaten des 19. und 20. Jahrhunderts wird in Hugos Föderationstheorie weitgehend antizipiert. Insoweit war er seiner Zeit weit voraus. In ihrer (Ver-)Mischung deskriptiver und praeskriptiver Elemente wurde seine Lehre teils bekämpft, teils ignoriert. Ein besonders prominenter Gegner erwuchs ihr in Samuel von Pufendorf (1632–1694), dem Inhaber des ersten deutschen Lehrstuhls für Rechtsphilosophie (in Heidelberg) und Ratgeber des Großen Kurfürsten von Preußen.

Als geistiger Schüler von Thomas Hobbes und Jean Bodin ging Pufendorf von der Unteilbarkeit der Staatsgewalt aus und identifizierte die absolute (Rechts-)Macht des Staates mit der des Souveräns. Ihm schien es daher auch undenkbar, daß in einem Staate zu gleicher Zeit mehrere Staaten vereinigt sein könnten. Es könne da-

[17] Vgl. F. Ermacora (1970), S. 627 f.

her nur einen einheitlichen Staat geben oder aber mehrere durch einen Vertrag verbundene Staaten. Aus dieser Maxime entwickelt er erstmals eine systematische Lehre der Staatenverbindungen.

Im Heiligen Römischen Reich deutscher Nation sieht Pufendorf ein »degeneriertes« Staatsgebilde. In seiner Streitschrift ›Über die Verfassung des deutschen Reiches‹, die er im Jahre 1667 unter dem Pseudonym Severinus von Monzambano veröffentlicht, klassifiziert er das Reich als einen »unregelmäßigen und einem Monstrum ähnlichen Staatskörper ..., der sich im Laufe der Zeit durch die träge Nachgiebigkeit der Kaiser, durch den Ehrgeiz der Fürsten und die Ruhelosigkeit der Pfaffen aus einer Monarchie zu einer ... ungeschickten Staatsform umgestaltet hat«. Jetzt sei »Deutschland weder eine Monarchie, auch nicht einmal eine beschränkte, wenn auch in gewisser Beziehung der äußere Schein darauf hindeutet, noch auch, genau genommen, eine aus mehreren Staaten zusammengesetzte Föderation, sondern vielmehr ein Mittelding zwischen beiden«[18]. Das Reich, so Pufendorf, sei mithin eine »Föderation ungleichen Rechtes«, vergleichbar mit dem Verhältnis zwischen Römern und Latinern, ehe die Letzteren völlig unterworfen seien. Nicht zuletzt dieser Vergleich zeigt, wie sehr Pufendorf das Reich bei aller Scharfsichtigkeit durch seine Zentralstaatsbrille sieht: Die Reichsstruktur seiner Zeit war ja gerade nicht Station auf einem Zentralisationskurs, sondern vielmehr Ergebnis einer (para-)föderalistischen Dezentralisationsbewegung. Die *rocher de bronce*-Souveränität (Friedrich Wilhelm I. von Preußen) wurde für Pufendorf zur geistigen Hürde, die er – und die kontinentale Föderationstheorie der folgenden zwei Jahrhunderte – nicht zu überspringen vermochte.

Anders verlief die Entwicklung der Föderationstheorie in Nordamerika. Ohne nationale und dynastische Vorbelastungen konnte sich die Idee des Föderalismus hier ihren eigenständigen Weg bahnen. Ähnlich wie im Falle der frühen griechischen Bünde förderte auch hier eine außenpolitische Zwangslage – ein »gefährdetes Tertium«[19] – den föderativen Prozeß. Bis zur Mitte des 18. Jahrhunderts hatte sich in den englischen Kolonien Nordamerikas eine vergleichsweise gefestigte demokratische Tradition entwickelt, deren Rahmenbedingungen durch Freibriefe der englischen Krone oder auch durch entsprechende Verfassungsurkunden abgesichert waren. Durch Regierungs- und Verwaltungsreformen waren die »politischen Systeme« der einzelnen Kolonien auch schon weitgehend ho-

[18] S. Pufendorf (Severinus v. Monzambano) (1922), S. 94.
[19] P. C. Mayer-Tasch (1975), S. 2.

mogenisiert: Jede Kolonie kannte eine »Allgemeine Versammlung« (General Assembly oder General Court), die sich in ein »Haus der Abgeordneten« (House of Representatives) und einen »Rat« (Governor's Council) gliederte. Die »Allgemeine Versammlung« befand über die Erhebung von Steuern und Abgaben; ihr oblag auch – nach Maßgabe ihrer Verfassungskompetenz – die sonstige Gesetzgebung. Beteiligt war sie auch an der Verwaltung der Kolonie, an deren Spitze in den meisten Fällen ein noch von der Krone ernannter Gouverneur stand[20]. In Handelsfragen allerdings waren die Kolonien der Gesetzgebungskompetenz des Parlamentes von Westminster unterworfen. Und sie sollten auch den Zündstoff für die völlige Loslösung der Kolonien vom englischen Mutterland liefern.

Seit der Stempelakte von 1765 vermehrten sich die separatistischen wie die föderalistischen Bestrebungen. Mit der Devise »No taxation without representation« gab die sogenannte Bostoner Tea Party (1773) das Signal zum Aufbruch. Und zum Zeitpunkt der Unabhängigkeitserklärung (1776) hatte sich bereits eine vorläufige Zentralgewalt gebildet, die sich freilich zur Integration der losen Verbindung von Einzelstaaten als völlig unzureichend erwies. In dem Zeitraum zwischen der Unabhängigkeitserklärung und der endgültigen Annahme der Verfassung der »Vereinigten Staaten von Amerika« (in den auch im Jahre 1783 der Friedensvertrag von Paris zwischen den ehemaligen Kolonien und Großbritannien fiel) erfolgte eine gründliche und zum Teil auch heftig geführte Auseinandersetzung über den zu wählenden föderativen Kurs – eine Diskussion, die sich gegen Ende dieses Zeitraumes zusehends intensivierte. Zwischen Oktober 1787 und Mai 1788 erschienen 85 Zeitungsartikel, die später unter dem Titel ›The Federalist‹ zusammengefaßt wurden. Die Autoren, Alexander Hamilton, James Madison und John Jay, erwiesen sich als leidenschaftliche Befürworter eines bundesstaatlichen Aufbaus des sich neu konstituierenden Gemeinwesens. Und wenn ihre Ideen auch zum größten Teil nicht neu waren – im Grunde verteidigten sie nur den bis zum 17. September 1787 ausgearbeiteten Verfassungsentwurf –, so sollte doch die Breite und Schärfe dieser Diskussionsbeiträge auch noch die spätere Bundesstaatsdiskussion in Europa beeinflussen. Daß hierfür nicht zuletzt auch die geistige Vermittlung von Alexis de Tocquevilles Schrift ›Über die Demokratie in Amerika‹ aus dem Jahre 1830 mitverantwortlich gewesen sein

[20] Ausnahmen dazu bilden die Eigentümerkolonien, wo der Gouverneur vom Eigentümer ernannt wurde, und Rhode Island, wo der Gouverneur von den Wahlberechtigten gewählt wurde. Vgl. R. Adam (1964), S. 17.

dürfte, liegt nahe, tut jedoch der Bedeutung der ›Federalist Papers‹ keinen Abbruch, in denen u.a. auch die wichtigsten Staatsgebilde von der Antike bis zum Heiligen Römischen Reich in der sich den Autoren präsentierenden zeitgenössichen Form auf ihre föderative Substanz hin analysiert und interpretiert wurden.

Das Ringen der 13 aus dem Kolonialstatus befreiten Staaten um eine neue politische Ordnung lief auf einen Kompromiß zwischen der Beibehaltung der Souveränität der Einzelstaaten und deren Abschaffung hinaus. Die Lehre von der Gewaltenteilung bot sich nun auch in der Vertikalen als politische Lösung an. Bemerkenswert – und insoweit ganz und gar uneuropäisch – war die Unbekümmertheit, mit der sich die Architekten des neuen Staatsgebildes (auch) über die in Europa zum geheiligten Dogma gewordene Souveränitätsdoktrin hinwegsetzten. War für Bodin und Hobbes die Souveränität noch unteilbar, so wurde sie nun fein säuberlich zwischen Union und Einzelstaaten aufgeteilt. Zentralstaat und Einzelstaaten galten nun im Rahmen ihrer jeweiligen konstitutionellen Zuständigkeiten als (teil-)souverän; soweit ihre Kompetenz reichte, konnten sie nun den Bürgern unmittelbar Gesetze geben und diese Gesetze auch durch eigene Beamte ausführen. Insoweit wurde den (teil-)souveränen Einzelstaaten die Pflicht zum Gehorsam gegenüber einer höheren Gewalt erspart, zugleich aber auch den Unionsgesetzen die Befolgung gesichert – eine Lösung, die der fortwirkenden Siedlermentalität der Amerikaner in hohem Maße entsprach, die sich nicht aus der alten Abhängigkeit in neue Abhängigkeiten begeben wollten, aus ihrer pragmatischen Weltsicht heraus jedoch auch die Nützlichkeit, ja Unumgänglichkeit transregionaler Organisation zu schätzen wußten.

Neben die horizontale Trennung der gesetzgebenden, der vollziehenden und der richterlichen Gewalt tritt nun also auch die vertikale Trennung der einzel- und der zentralstaatlichen Gewalt. Die wichtigsten Komponenten dieser föderativen Dimension des Systems der *checks and balances*[21] war die Duplizität der Staatsorgane auf Unions- und Einzelstaatsebene, die genaue Festlegung der Unionszuständigkeit und die Auffangnorm des 10. Amendments zur Verfassung, in dem es heißt: »Die Machtbefugnisse, die von der Ver-

[21] Bereits im Jahr 1742 wird dieser Begriff im Parlament von Massachusetts in die politische Diskussion eingeführt, als man die Forderung des Gouverneurs nach einem permanenten Gehalt ablehnt: »It would lessen the just weight of the two other branches of the government which ought ever to be maintained and preserved especially since the governor has so great authority and check upon them.« Zitiert nach W. Binkley u. M. Moos (1958), S. 58.

fassung weder den Vereinigten Staaten übertragen noch den Einzelstaaten entzogen wurden, bleiben dem Einzelstaat oder dem Volk erhalten.« Die Mitwirkung der Einzelstaaten an der Gesetzgebung der Union wurde durch die Vertretung aller Staaten im Senat durch zwei Senatoren gesichert; über föderative Kompetenzstreitigkeiten sollte der Oberste Gerichtshof (Supreme Court) entscheiden.

In dem berühmt gewordenen 39. Artikel der ›Federalist Papers‹ kennzeichnet James Madison das vergleichsweise komplizierte Verfassungsgebilde als »weder eine nationale noch föderative Verfassung, sondern eine Verbindung beider«. »In ihren Grundlagen«, fährt er fort, »ist sie föderativ und nicht national; in bezug auf die Quellen, aus denen sich die Machtbefugnisse der Regierung herleiten, ist sie teils föderativ, teils national; in der Auswirkung dieser Machtbefugnisse ist sie dagegen föderativ und nicht national; ... in bezug auf die autoritative Methode der Einführung von Abänderungen ist sie weder eindeutig föderativ noch eindeutig national.«[22]

Madison und den anderen Autoren der ›Federalist Papers‹ war wohl nicht klar, daß sie damit wie auch mit ihrer Verschränkung des Prinzips der »Konföderierten Republik« und der »Repräsentativen Republik« eine klassische Skizze der Bundesstaatlichkeit zeichneten. Und es war auch durchaus kein Zufall, daß die moderne Bundesstaatsidee gerade in Nordamerika ihre erste politische Inkarnation erfuhr. Ihre Grundbedingung nämlich war der aus England teils mitgebrachte, teils später importierte und in der »Neuen Welt« fortentwickelte Liberalismus, zu dessen Implikationen nicht zuletzt das – von James Harrington, John Locke und Lord Bolingbroke profilierte – Prinzip der Gewaltenteilung zählte. Hinzu kam die aus der kolonialen Emigrations- und Emanzipationsgeschichte leicht erklärbare Entscheidung für die republikanische Staatsform, die – wie schon Montesquieu scharfsinnig erkannt hatte[23] – für föderative Gebilde besser geeignet war als die monarchische. Und hinzu kam schließlich auch noch die seit der Landung der ›Mayflower‹ am Cape Cod im Jahre 1620 unvermindert starke Fixierung auf die Tradition des *self-government*. Vor allem aber hatte die amerikanische Gesellschaft zum Zeitpunkt der Verfassungsgebung bereits eine dezidiert antifeudale, nahezu moderne Prägung. Der Umgang mit sozialen Hierarchien wurde dieser ständelosen Gesellschaft, in der in dieser oder jener Form das Gesetz des Überlebens oberste Richtschnur war, kaum zum Problem[24].

[22] F. Ermacora (Hrsg.) (1958), S. 226.
[23] Vgl. Montesquieu (1951), 9. Buch, 2. Kap.
[24] Vgl. auch D. Elazar (1987), S. 143.

Die deutsche Föderalismus-Diskussion wurde vom amerikanischen Föderalismus erst ab Mitte des 19. Jahrhunderts beflügelt. Und im wahrsten Sinne des Wortes »entscheidende« Impulse gingen von ihm auf die Neuformierung der deutschen Bundesstaatlichkeit nach dem Zweiten Weltkrieg aus, als das nazistisch verseuchte deutsche (Gemein-)Wesen aus der Sicht der westlichen Siegermächte am Föderalismus genesen sollte.

Ehe jedoch der amerikanische Einfluß zur Geltung kam, stand die politische Szene Mitteleuropas unter ganz anderen Einflüssen. Insbesondere war es die Ideenwelt der Französischen Revolution von 1789, die hier den Ton angab. Das Heilige Römische Reich deutscher Nation, das 1806 sein formales Ende fand, hatte sich überlebt, und auch der von Napoleon erzwungene »Rheinbund« – ein loser Staatenbund unter französischer Kuratel – blieb eine ephemere Erscheinung. Der preußisch-österreichische Gegensatz, zu dem im Laufe des 19. Jahrhunderts in wachsendem Maße nationalistische Ideen traten, sollte in der Folge die Föderalismusdebatte überlagern. Auch der Deutsche Bund von 1815 blieb noch reiner Staatenbund. Die Diskussion um die Schlußakte des – die napoleonische Ära abschließenden – Wiener Kongresses (1820) ließ dann aber immerhin schon die Forderung nach genuin bundesstaatlichen Strukturen anklingen: Von der staatsrechtlichen Unterordnung der Einzelstaaten war die Rede, von der Erfüllung der nationalen Gesamtaufgaben durch die Gesamtheit der Staaten, von der unmittelbaren Anwendung der Bundesgesetze auf die Bürger der einzelnen Staaten wie auch von einer allgemeinen Volksvertretung. Forderungen all dies, wie sie dann in den Entwurf der Frankfurter Paulskirchenverfassung von 1848/49 – wenn auch in abgeschwächter Form – Eingang fanden. Stets aber ging es nur (noch) um die Alternative Staatenbund oder Bundesstaat. Eine zentralistisch-einheitsstaatliche Lösung stand nicht zur Diskussion.

Noch immer spielte jedoch in der Föderalismusdebatte das Souveränitätsproblem eine bedeutsame Rolle. Nicht zuletzt unter dem Einfluß Tocquevilles – dem theoretischen Einfallstor der nordamerikanischen Föderalismusdiskussion – wurde die Souveränität nun aber auch unter dem Blickwinkel ihrer Aufteilung gesehen. So vor allem von dem Historiker Georg Waitz (1813–1886), einem Mitglied der Frankfurter Nationalversammlung, der das Staatsvolk im Bundesstaat in zweifacher Weise organisiert sah – einerseits als Volk des Zentralstaates und andererseits als Volk der Gliedstaaten. In dieser zweifachen Organisation des Volkes sah Waitz die Rechtfertigung für die ideell gemeinsame, jedoch funktional getrennte Erledigung der Staatsaufgaben, wobei Zentralstaat und Gliedstaaten im Rahmen der vereinbarten Funktionenteilung jeweils originäre Zuständigkeit zukomme. In diesem Sinne seien Zentralstaat und Gliedstaaten gleichberechtigt[25]. Waitz gelingt dabei eine – für Bodin, Hobbes, Pufendorf und selbst noch Rousseau undenkbare – Differenzierung: Die Substanz der Souveränität sei zwar unteilbar, sehr wohl möglich sei jedoch ihre funktionale Auffächerung; im Rahmen der föderativen Aufgabenteilung könne daher die Souveränität für einen Funktionsbereich uneingeschränkt beim Zentralstaat und für einen anderen ebenso uneingeschränkt bei den Gliedstaaten liegen. Zentralstaat und Gliedstaaten seien mithin gleichermaßen (teil-)souverän. Aus dieser theoretischen Grundlegung ergeben sich für Waitz ähnliche Forderungen, wie sie (zum Teil) von der amerikanischen Föderalismusszene her bekannt waren, zum Teil enthielten sie aber auch eine Akzentverlagerung. Altbekannt war die Forderung nach einer Duplizität der Staatsorgane auf der Zentral- und der Gliedstaatenebene, neu die Forderung, daß die Ausführung der Bundesgesetze nicht den Gliedstaaten überlassen werden dürfe. Diese Forderung nach vollständiger Abtrennung der zentralstaatlichen von den gliedstaatlichen Kompetenzen führt Waitz konsequenterweise auch zu einem unitarischen Konzept für die Bundeslegislative: Das Bundesparlament müsse Vertretung des ganzen Bundesvolkes sein und dürfe daher auch nicht föderativ besetzt werden. Die Frage einer Beteiligung der Gliedstaaten an der Willensbildung des Bundes stellte sich für Waitz deshalb nicht, weil er davon ausging, daß die – theoretisch begründete – Gleichordnung von Zentralstaat und Gliedstaaten dies überflüssig mache – eine Position, die deutlich hinter die von den Autoren der ›Federalist Papers‹ gewonnenen Einsichten in die Komplexität einer sich voll entfaltenden Bundesstaatlichkeit zurückfällt.

Die zeitgenössische Kritik an Waitz setzte jedoch an einer ganz anderen Stelle ein. Der Staatsrechtslehrer Max von Seydel[26] (1846–1901) etwa hielt ihm entgegen, daß Souveränität und Staatsgewalt gleichzusetzen seien. Der Staat konstituiere sich durch einen – die Gesamtheit des Volkes vereinigenden – Willen, der als solcher nicht aufteilbar sei; die souveräne Staatsgewalt schließe eine entsprechende Gewalt neben, über oder unter sich aus. In der Waitzschen Theorie sieht Seydel daher auch den – unlogischen – Versuch, die Staatsgewalt als Addition von Kompetenzen zu begreifen. Die

[25] Vgl. G. Waitz (1853), S. 494–530.
[26] Vgl. M. v. Seydel (1873).

Staatsgewalt sei jedoch mehr als eine Summe unverbundener Einzelkompetenzen. Die Staatlichkeit der Unter-Gliederungen eines föderativen Gebildes sei eine logische Unmöglichkeit. Es könne daher nur einzelne Staaten geben, die mehr oder weniger dezentralisiert seien. Die Verbindung mehrerer Staaten aber sei nur als Staatenbund vorstellbar. Daß von Seydel unter diesen theoretischen Prämissen nicht auch noch den Begriff des Bundesstaates negiert – was er nicht tut –, muß selbst dann eher inkonsequent erscheinen, wenn man bedenkt, daß er einen solchen Staat als weitestgehend dezentralisierten Einheitsstaat für möglich oder gar wünschenswert hielt.

In seiner ›Allgemeinen Staatslehre‹ aus dem Jahre 1900 versucht Georg Jellinek später den Theoriestreit dergestalt aufzulösen, daß er die Souveränität zum nicht wesentlichen Merkmal der Staatsgewalt erklärt. Historisch völlig zutreffend betont Jellinek, daß es sich bei der Souveränität nicht um eine absolute, sondern vielmehr um eine geschichtlich relativierbare Kategorie handle[27]. Ein politisches Gemeinwesen könne auch ohne Souveränität (nach außen) als Staat (fort-)existieren – eine Position, deren offenkundige historische Korrektheit zu ihrer allgemeinen Akzeptanz geführt hat. Das Souveränitätsproblem spielt daher auch seit der Jahrhundertwende keine bedeutsame Rolle mehr in der Bundesstaats-Diskussion. Man geht seither davon aus, daß es sich bei der Souveränität zwar um eine wichtige, nicht aber um eine unerläßliche Staatsqualität handle, und daß daher auch vor allem die Rechtssubjektivität eines Gemeinwesens für seine Stellung in der Völkergesellschaft verantwortlich sei. Nicht zuletzt die Tatsache, daß auch die »Souveränität« formal unzweifelhaft völlig souveräner Staaten durch ihre ökonomische, militärische oder auch moralische Macht- oder Ohnmachtposition weitgehend determiniert wird, ist jedenfalls geeignet, diese heutige Perzeption der Souveränitätsproblematik zu stützen. Indirekt ist also aus heutiger Sicht das Innenverhältnis für das Außenverhältnis maßgebend, da der Staatscharakter eines Gemeinwesens letztlich vom Vorliegen einer bestimmten Anzahl autonomer Staatsfunktionen – und damit der Ausübung von Staatsgewalt – abhängt. Für moderne Staaten bedeutet dies, daß sie eine weitgehend unabhängige Legislative, Exekutive und Judikative besitzen müssen, wie dies etwa bei den deutschen und österreichischen Bundesländern der Fall ist.

Bis es zu deren Konsolidierung kommen konnte, bedurfte es allerdings noch einer ganzen Reihe von Entwicklungsschritten. Nach dem Preußisch-österreichischen Krieg von 1866 konnte sich eine

[27] G. Jellinek (1959), S. 486ff.

bundesstaatliche Lösung nur im sogenannten kleindeutschen Rahmen durchsetzen. Der 1867 gegründete Norddeutsche Bund umfaßte unter der Führung Preußens ganz Nord-, West- und Mitteldeutschland. Er war zwar als Bundesstaat konzipiert, die Mitgliedstaaten waren jedoch nicht gleichberechtigt: Im Bundesrat – dem bundesstaatlichen Legislativorgan – verfügte Preußen über 17 von insgesamt 43 Stimmen. Überdies stand der König von Preußen dem Bundesrat-Präsidium vor und war zugleich auch Bundesfeldherr. Der Norddeutsche Bund muß daher wohl auch als Bundesstaatsform sui generis verstanden werden, die aber gleichwohl als erste engere Föderation von Monarchien auf dem europäischen Festland einen wichtigen Entwicklungsschritt auf dem Weg des deutschen Föderalismus darstellte.

Auch die aus dem Deutsch-französischen Krieg hervorgegangene Reichsverfassung von 1871 erinnert noch stark an die Verfassung des Norddeutschen Bundes. Die Prädominanz Preußens bleibt erhalten, und auch die – neu hinzugekommenen – süddeutschen Staaten konnten sich sogenannte Reservatsrechte sichern. Insgesamt fällt im Blick auf die Verfassung des neuen deutschen Reiches die starke Stellung der Mitgliedstaaten und das Fehlen einer Homogenitätsklausel auf. Theoretisch hätte das Reich also aus Staaten mit unterschiedlicher Staatsform bestehen können; mit Ausnahme der Hansestädte waren allerdings alle Gliedstaaten konstitutionelle Monarchien. Das Deutsche Reich war mithin eine monarchische Föderation mit hegemonieller Grundstruktur und Sonderrechten für einige Gliedstaaten. Anhänger einer stringenten Bundesstaatsidee sparten daher auch bei und nach Erlaß der Reichsverfassung nicht mit bitteren Kommentaren[28].

Nicht nur die – Bismarckscher Machtpolitik entwachsenen – Schlagseiten der Reichsorganisation boten das Bild eines unguten Pseudoföderalismus; auch die Schlagseite der Finanzverfassung verhinderte eine genuin bundesstaatliche Entwicklung. Das Reich erhielt keine eigene Reichssteuer, sondern lediglich das Zollaufkommen, von dem es nach der Finanzreform von 1879 sogar noch einen Anteil an die Gliedstaaten abführen mußte. Letztlich lebte das

[28] So der bayerische Abgeordnete Jakob Schüttinger in den Verhandlungen der Abgeordnetenkammer im Januar 1871. Er sieht in der Reichsverfassung »nichts als eine übermächtige, mit allen Attributen des Absolutismus und des Einheitsstaates ausgerüstete Zentralgewalt! Nicht auf den Bundesrat als den Ausdruck der Einzelstaaten wird die Summe der einzelnen Rechte übertragen. Übertragen wird diese Summe aufgegebener, bitter geopferter Rechte auf das Präsidium des Bundes, an den König von Preußen.« Zitiert nach H. Triepel (1907), S. 12.

Reich von den Matrikularbeiträgen, die ihm von den einzelnen Gliedstaaten nach Maßgabe ihrer Einwohnerzahl zugeführt wurden.

Die Folgen des Ersten Weltkrieges und die Revolution von 1918 legten auch eine Neuordnung der föderativen Struktur Deutschlands nahe. Die Alternative lautete nun aber nicht mehr – wie noch 1870/71 – Staatenbund oder Bundesstaat, sondern vielmehr Bundesstaat oder Einheitsstaat. Die Entscheidung der Weimarer Verfassung fiel schließlich zugunsten des Bundesstaates, wenn auch nunmehr in deutlich unitarischer Ausprägung.

Sichtbar wurde diese unitarische Ausprägung zuvörderst in der Erweiterung der Gesetzgebungskompetenzen des Reiches. Noch wirkungsvoller freilich war der Einbruch des Reiches in den Verwaltungsbereich der Länder. Zwar sah die Verfassung vor, daß die Reichsgesetze in der Regel durch Länderbehörden ausgeführt werden sollten. Dem Reich stand jedoch nur die Aufsicht über diese Ausführung zu; durch einfache Gesetze konnten nach der Weimarer Reichsverfassung auch Reichsverwaltungen eingerichtet werden – eine rechtliche Möglichkeit, von der in der Verfassungspraxis relativ häufig Gebrauch gemacht wurde. Die wichtigste dieser (Sonder-)Verwaltungen war die Reichssteuer- und -finanzverwaltung, die für eine Umkehrung der – für die Reichsverfassung von 1870/71 charakteristischen – fiskalischen Länderdominanz sorgte. Auch die Stellung des Reichsrates als des föderativen Bundesorgans war nun sehr viel schwächer ausgebaut als die des alten Bundesrates. So hatte er etwa kein Recht zur Gesetzesinitiative, und auch seine Einsprüche gegen Gesetzesbeschlüsse des Reichstages konnten mit Zweidrittelmehrheit desselben zurückgewiesen werden. Auch bei verfassungsändernden Gesetzen hatte der Reichsrat nur ein suspensives Vetorecht, lediglich verstärkt durch die Möglichkeit, einen Volksentscheid herbeiführen zu können.

Waren die unitarischen Tendenzen der Weimarer Republik schon Ausdruck sich wandelnder wirtschaftlicher und sozialer Verhältnisse, so paßten die Prinzipien föderalistischer Gewaltenteilung erst recht nicht zu den politischen Strukturvorstellungen der nationalsozialistischen Ideologie. Führerprinzip und Föderalismus verhielten sich zueinander wie Feuer und Wasser. Nur konsequent war es daher auch, was nach der Machtübernahme Adolf Hitlers in Art. 1 und 2 des Gesetzes über den Neuaufbau des Reiches vom 30. Januar 1934 verfügt wurde: »Die Volksvertretungen der Länder werden aufgehoben. Die Hoheitsrechte der Länder gehen auf das Reich über. Die Vertretungen der Länder beim Reich fallen fort.«[29]

[29] RGBl. 1934, Teil I, S. 89.

Das fatale Ende des unitarisch-zentralistischen Einparteienstaates der Nationalsozialisten mußte 1945 mehr oder minder zwangsläufig zu neuen föderalistischen Überlegungen im Hinblick auf die Neuordnung Restdeutschlands führen. Daß dabei sowohl die *divide-et-impera*-Interessen der westlichen Siegermächte als auch die politische Tradition der USA eine gewisse Rolle spielten, ist unverkennbar. Einerseits sollte ein – dereinst wieder zur Gefahr für seine Nachbarn werdender – neuer deutscher Zentralstaat verhindert, andererseits ein föderativ aufgebauter Weststaat in das Kalkül des sich schon seit Kriegsende abzeichnenden »Kalten Krieges« eingebaut werden. Trotzdem ist der alliierte Druck doch nur einer von mehreren Faktoren der im Bonner Grundgesetz verankerten Bundesstaatlichkeit. Die dokumentierten Diskussionen im Parlamentarischen Rat und im Herrenchiemseer Konvent – den verfassunggebenden Versammlungen der Bonner Republik – bezeugen die (auch) autochthone Rückbesinnung auf die föderative Dimension der deutschen Staatstradition wie auch deren bewußte Weiterentwicklung im Lichte der politischen Erfahrungen mit dieser Tradition und ihren Negationen.

2.2 Die Legitimation der Bundesstaatlichkeit

So wie sich die Strukturen föderativer Zusammenschlüsse gewandelt haben, so haben sich auch die Begründungen dafür gewandelt. Zum einen läßt sich dies aus dem Wandel der staatstheoretischen Auffassungen – insbesondere im Hinblick auf die moderne Demokratietheorie – erklären. Zum anderen wurde die Rechtfertigung des föderativen Prinzips stark von der sozialen und ökonomischen Entwicklung der überkommenen Gesellschaftsformen zur modernen Massen- und Industriegesellschaft beeinflußt.

Die anfänglichen Begründungen leben aus der Einsicht in die Notwendigkeit des Zusammenschlusses gegen Bedrohungen von außen. Ein anderes föderalistisches Traditionsmuster ist das der ethnisch-territorialen Kohäsion. Zum Tragen kommt es dann, wenn die Bevölkerung eines Territoriums aus unterschiedlichen ethnischen Gruppen besteht, die nur dann zu staatlicher Gemeinschaft bereit sind, wenn sie die Gewähr haben oder doch die Chance sehen, ihre ethnokulturelle Eigenart im Rahmen eines föderativen Staatsaufbaus bewahren zu können. Mitbedacht wird in diesem Traditionsmuster nicht nur das immergrüne Ganzheitlichkeitsthema »Einheit in der Vielheit«, sondern nicht zuletzt auch das Spannungsverhältnis von Mehrheit und Minderheit, Individualität und Kollektivität – Themen, die die Entwicklung des Bundesstaatskonzeptes stets begleitet haben.

Auf den modernen Bundesstaat umgemünzt bedeutet dies, daß der bundesstaatliche Aufbau die – zur Vielheit der Bürger individualisierbare – Souveränität des Volkes erkennbar werden läßt, weil in stärkerem Maße als bei einem einheitsstaatlichen Aufbau Möglichkeiten sachnaher und eigenverantwortlicher (Mit-)Entscheidung und (Mit-)Gestaltung geschaffen werden. Daneben entfaltet der bundesstaatliche Aufbau aber auch eine Minderheiten schützende Wirkung, weil er es der Mehrheit erschwert, sich regional artikulierende Minderheiten ohne weiteres zu majorisieren. Überdies können sich Minderheiten jeglicher Art – seien sie nun ethnisch, kulturell, parteipolitisch oder sonstwie akzentuiert – im engeren Rahmen eines Gliedstaates besser entfalten und so indirekt auch mehr Einfluß auf die Gestaltung des soziopolitischen Lebens des Zentralstaates ausüben.

Recht besehen kann die Bewahrung regionaler Vielfalt in modernen Bundesstaaten freilich nur noch bedingt als föderalistische Legitimationsbasis dienen. Die wachsende Gleichförmigkeit des soziokulturellen und sozioökonomischen Lebenszuschnittes wie auch die damit Hand in Hand gehende ständige Ausweitung der Staatsaufgaben führen zu einer unverkennbaren faktischen Unitarisierung[30], was sich am Beispiel der deutschen Bundesstaatlichkeit verdeutlichen läßt. Im 19. Jahrhundert stand die Herstellung und Erhaltung der Einheit des Zentralstaates im Mittelpunkt aller bundesstaatlichen Erwägungen. Heute liegt der föderalistische Akzent vor allem auf der Bedeutung der bundesstaatlichen Struktur für die politische Willensbildung im Zentralstaat; sie äußert sich insbesondere in einem neuen Verständnis von Gewaltenteilung.

Schon in der amerikanischen Verfassung gelang die Verknüpfung der horizontalen mit der vertikalen Dimension der Gewaltenteilung – die Aufteilung der politischen Macht also zwischen Legislative, Exekutive und Judikative einerseits und Gliedstaaten und Zentralstaat andererseits. Im Bonner Grundgesetz wurden die Gesetzgebungs-, Vollziehungs-und Rechtsprechungskompetenzen so zwischen Bund und Ländern aufgeteilt, daß neben der Aufgliederung vielfach auch eine Verschränkung der Staatsaufgaben stattfindet. Dies ist etwa bei der Rahmengesetzgebung (Art. 79 GG), dem landeseigenen Vollzug von Bundesgesetzen (Art. 84 GG) oder der Auf-

[30] Vgl. K. Hesse (1982), S. 87.

gliederung der Rechtsprechungsfunktionen (Art. 92 GG) der Fall. Im parlamentarischen Regierungssystem des Grundgesetzes ist mithin die vertikale Gewaltenteilung stark ausdifferenziert. Die gewaltenteilige Wirkung der bundesstaatlichen Struktur liegt heute aber auch hier weniger in einer rein vertikalen als vielmehr in einer Ergänzung und Verstärkung der horizontalen Gewaltenteilung. In der modernen parlamentarischen Demokratie geht es ja nicht so sehr um die Balance zwischen den drei klassischen Gewalten, sondern vielmehr um die Balance zwischen den auf der politischen Bühne agierenden realen Kräften, die sich im Verfassungsrahmen als Parlamentsmehrheit und Regierung auf der einen und als Opposition auf der anderen Seite präsentieren. Ergänzt wird dieser Balanceakt durch die Konfrontation zwischen Bundesparlament und Bundesregierung als zentralstaatlichen Organen einerseits und dem Bundesrat als föderativem Organ andererseits. Diese Konfrontation ist zwar von den jeweiligen Mehrheiten im Bundestag und Bundesrat abhängig, wird aber dadurch intensiviert (und damit rechtsstaatlich aufgewertet), daß dieses Gewaltenteilungskonzept durch eine funktionale Komponente ergänzt wird. Im Bundesrat nämlich kommen neben spezifisch föderalistischen Aspekten nicht zuletzt die – den unterschiedlichen Motiven entwachsenden – Sichtweisen und Interessen der Landesministerien, das heißt also von Verwaltungsbehörden, zur Geltung. Und da die Bundesgesetze im Prinzip von den Ländern zu vollziehen sind, fließt auch die Verwaltungserfahrung der Länder in den politischen Willensbildungsprozeß des Bundes ein.

Diese weiterentwickelte Gewaltenteilungslehre wird durch die bundesstaatliche Gliederung auch der Parteien ergänzt und verstärkt. Aus der eigenstaatlichen Position der Länder heraus können sich regionale Parteigremien leichter gegen die Prädominanz der Bundesparteiführung behaupten und so ein gewisses Maß an Selbständigkeit gewinnen, das dann auch in Form abweichender Auffassungen zu politischen Einzelfragen im Bundesrat artikuliert werden kann.

So wie die bundesstaatliche Ordnung mithin die starren organisatorischen Linien der Parteien aufzulockern vermag, vermag sie auch den zentralistischen Verbandseinfluß zu bremsen. Sie bietet nämlich die Chance einer Gewaltenteilung durch Wettbewerb – in der Verbands- wie in der Parteienszene. In der letzteren freilich ist dies besonders offenkundig: Wo neben der Staatlichkeit des Bundes auch die Staatlichkeit der Länder existiert, hat auch eine Partei, die sich im Bundesmaßstab in der Minderheit befindet, die Chance, wenigstens in einem Bundesland zur Regierungspartei zu werden. Gerade diese politische Konsequenz der Bundesstaatlichkeit ist von eminent politischer Bedeutung, weil sie – angesichts der steten Umkehrbarkeit der Verhältnisse – den Gegensatz zwischen Regierungs- und Oppositionsparteien mildert. Die Chance, daß sich potentiell destruktive Kritik (an der Regierungspartei) zu potentiell konstruktiver Kritik wandelt, wird unter solchen Voraussetzungen jedenfalls erheblich verbessert. Und verbessert wird angesichts der Chance des Experiments in überschaubarem territorialen Rahmen auch die Lernfähigkeit des politischen Systems.

Im übrigen sind es keineswegs nur politische Gründe, die für die Bundesstaatlichkeit sprechen. Längst hat sich erwiesen, daß dezentrale, mit eigenen Entscheidungsbefugnissen ausgestattete politische Einheiten zentralistisch organisierten politischen Einheiten zumeist auch volkswirtschaftlich überlegen sind[31]. Schwierig ist es allerdings, die unter solchen ökonomischen Aspekten optimale Größe der jeweiligen politischen Einheit herauszufinden, zumal nicht zuletzt auch historische, ethnische und kulturelle Faktoren den Konsens erschweren können. Auch bei den Diskussionen um die Neugliederung des Bundesgebietes zeigt sich dieses Problem stets aufs neue.

Ein neuer Legitimationszweig der Bundesstaatlichkeit erwächst aus dem jüngsten Ast am Baum der Politikwissenschaft: der Politischen Ökologie. Diese Rechtfertigung lehnt sich an die Lehre von der Bestandsfähigkeit von Systemen an[32]. Bestandsfähige Systeme sind dadurch gekennzeichnet, daß sie einen hohen Informationsgehalt aufweisen, mehrfach baugleich strukturiert sind und durch ein System negativer Rückkoppelungen stabilisiert werden. Auf der politischen Ebene entspricht solchen Systemqualitäten eine bundesstaatliche Gliederung: Durch die mehrfache Diskussion derselben Probleme im Bundestag, im Bundesrat, in den Länderparlamenten und Länderregierungen samt der ihnen politisch vorgeschalteten Verbands- und Parteigremien fließt ein hoher Informationsgehalt in den politischen Entscheidungsprozeß ein. Auch dem Strukturprinzip des mehrfach gleichen Aufbaus entspricht das bundesstaatliche Modell. Einerseits können in kleineren politischen Einheiten neue Wege eingeschlagen werden, ohne das Gesamtsystem zu überfordern. Andererseits ist bei sozioökonomischen und soziopolitischen Erschütterungen auf Landesebene nicht unbedingt der Zentralstaat

[31] Vgl. für viele E. Tamer (1982).
[32] Vgl. Ch. Sening (1985), S. 125ff.

in gleicher Weise betroffen, und auch politische Probleme des Bundes schlagen nicht ohne weiteres auf die Länderebene durch. Zu negativen Rückkoppelungen kommt es insofern, als der Bundesrat, die Länderregierungen und die Landesgremien der Parteien systemgefährdende Tendenzen abbremsen können.

Wie all diese Begründungen und Rechtfertigungen zeigen, werden die übrigen Staatsstruktur-und Staatszielbestimmungen des Grundgesetzes durch das Bundesstaatsprinzip abgerundet und ergänzt: Das Rechtsstaatsprinzip wird durch die bundesstaatlichen Modalitäten der Gewaltentrennung und Gewaltenhemmung verstärkt. Das Volksstaatsprinzip wird durch den bundesstaatlichen Aufbau von Verbänden und Parteien intensiviert, der nicht zuletzt auch dem Bürger mehr und sachnähere Mitwirkungsmöglichkeiten eröffnet. Das Sozialstaatsprinzip wird durch die Leistungsfähigkeit dezentraler Systeme und durch die Garantie eines Mindestmaßes an Homogenität gefördert. Versteht man unter dem Naturstaatsprinzip die Bemühung um Bewahrung der Schöpfung durch staatliches Handeln, so mag es auf den ersten Blick schwerfallen, im Föderalismus eine Verstärkung dieser Bemühung zu erkennen. Beginnt man aber bereits, das Verhältnis des Menschen zur Natur als einen Bund zu sehen, so werden auch die Verbindungslinien erkennbar: Wenn man bedenkt, daß die Natur bei aller Ganzheitlichkeit des Ineinandergreifens natürlicher Prozesse keineswegs zentralistisch strukturiert ist, sondern uns vielmehr in einer ungeheuren Vielheit von Erscheinungsformen begegnet, so mag man in der Bundesstaatlichkeit geradezu den sozialen Nachbau natürlicher Systeme stehen. In gewissem Sinne mag man den Bundesstaat daher geradezu als Abrundung – um nicht zu sagen als Krönung – des modernen Verfassungsstaates sehen.

3. Wohin tendiert der Bundesstaat?

Das zum Ausklang des letzten Abschnittes angestimmte Lob der Bundesstaatlichkeit darf nicht darüber hinwegtäuschen, daß viele Bundesstaaten vor großen Herausforderungen stehen. Je nach Ausmaß und Ausformung der industriegesellschaftlichen Entwicklung sind die aktuellen Probleme und Tendenzen unterschiedlich akzentuiert.

Das politische Leben des Bundesstaates bewegt sich im Spannungsfeld zwischen den Polen Autonomie und Homogenität, zwischen dem Streben nach Selbständigkeit also und der Tendenz zur Gleichförmigkeit. Ohne das Streben der Gliedstaaten nach einer gewissen Eigenständigkeit würde der Bundesstaat seinen Sinn verfehlen. Ohne ein Mindestmaß an Homogenität, an unantastbarer Gemeinsamkeit – gemeinsamen Voraussetzungen, Zielen und Überzeugungen also – würde jedem Bundesstaat die äußere und innere Zersetzung drohen[33].

Zuweilen wird das Homogenitätserfordernis aus tagespolitischen Erwägungen zurückgedrängt. So vor allem, wenn eine unmittelbare äußere Gefahr droht oder ein ideologisches Konzept die Bundesstaatsidee überlagert. Ein Beispiel für den erstgenannten Fall bietet die Anfangszeit der Vereinigten Staaten von Amerika, als die Unterschiede zwischen der Industriegesellschaft des Nordens und der Sklavenhaltergesellschaft des Südens durch den Solidarisierungsdruck der Kriege gegen Großbritannien und Frankreich in den Hintergrund gedrängt wurden, um dann im Sezessionskrieg (1861–64) um so vehementer hervorzubrechen. Beispiele für den zweiten Fall liefern die Bundesstaaten Jugoslawien und Sowjetunion, wo die schwindende Dominanz einer alle potentiellen Pluralismen verklammernden Einheitspartei heute den ganzen föderativen Aufbau in Frage stellt. Seit Titos Tod und Gorbatschows »Perestroika«- und »Glasnost«-Kurs sind der jugoslawische und der sowjetische Föderalismus in höchstem Maße gefährdet. Ethnographische Unterschiede, wie sie sich in diesen Vielvölkerstaaten zeigen, müssen aber nicht stets zu Zerreißproben der Bundesstaatlichkeit geraten. So konnte etwa die Schweiz durch die Anerkennung von vier Landessprachen als gleichberechtigte Amtssprachen innerstaatliche Konflikte entschärfen.

Unterschiedliche Größe und unterschiedliche Wirtschaftskraft einzelner Gliedstaaten stellen seit eh und je schwerwiegende Probleme für eine ausgewogene Bundesstaatlichkeit dar. Daß »Maus und Löwe« nicht erfolgreich konföderieren können, war eine späte Einsicht im Deutschen Reich von 1870/71. Es bedurfte des politischen Genies eines so außergewöhnlichen Politikers wie Bismarck, um diesen Widerspruch zu verschleiern. In der amerikanischen Bundesverfassung wurde dieses Problem dadurch entschärft, daß die Ein-

[33] C. Schmitt (1970), S. 376f., hebt das Homogenitätserfordernis deutlich hervor.

zelstaaten – wie schon erwähnt – im föderativen Gesetzgebungsorgan gleich stark vertreten sind. Der kleinste (Rhode Island) wie der mächtigste (Kalifornien) der Einzelstaaten entsenden je zwei Vertreter in den Senat. In der Bundesrepublik Deutschland liegt das Problem vor allem in der unterschiedlichen Finanzkraft der Länder.

Das Homogenitätspostulat findet sich in den meisten bundesstaatlichen Verfassungen. Schon Montesquieu hat die Homogenität als wesentliche Voraussetzung der Bundesstaatlichkeit erkannt: »Eine Bundesverfassung«, schreibt er im ›Geist der Gesetze‹, »muß aus Staaten der gleichen Natur, vor allem aus republikanischen Staaten zusammengesetzt sein.«[34] Im Grundgesetz liest sich dieses Erfordernis so: »Die verfassungsmäßige Ordnung in den Ländern muß den Grundsätzen des republikanischen, demokratischen und sozialen Rechtsstaates im Sinne des Grundgesetzes entsprechen.« (Art. 28 Abs. 1) Wenn im letzten Abschnitt die materielle Übereinstimmung der sonstigen Staatsstruktur- und Staatszielbestimmungen mit dem Bundesstaatsprinzip betont wurde, so sehen wir sie hier zum Verfassungsgrundsatz hochstilisiert. Durch das Grundgesetz ist den Bundesländern mithin der Regierungstypus der repräsentativ-parlamentarischen Demokratie verordnet. Es soll damit gewährleistet werden, daß in den Bundesländern die gleichen politischen Fundamentalnormen gelten und mithin dem Bundesstaat nicht eine innere Aufweichung oder gar Auflösung droht. Der Bund hat insoweit sogar die Pflicht, notfalls in die Verfassungsordnung der Länder einzugreifen (Art. 28 Abs. 3 GG). Ausfluß der verfassungsmäßigen Homogenität ist auch die in Art. 31 GG normierte Bundeshoheit: »Bundesrecht bricht Landesrecht«, was besagt, daß dem Bundesrecht widersprechendes Landesrecht zur Wahrung der bundesstaatlichen Homogenität außer Kraft gesetzt wird. In diesem Zusammenhang sind auch die Rechtsinstitute des Bundeszwanges und des inneren Notstandes zu sehen.

Selbst- und traditionsbewußte Gliedstaaten versuchen dennoch immer wieder einmal, das Homogenitätserfordernis zu unterlaufen, indem sie sich mehr als nötig vom Zentralstaat distanzieren. In der Bundesrepublik Deutschland ist es vor allem der (häufig genug einschlägig mißverstandene) »Frei«staat Bayern, der sich gelegentlich in solchem gliedstaatlichen Importanz- und Imposanzverhalten übt, ohne damit freilich bisher das bundesstaatliche Leben ernsthaft gefährdet zu haben oder gar zum Adressaten des Einsatzes bundesstaatlicher Zwangsmittel geworden zu sein.

[34] Montesquieu (1951), 9. Buch, 2. Kap.

Der wohl nachhaltigste Druck auf die moderne Bundesstaatlichkeit geht von den Vereinheitlichungstendenzen unserer Zivilisation aus. Unitarismus ist das Gegenprinzip zum Föderalismus. Folgt die Organisation eines Staates dem unitarischen Prinzip, so ist sie nicht aufgeteilt, sondern einheitlich und zentralistisch. Dies heißt nun allerdings nicht, daß die bundesstaatliche Teilung der Gewalten durch unitarisierende Tendenzen außer Kraft gesetzt würde; es bedeutet zunächst nur die zunehmende Konzentration staatlicher Aufgaben beim Zentralstaat. Sachlich und rhetorisch begründet ist und wird dies mit der wachsenden Gleichförmigkeit des Lebens im modernen Industrie- und Sozialstaat. Und in der Tat ist der Bereich staatlicher Aufgaben, den die Länder ohne weiteres selbständig erledigen können, im Zeichen des steigenden Gewichtes der Technik, der Industrie und des Verkehrs wie auch der unaufhörlich gewachsenen Verflechtungen des sozioökonomischen Lebens und des gestiegenen Planungs-, Lenkungs- und Verteilungsbedarfs auf ein bescheidenes Maß zusammengeschmolzen. Die Einheitlichkeit und Gleichförmigkeit, die der Sozialstaat teils nahelegt und teils erfordert, treten mithin in einen unverkennbaren Widerspruch zu der tradierten Aufgabe des Bundesstaates, regionale Vielfalt zu bewahren.

Ein Blick auf die deutsche Verfassungswirklichkeit illustriert diesen Trend aufs deutlichste. Längst hat der Bund alle wichtigen Materien der konkurrierenden Gesetzgebung an sich gezogen. Die Tätigkeit der Länderlegislativen erschöpft sich heute mehr oder weniger in der Regelung der Details, die der Bundesgesetzgeber offengelassen hat, oder aber im Erlaß der durch die Bundesgesetzgebung erforderlich gewordenen Ausführungsbestimmungen. Auch im Kernbereich der Länderkompetenz – auf dem Verwaltungssektor nämlich – ist der Bund im Vordringen. Normatives Einfallstor hierfür ist Art. 87 Abs. 3 GG, der die Einrichtung selbständiger Bundesbehörden vorsieht. Daneben nimmt der Bund aber auch wachsenden Einfluß auf die Länderverwaltung. Dies ergibt sich schon daraus, daß das von den Landesbehörden zu vollziehende Recht heute überwiegend Bundesrecht ist. Selbst dort aber, wo den Ländern heute noch eigene Gestaltungsmöglichkeiten verblieben sind, ist die Tendenz zur »Wahrung der Einheitlichkeit der Lebensverhältnisse« (Art. 72 Abs. 2 Ziff. 3 GG) bereist deutlich erkennbar. Zum Ausdruck kommt dies in einer entsprechend weitgehenden Selbstkoordination von Bund und Ländern, vor allem aber auch der Länder untereinander. Die Folge hiervon ist eine sachliche Angleichung der landesrechtlichen Zustände sowie auch eine weitgehend gleichförmige Verwaltungspraxis.

Zum Bild des tendenziell unitarischen Bundesstaates gehört allerdings auch die gestiegene Bedeutung des Bundesrates. Die skizzierten Konzentrationsphänomene werden – zumindest in einem politisch-funktionalen Sinne – durch einen erheblichen Bedeutungszuwachs des Bundesrates ausgeglichen. Verfassungsrechtlicher Ausgangs- und Angelpunkt hierfür ist Art. 84 Abs. 1 GG, der in der Mehrzahl der heutigen Gesetzgebungsfälle ein Zustimmungsrecht des Bundesrates auslöst. Etwa 55 Prozent aller Bundesgesetze sind heute sogenannte Zustimmungsgesetze[35], bedürfen also der Zustimmung des Bundesrates, um rechtsgültig verabschiedet werden zu können. Mit der schon angedeuteten Einschränkung kann man also resümieren, daß sich der Gewaltenteilungsmechanismus im tendenziell unitarischen Bundesstaat lediglich verschoben hat. Der Schwächung der Länder steht ihre Stärkung im Prozeß der föderativen Partizipation an der Bundesgesetzgebung gegenüber.

Der Trend zur Unitarisierung ist noch keineswegs abgeschlossen. Je krisenhafter sich nicht zuletzt die sozioökologischen Probleme der Industriegesellschaften zuspitzen, je globaler sich die Herausforderungen in einer immer kleiner werdenden Welt ausnehmen, desto mehr werden Regierungen versuchen, sich durch diese oder jene Art von Krisenmanagement zu retten. Krisenmanagement aber impliziert stets einen nachdrücklich zentralistischen Zugriff.

3.3 Der »kooperative Föderalismus«

Eng verwandt mit der Problematik des unitarischen Bundesstaates ist ein Phänomen der modernen Bundesstaatlichkeit, das unter dem Begriff des »kooperativen Föderalismus«[36] bekannt geworden ist. Der aus der amerikanischen *free cooperation* abgeleitete Begriff hat auch in den deutschen Sprachgebrauch Eingang gefunden, obwohl er im Grunde eine Tautologie[37] darstellt; ohne einvernehmliches Zusammenwirken ist Föderalismus ja kaum denkbar. Daß der Kooperationsaspekt gerade in der amerikanischen Föderalismusdiskussion betont wird, erklärt sich daraus, daß die weitgehende politische Selbständigkeit von Zentralstaat einerseits und Gliedstaaten ande-

[35] Vgl. H. Laufer (1985), S. 107.
[36] Ebd., S. 149ff.
[37] Vgl. auch K. Lang (1971), S. 220.

rerseits sowie die vergleichsweise starre Gewaltenteilung, wie sie in der amerikanischen Verfassung vorgesehen ist, eine Erweiterung des Bundesstaatskonzeptes erforderlich erscheinen ließen. Gerade auch hier erwies sich mit besonderer Deutlichkeit, daß der Modernisierungsdruck nur durch stetiges und koordiniertes Zusammenwirken von Zentralstaat und Gliedstaaten erfolgreich aufgefangen werden kann.

In Deutschland zielt der Begriff des kooperativen Föderalismus auf die institutionelle Zusammenarbeit von Bund und Ländern wie auch der Länder untereinander. Ausdruck des kooperativen Föderalismus sind die Manifestation der Bundestreue im Sinne von Art. 91a GG, die Erfüllung von Gemeinschaftsaufgaben im Sinne von Art. 91b GG und die vertraglichen Selbstkoordinationsmaßnahmen der Länder. Zu diesen letzteren zählen insbesondere die Staatsverträge und Verwaltungsabkommen zwischen den einzelnen Bundesländern. Die Tendenz zur Entwicklung eines differenzierteren Bundesstaatskonzeptes wird besonders dann augenfällig, wenn man sich vergegenwärtigt, daß der längst anerkannte Grundsatz der Bundestreue im Grundgesetz überhaupt nicht erwähnt ist und auch die Gemeinschaftsaufgaben erst im Jahre 1969 durch ein verfassungsänderndes Gesetz eingeführt wurden. Heute ist man sich weitgehend einig, daß die Entwicklung des kooperativen Föderalismus den Bundesstaat anpassungsfähiger gemacht hat, daß es im Rückgriff auf seine Instrumentarien leichter ist, die Balance zwischen unitarischen und föderalen Kräften zu wahren[38].

Der Flexibilität wird der Bundesstaat in der Zukunft freilich in noch stärkerem Maße bedürfen als schon in der Vergangenheit. Mit der zivilisatorischen Komplexität wachsen auch die Herausforderungen an diese Flexibilität. So wird das Bundesstaatskonzept auch in Zukunft noch in mancherlei Formen erweitert werden müssen. So etwa durch die Verbindung mit anderen Arten der Dezentralisation durch die Stärkung der kommunalen Autonomie und die Aufwertung von Selbstverwaltungskörperschaften. Nicht zuletzt aber auch durch die Ermöglichung regionaler wie überregionaler Zusammenschlüsse, für die auch die nationalen Grenzen keine unüberwindbaren Barrieren mehr darstellen können. Und diese letztgenannte Perspektive soll nun wegen ihres starken Gegenwartsbezuges abschließend noch hervorgehoben werden.

[38] Vgl. O. Kimminich (1987), S. 1146.

3.4 Der »transnationale Föderalismus«

Nicht nur bei der Entstehung des modernen Staates, sondern auch bei der Entwicklung des Bundesstaatskonzeptes hat der Begriff der Souveränität eine entscheidende Rolle gespielt. In der Morgendämmerung der postindustriellen Gesellschaft ist es nun bezeichnenderweise der faktische Souveränitätsverlust, der die Bundesstaatlichkeit herausfordert. Nicht nur die modernen Langstreckenwaffen und Massenvernichtungsmittel stellen die Souveränität aller – vor allem aber der mittleren und kleinen – Staaten in Frage; auch die weltweiten ökonomischen und ökologischen Verflechtungen führen zu unverkennbaren Souveränitätsverlusten. Daß Wasser bergab fließt und die Luft keine Grenzen hat[39], wollte man politisch lange nicht oder nur in sehr eingeschränktem Maße wahrhaben. Solche Souveränitätsverluste müssen nicht zuletzt durch verstärkte internationale Zusammenarbeit und durch neue föderative Zusammenschlüsse aufgefangen werden.

Bei der Weiterentwicklung des überkommenen Bundesstaatskonzeptes zu einem transnationalen Föderalismus geht es um die Frage, wie Bundesstaaten in größere föderative Ordnungen einbezogen werden können, ohne daß sie ihre eigene föderative Identität aufgeben müssen. Kommt es lediglich zu einem Staatenbund, ist diese Frage leicht zu beantworten. Bloße Staatenbünde bieten jedoch sehr viel geringere Chancen, den genannten zivilisatorischen Herausforderungen erfolgreich begegnen zu können, als Gebilde höherer föderativer Verdichtung. Entscheiden sich Staaten daher für eine solche Lösung, so bleibt die Frage, wie die transnationalen Organe strukturiert sein müssen, damit eine föderative Hyperstruktur entsteht und die föderativen Ausgangsstrukturen dennoch erhalten bleiben. Des weiteren stellt sich die Frage, ob die Legitimation der neuen föderativen Ordnung von den Staaten oder von den Staatsbürgern ausgeht, ob ein echtes Zweikammersystem begründet werden soll, ob ein kollektives Staatsoberhaupt denkbar ist, welche Art von Gerichtshof über die Funktionsfähigkeit der neuen föderativen Ordnung wachen soll und dergleichen mehr.

Für die Gliedstaaten der integrationswilligen Bundesstaaten stellt sich vor allem die Frage, in welchen Politiksektoren sich die Tätigkeit der neuen Föderativorgane unmittelbar oder mittelbar auf ihr politisches Eigenleben auswirkt, auf welche Weise sie an der Rechtssetzung des neuen Gemeinwesens mitwirken können, ob sie selbst

[39] Vgl. P. C. Mayer-Tasch (Hrsg.) (1986).

oder der ursprüngliche Zentralstaat zur Umsetzung des neuen Gemeinschaftsrechtes befugt ist etc.[40]

Für das Verfassungsleben der Bundesrepublik Deutschland stellen sich solche Fragen und Probleme schon seit ihrem Beitritt zur damaligen Europäischen Wirtschaftsgemeinschaft.

Die Mitgliedschaft der Bundesrepublik in der Europäischen Gemeinschaft (wie sie seit 1965 offiziell heißt) wirkt sich in doppelter Hinsicht auf das innerstaatliche Verhältnis von Bund und Ländern aus. Zum einen wurden durch die Römischen Verträge von 1956 Hoheitsrechte auf die verschiedenen Europäischen Gemeinschaften übertragen, wovon auch die Länder von Anfang an betroffen waren. Zum anderen entfalten Gemeinschaftsorgane kraft Ermächtigung durch die EG-Verträge auch auf Sachgebieten rechtssetzende Tätigkeiten, die ursprünglich einer ausschließlichen Länderzuständigkeit unterlagen. In den entsprechenden Organen – dem Europäischen Ministerrat und der Europäischen Kommission – agieren jedoch Vertreter des Bundes, so daß den Ländern der Weg einer direkten Mit- und Einwirkung versperrt ist.

Die Übertragung von Hoheitsrechten der Länder erfolgt nach Art. 24 Abs. 1 GG. Der Bund kann dabei auch Hoheitsrechte der Länder übertragen[41]. Werden solche Rechte auf die EG übertragen, so können die Länder den Ratifizierungsgesetzen im Bundesrat die Zustimmung verweigern. Da eine solche Verweigerung aber aus politischen Gründen kaum opportun wäre, hat man den Ländern eine andere Form der Mitwirkung zugestanden. Insbesondere wurden der Bundesregierung Informations- und Konsultationspflichten gegenüber dem Bundesrat und den Bundesländern auferlegt. Bei entsprechenden Verhandlungen mit und im Rahmen der Europäischen Gemeinschaft müssen die Stellungnahmen des Bundesrates von der Bundesregierung berücksichtigt werden; nur aus unabweisbaren außen- und integrationspolitischen Gründen darf sie davon abweichen[42]. Auch im Bereich der auswärtigen Gewalt erfährt der Bundesrat also wieder einen Bedeutungszuwachs.

Die Forderung nach einer Intensivierung des europäischen Integrationsprozesses geht zumeist Hand in Hand mit der – volksstaatlich begründeten – Forderung nach einer Stärkung des Europäischen Parlaments. Vielfach wird dabei jedoch übersehen, daß eine Übertragung der EG-Richtlinien- und Verordnungskompetenz auf

[40] Vgl. auch H. H. Schwan (1982), S. 14.
[41] Th. Schodder (1988), S. 85ff.
[42] BGBl. 1986, Teil II, S. 1102.

das Europäische Parlament das Ende des Mitwirkungsrechtes der Bundesländer bedeuten würde. Auf das Europäische Parlament nämlich kann die – den Bundesländern im Innenverhältnis durch eine entsprechende Bund-Länder-Vereinbarung verpflichtete – Bundesregierung im Grunde keinen Einfluß nehmen. Und das Europäische Parlament selbst dürfte sich bei einer Beibehaltung der derzeitigen europäischen Funktionsstrukturen kaum für Stellungnahmen des Bundesrats oder gar einzelner Landtage interessieren.

Soll der förderalistische Gedanke bewahrt und vertieft werden, so muß daher auch das Konzept des transnationalen Föderalismus fortentwickelt werden. Und dies schon deshalb, weil die in den einzelnen Mitgliedsstaaten der Europäischen Gemeinschaft vorfindbaren föderalistischen Grundeinheiten – Länder, Regionen und autonome Gebiete – staatsrechtliche Gebilde ganz unterschiedlicher Art darstellen. Einen ersten Schritt auf diesem Weg der Fortentwicklung des transnationalen Föderalismus stellen die interregionalen Zusammenschlüsse und Arbeitsgemeinschaften wie die »Argealp« und die »Bodenseekonferenz« dar. Ungeachtet solcher Ansätze ist das so viel- und vollmundig beschworene »Europa der Regionen« noch alles andere als eine politische Realität. Und auch seine staatsrechtliche Konstruktion ist bislang noch alles andere als geklärt, zumal der Unterschied zwischen der politischen Mentalität und Kultur der Länder, die von altersher föderalistisch strukturiert sind, und der Länder, die ihr Selbstbewußtsein traditionellerweise aus einer zentralistischen Struktur herleiten, eine solche Klärung nicht gerade fördert. Unleugbar ist jedenfalls, daß die Bundesstaatsidee durch die allenthalben erkennbaren europäischen Regionalismusbestrebungen und -bewegungen eine neuerliche Bestätigung erfährt.

Das bislang eher optimistisch gezeichnete Bild des Bundesstaats soll freilich nicht darüber hinwegtäuschen, daß sich hinter föderativen Bollwerken häufig genug handfeste sozioökonomische und soziopolitische Interessen verschanzen, die der Gemeinwohlorientierung der Bundesstaatlichkeit zuwiderlaufen.

Ein besonders augenfälliges Beispiel hierfür bietet die Umweltpolitik. Selbst sorgsam gehütete Gesetzgebungskompetenzen werden vielfach nicht genützt, weil es entweder am ökologischen Sachverstand oder am – von der heimischen Wirtschaftslobby gelähmten – umweltpolitischen Handlungswillen fehlt. Das Bundesland Bayern etwa nahm seine Gesetzgebungszuständigkeit für einen umweltpolitisch so bedeutsamen Bereich wie die Abfallvermeidung nicht wahr bis es durch ein Volksbegehren zum Handeln gezwungen wurde. Ähnlich verhält es sich auf der transnationalen Ebene des Föderalismus. Auch hier verschanzen sich die Gliedstaaten oft hinter dem kleinsten gemeinsamen Nenner, mißbrauchen den Föderalismus als Alibi.

Der Notwendigkeit zur Herstellung »praktischer Konkordanz« – dem kategorischen Imperativ des Verfassungsstaates – kann sich mithin auch das Staatsziel der Bundesstaatlichkeit nicht entziehen.

Ein Rück- und Rundblick auf die Entwicklung des Föderalismus zeigt die vergleichsweise hohe Anpassungsfähigkeit des Bundesstaatskonzeptes. Auf manchen soziopolitischen Problemfeldern bietet sich das Bundesstaatskonzept geradezu als die Lösungsmöglichkeit an. So etwa bei der politischen Sanierung von Staaten, deren Grenzen von ehemaligen Kolonialmächten willkürlich gezogen wurden und die nach der Entkolonialisierung auseinanderzubrechen drohen. Dasselbe gilt auch für die potentielle Stabilisierung bzw. Neuordnung von Staaten, in denen »die Diktatur des Proletariats« jahrzehntelang die vorhandenen ethnischen Spannungen überlagert hat. Ein föderalistisches Patentrezept gibt es freilich nicht, und auch die Bundesstaatsidee muß flexibel und sensibel der jeweiligen Situation angepaßt werden. Zu dieser Flexibilität und Sensibilität gehört insbesondere die Rücksichtnahme auf historische Entwicklungen, auf regionale und ethnische Differenzen wie auf die politische Kultur. Vor allem gehört dazu aber auch die Einsicht, daß das Bundesstaatskonzept nicht unbedingt für jedes politische System empfehlenswert ist.

Literatur

Deuerlein Ernst (1972): Föderalismus. Die historischen und philosophischen Grundlagen des föderativen Prinzips. Bonn

Elazar, Daniel J. (1987): Exploring federalism. Tuscaloosa

Esterbauer, Fried (1978): Regionalismus. München

Frenkel, Max (1984): Föderalismus und Bundesstaatlichkeit. Band 1: Föderalismus. System, Recht und Probleme des Bundesstaates im Spannungsfeld von Demokratie und Föderalismus. Bern

Hamilton, Alexander, James Madison u. John Jay (1958): Der Föderalist. Wien

Hesse, Konrad (1962): Der unitarische Bundesstaat. Karlsruhe

Lang, Kaspar (1971): Die Philosophie des Föderalismus. Versuch einer ethisch fundierten Staatsphilosophie der Veranwortung. Zürich

Laufer, Heinz (1985): Das föderative System der Bundesrepublik Deutschland. München (5. Aufl.)

Samsinger, Elmar (1984): Föderalismus. Wien

C. Der Verfassungsstaat in Zeit und Raum

I. Staat und Politik als Objekt und Subjekt der Geschichte

Im Rahmen einer vorgegebenen Relation die Frage nach Subjekt und Objekt zu stellen, ist stets riskant, weil schon bei einem vergleichsweise niederen – und erst recht bei einem höheren – Komplexitätsgrad dieser Relation weder die Regressions- noch die Wechseldynamik von Subjektivität und Objektivität vom menschlichen Verstand voll überblickt werden kann. Wer oder was Subjekt oder Objekt ist, läßt sich daher auch nur in vorsichtigen und vorläufigen Aussagen bestimmen. Entgehen kann man diesem kognitiven Dilemma nur, indem man sich aus Raum und Zeit zurückzieht und Gott, den »unbewegten Beweger«, als Ursprung allen Geschehens und damit auch als Ursprung der (Evolutions-)Geschichte ins imaginäre Blickfeld rückt. Die Geschichte wird damit zum Subjekt schlechthin – zum General-Subjekt gewissermaßen, dem alle menschlichen Hervorbringungen und Ordnungen als etwas »objektiv« Hervorgebrachtes und Nachgeordnetes gegenüberstehen.

Unter einem solchen Blickwinkel werden auch Staat und Politik zum Objekt der Geschichte. Natürliche und soziale Prozesse, geographische, klimatische, ökonomische und philosophisch-theologische Gegebenheiten und Entwicklungen haben immer wieder neue politische Bewegungs- und Hegungsformen hervorgebracht, haben Verfassungen entstehen und vergehen lassen. Mit den natürlichen Determinanten dieser oder jener Art rechtlich-politischer Verfaßtheit haben sich insbesondere Aristoteles, Thomas von Aquin, Jean Bodin und Montesquieu befaßt[1]; die sozialen Determinanten waren stets Gegenstand des Nachdenkens über Recht, Staat und Politik. Diese natürlichen oder sozialen Gegebenheiten und Entwicklungen haben diese, jene natürlichen oder sozialen Gegebenheiten und Entwicklungen haben jene Verfassungsformen hervorgebracht. Schon die in dieser Einführung in die politische Theorie des Verfassungsstaates skizzierte Art und Weise, in der sich die Grundelemente unserer Verfassungsstaatlichkeit entwickelt haben, zeigt die Abhängigkeit der einzelnen Struktur- und Zielprinzipien und -tendenzen von den jeweiligen natürlichen und sozialen »Umständen«. Neben vergleichsweise altüberlieferten Verfassungselementen, wie

[1] Vgl. Aristoteles, Politik, Buch 7. Übers. u. hrsg. von Olof Gigon, München 1973 ff., S. 227 ff. Thomas von Aquin, Über die Herrschaft der Fürsten, Buch II, Kap. 2–4. Jean Bodin, Sechs Bücher über den Staat, Buch V, Kap. 1. Charles Secondat de Montesquieu, Vom Geist der Gesetze, Buch 14–18.

dem Rechtsstaatsprinzip, stehen neuere, wie das Sozialstaatsprinzip, und neueste, wie das »Naturstaats«prinzip. Ein allerneuestes – die Nationalstaatlichkeit – scheint sich in Deutschland im Sog der (möglicherweise trotz aller feierlichen *rebus-sic-stantibus*-Deklarationen mit dem 3. Oktober 1990 noch nicht abgeschlossenen) Wiedervereinigung im Zuge des absehbaren Zerfalls des sowjetischen Großreiches anzukündigen. Die Entwicklungsdynamik einiger Elemente der Verfassungsstaatlichkeit – der Rechts-, Volks- und Sozialstaatlichkeit nämlich – scheint zu stagnieren, die Entwicklungsdynamik anderer wiederum – der Natur- und der Bundesstaatlichkeit nämlich – eher zu akzelerieren. Während die Entwicklung einer Art von Naturstaatlichkeit durch sozioökologisch induzierte »natürliche« Umstände erzwungen wird, ist die Entwicklung der Bundesstaatlichkeit eher auf sozioökonomische und soziopolitische Faktoren zurückzuführen. Interessanterweise verläuft diese Entwicklung der Bundesstaatlichkeit in zwei verschiedenen Richtungen: einerseits hin zu einer Art von föderativer Überstaatlichkeit, die sich in der Vision von den »Vereinigten Staaten von Europa« verdichtet, andererseits hin zu einer Art von föderativer Unterstaatlichkeit, die längst als »Europa der Regionen« zum geflügelten Wort geworden ist. Daß diese formell gegenläufigen, aber virtuell gleichläufigen Entwicklungen in einem potentiellen Gegensatz zu den erwähnten nationalistischen Tendenzen stehen, ist unverkennbar, gehört aber eben zu den Charakteristiken einer im Strom der Zeit stehenden Verfassungsstaatlichkeit. Wenn sich erkennbare Tendenzen dann zu erklärten Staatszielen und -strukturen verdichten, so ist dies zwar im nachhinein erklärbar oder doch deutbar, kaum aber ist es zuverlässig vorhersehbar. Nicht zuverlässig vorhersehbar ist dies vor allem deshalb, weil sich auch in diesem (Vor-)Raum von Recht und Politik erkennbare Tendenzen einerseits abzuschwächen oder gar aufzuheben, andererseits aber auch synergetisch zu verstärken vermögen. Und die oft haarscharfe Grenze zwischen wechselseitiger Aufhebung, Abschwächung oder Verstärkung zählt zu den – dem menschlichen Einsichtsvermögen häufig genug völlig entzogenen – Mysterien der Geschichte.

Soviel schon vorweg zum Thema »Staat und Politik als *Objekt* der Geschichte«. Verändert man den Blickwinkel, mögen Staat und Politik allerdings auch als *Subjekt* der Geschichte erscheinen. Innerhalb eines nicht allzu weit gespannten Rahmens können Staat und Politik in der Tat nicht unerhebliche Einfluß- und Gestaltungsmöglichkeiten zuwachsen – Möglichkeiten freilich, die von den meisten Zeitgenossen einschließlich derer, die es eigentlich besser wissen müßten (Juristen und Politiker nämlich), in aller Regel erheblich überschätzt werden. Der Subjektcharakter von Staat und Politik besteht – um es paradox zu formulieren – in erster Linie in einer Verstärkung und Überhöhung ihres Objektcharakters. Geschichte wirkt (auch) durch alle politischen Bewegungs- und Hegungsformen hindurch, nützt sie als Transitwege ihrer vielgestaltigen Dynamik. Sind solche Transitwege erst geschaffen, so sind sie allerdings sehr wohl in der Lage, das Transferpotential an historischer Entwicklungsdynamik deutlich zu erhöhen – ganz so, wie nach allen Erfahrungen der Verkehrspolitik der Bau neuer Straßen bzw. die Verbreiterung von Straßen auch das Verkehrsaufkommen erhöht.

Nicht vergessen werden darf auch, daß der Transitcharakter dem Recht – und vorab dem in besonderem Maße politischen Veränderungen unterworfenen Verfassungsrecht –immanent ist. »Zeit und Verfassung« (Peter Häberle[2]) ist ein Thema für sich. Jede Verfassung und darüber hinaus jede Rechtsordnung enthält eine Vielzahl mehr oder minder unbestimmter Rechtsbegriffe, die den jeweiligen »Zeit«einflüssen zumal dann Tür und Tor öffnen, wenn sich die jeweils vorherrschenden Interpretationstheorien weniger am (erkennbaren) Willen des historischen Verfassungs- bzw. Gesetzgebers als vielmehr am – man beachte den Doppelsinn des Begriffs – »objektivierten« Willen der Verfassung orientieren, wie dies in Deutschland der Fall ist[3]. Freilich ist es nicht »die Zeit«, die ja »en quelque façon nul« ist (um Montesquieus berühmte Fehleinschätzung der dritten Gewalt zu bemühen), die hier wirkt, sondern vielmehr die im Medium der Zeit wirkenden geschichtsmächtigen Kräfte, das weitertreibende Geschick, das durch die Gesellschaft und durch die Einzelung hindurch wirkt – in einer kollektiven Woge also wie im Filter der Individualität. Und von dieser Filterwirkung rechtlich-politisch verfaßter Besonderheit mag nun im letzten Abschnitt dieses Buches noch die Rede sein: von der Wahrnehmungsfähigkeit nämlich als zentralem Juridikum und Politikum. Oder, mit anderen Worten, vom Verfassungsstaat als Produkt der Wahrnehmung von Recht und Politik.

[2] Zeit und Verfassung. Prolegomena zu einem »zeit-gerechten« Verfassungsverständnis. In: Zeitschrift für Politik, Jg. 21 (1974), S. 111 ff. Häberle präsentiert eine, wenn auch keinen Anspruch auf Vollständigkeit erhebende, aber gleichwohl sehr nützliche Bestandsaufnahme der rechtlichen Nahtstellen, an denen »die Zeit« – für was auch immer diese Chiffre zu stehen scheint – eine Transformatorenrolle spielt.

[3] Vgl. schon grundlegend Peter Schneider, Prinzipien der Verfassungsinterpretation. In: Veröffentlichungen der Vereinigung der Deutschen Staatsrechtslehrer, Heft 20 (1963), S. 1 ff. Vgl. auch das im selben Heft (S. 53 ff.) abgedruckte Korreferat von Horst Ehmke.

II. Der Verfassungsstaat als Produkt der Wahrnehmung von Recht und Politik

»Worte«, sagt Thomas Hobbes, »sind weiser Männer Rechenpfennige; nur den Toren gelten sie als bare Münze, die nach der Autorität alter Doktoren geschätzt wird.«[1] Auch der Quintessenz des Politischen kann man sich nur dann wirklich nähern, wenn man sich nicht durch Worte verwirren läßt. Zu diesen Worten zählen auch die tradierten Verknüpfungen der Begriffstrias von Politik, Staat und Gesellschaft. Die Gleichsetzung der Sphäre des Politischen mit der Sphäre des Staatlichen ist ebenso eindeutig historisch bedingt wie die Gegenüberstellung von Staat und Gesellschaft. Sie markiert letztlich nicht mehr als die konstruktive Entflechtung der ebenso komplexen wie intrikaten Autoritäts- und Machtverflechtungen des Mittelalters. Ihr Urbild ist und bleibt daher auch der geistige Kubus des absolutistischen Staates, den es lediglich zu facettieren – oder auch des ungebärdigen Leviathan, den es nur zu zähmen galt. So groß aber auch die fortwirkende Bedeutung dieser konstruktiven Bereinigung der rechtlich-politischen Landkarte sein mochte und sein mag, so wenig kann sie darüber hinwegtäuschen, daß politische Bewegung stets eine Bewegung aus der Gesellschaft und in Richtung auf die Gesellschaft war, ist und sein wird. Der antike Begriff des Politischen kannte keine Unterscheidung zwischen einer »staatlichen« Einrichtung und »der Gesellschaft«. Und auch der Demokratisierungsprozeß der letzten beiden Jahrhunderte läßt eine solche Unterscheidung immer fragwürdiger erscheinen. Die wechselseitige Durchdringung sozialen und – im willkürlich eingeschränkten Sinne des Wortes – politischen Handelns ist allzu offensichtlich, als daß sie in Abrede gestellt werden könnte. Was heute ansteht, ist daher auch die Rekonstruktion eines Begriffs des Politischen, der die – nur im Hinblick auf seine historische Dialektik bedeutsame – neuzeitliche Unterscheidung zwischen privat-gesellschaftlichem und öffentlich-politischem Handeln aufgibt und (wieder) die virtuelle Totalität des Politischen ins Blickfeld rückt.

Zu dieser Weitung des Blickfeldes gehört nicht zuletzt auch der Verzicht auf die Larmoyanz, mit der nicht selten »die Politik« und »die Politiker« für alles oder doch mancherlei Ungemach dieser Welt verantwortlich gemacht werden, und mit der deshalb auch »po-

[1] Leviathan (1969), Teil 1, Kap. 4.

litisch' Lied« als schlechthin »garstig' Lied« gebrandmarkt wird. »Die Politik«, »die Politiker« und das »politisch' Lied« sind ja in aller Regel oder doch häufig genug nicht mehr als – zur temporären Form erstarrte – Schaumkronen auf dem Gewoge des (beliebig individualisierbaren) kollektiven Lebens der Gesellschaft.

All dies hätte auch Thomas Hobbes wissen müssen, als er seine staatliche Friedensmaschine konstruierte – ein Ideenkonstrukt, das selbst als eine Art von Schaumkrone aus den Wogen des englischen Bürgerkrieges aufstieg. Das Faszinosum seiner weitausgreifenden normativen Hegungsgebärde liegt in der trotzigen Seiltrick-Illusion, daß die Gebärde selbst auf Dauer ihre Form behalten könne. Und diese Illusion gehört wohl zu den Charakteristika jeder »rechten« Staats- und Verfassungstheorie. Zu den Charakteristika jeder »linken« Staats- und Verfassungstheorie wiederum gehört die Illusion, daß die – zumeist sehr wohl erkannte – soziale Durchgängigkeit des Politischen in den »gesellschaftlichen Zuständen« ihre letzte Erklärung finden könne. Letztlich nämlich ist es – trotz aller sozialsynergetischen Wechseldynamik – der Einzelne, immer nur der Einzelne, in dem und durch den hindurch sich Politik ereignet. Und dies ganz unabhängig davon, ob er dabei eine aktive oder eine passive Rolle zu spielen scheint. Seine – des Einzelnen – Wahrnehmung determiniert den Prozeß des Politischen und wird so zum zentralen Politikum.

Die menschliche Wahrnehmung aber ist nicht zuletzt eine Funktion der menschlichen Wahrnehmungsfähigkeit. Und diese Wahrnehmungsfähigkeit wiederum reicht in die Sphäre des Schicksalhaften hinein. Sehr viel naheliegender und tiefgründiger als Napoleons Diktum »Die Politik ist unser Schicksal« ist daher auch dessen Umkehrung: »Das Schicksal ist unsere Politik«. Wenn man vom Schicksal spricht, so mag man zwar in erster Linie an äußere Umstände denken, die auf unser Leben einwirken; in vielleicht noch stärkerem Maße schicksalhaft als diese äußeren Umstände ist jedoch die Art und Weise, wie wir diese auf uns wirken lassen und in welcher Weise wir sie dann wieder durch uns hindurch auf andere wirken lassen. Diese Art der Aufnahme und Umsetzung von Einflüssen und Eindrücken – und um nichts anderes als dieses handelt es sich bei der »Wahr-nehmung« – kann von Individuum zu Individuum ganz erheblich variieren. Psychische, physische und wohl auch meta-physische Gründe lassen den Filter der Wahrnehmung(sfähigkeit) sowohl in der empirischen Erfahrung des Seienden als auch in der normativen Erfahrung des Sein-Sollenden sehr unterschiedlich wirken. In-forma-tion mag also je nach der Forma-tion des »Informierten«, je nachdem also, welche Aufnahme- und Umsetzungsmuster er in sich trägt, zu einander diametral entgegengesetzter Informationsverarbeitung führen. Es ist auch durchaus möglich (und gar nicht so selten), daß die innere Formation zu (weiterer) In-forma-tions-Verweigerung führt – ein Prozeß, den wir je nach unserem eigenen Wahrnehmungsprofil affirmativ oder negativ etikettieren können, wobei das Etikett »Unbeirrbarkeit« eher dem ersteren, das Etikett »Verdrängungsbereitschaft« eher dem letzteren Verarbeitungsmuster entspricht. An der Faktizität dieses Wahrnehmungspluralismus ist jedenfalls nicht zu zweifeln. Und nicht zu zweifeln ist auch an seiner eminenten politischen Tragweite. Jede politische Entscheidung und jede rechtliche Entscheidung (angesichts der nahezu ausnahmslos gegebenen Interpretationsspielräume hat nicht nur die Rechtsetzung, sondern auch die Rechtsanwendung dezisionären Charakter, ob dies nun erkannt und zugegeben wird oder nicht) wird mithin zu einer Funktion der – seine Wahrnehmung(sfähigkeit) determinierenden – Formation dessen, der solche Entscheidungen trifft. Letztlich ist allein sie es, die entscheidet, wie die am rechtlich-politischen Prozeß aktiv und passiv Beteiligten natürliche und soziale Gegebenheiten in sich aufnehmen, verarbeiten und umsetzen. Ihre, für sie und andere schicksalhafte Prägung wird zu Recht und Politik, gibt dem Verfassungsstaat seine je und je konkrete Gestalt.

Setzt all dies den Verfassungsstaat der völligen Beliebigkeit und Verfügbarkeit aus?

So berechtigt diese Frage auch erscheinen mag – ohne weiteres läßt sie sich nicht bejahen. Zwar sind nahezu alle Konstitutionen moderner Verfassungsstaaten mehr oder minder *catch-all-constitutions,* zwar versprechen sie (allzu) Vieles und können daher (allzu) Weniges wirklich halten. Gerade der aus der Großäugigkeit – um nicht zu sagen: Großmäuligkeit – der meisten modernen Staatsverfassungen erwachsenden Illusion kommt aber eine Realität besonderer Art zu. Es ist dies – wiederum paradox formuliert – die Realität der Illusion: Der Illusion nämlich, daß die normativ signalisierten (Verfassungs-)Grenzen absolute Grenzen und die normativ signalisierten (Verfassungs-)Ziele absolute Ziele seien, daß die Verfassung also mehr oder minder klar zum Ausdruck bringe, »wo's lang geht« oder auch nicht weitergeht. Die Vorstellung nämlich, daß die (Rechts- und) Verfassungsmünze »bare Münze« sei, kann unter günstigen soziopolitischen Umständen ein Klima hypothetischer Geborgenheit und gemeinschaftsorientierter Verständnisinnigkeit schaffen, das auch dann noch in jeden konkreten Akt der (Rechts- und) Verfassungsinterpretation hineinwirkt, wenn um die jeweils anstehende Interpretationsentscheidung erbittert gerungen werden muß.

Die Art und Weise aber, in der sich Realität und Illusion zur – halb ehernen, halb flüchtigen – Gestalt des Verfassungsstaates verbinden, macht das Spezifikum jeder politischen Kultur aus. In dieser trügerischen Doppelgestalt kann er weder zur tauglichen Zielscheibe der Zyniker, noch zur behaglichen Ofenstube der Naiven werden. Vielmehr ist und bleibt der Verfassungsstaat – oder präziser: die Bemühung um die Herstellung einer »praktischen Konkordanz« der verschiedenen, potentiell divergierenden Elemente der Verfassungsstaatlichkeit – eine starke Herausforderung an den Überlebenswillen und den Gemeingeist aller am rechtlich-politischen Leben direkt und indirekt Beteiligten. Er ist und bleibt daher insbesondere eine Herausforderung an die Wahrnehmungstiefe und Bewußtseinshöhe jedes einzelnen Bürgers – eine Herausforderung an seine Fähigkeit, die auf ihn wirkenden natürlichen und sozialen Lebenssachverhalte im inneren und äußeren Blick auf die Erfordernisse der »von Natur«[2] – als jedem Menschen immanentes Urbild – bestehenden (Verfassungs-)Staatlichkeit aufzunehmen und umzusetzen. Diese Blickrichtung verlangt auch ein – sich am tradierten Humanitätsideal von Mitte und Maß orientierendes – Gespür sowohl für das in Zeit und Raum Bewährte und daher auch weiter zu Bewahrende als auch für das in Zeit und Raum Überlebte und daher an neue Gegebenheiten und Entwicklungen Anzupassende.

So sehr man davon ausgehen kann und muß, daß bei der Aristotelischen Vision der »von Natur aus« bestehenden (Verfassungs-)Staatlichkeit die Evolution mitbedacht ist und daß so immer wieder neu verfaßte Geschichte rechtlich politische Gestalt annimmt, so verständlich ist es doch, daß der Verfassungsstaat bei aller strukturellen und funktionellen Flexibilität eher in einem instinktiv beschworenen Assoziationszusammenhang von Festhalten und Festschreiben, Anfassen und Verfassen steht – in einem emotionalen und intellektuellen Milieu also, das der menschlichen Problemverarbeitungskapazität und dem menschlichen Entwicklungsstil entgegenkommt. Die Idee des Verfassungsstaates wird damit nicht zuletzt auch zu einer jener Inseln im Schnitt von Zeit und Raum, auf die wir uns immer wieder aus dem Strom des Geschehens zum Atemholen retten.

[2] Vgl. dazu Aristoteles, Politik, Buch 1, S. 49.

1. Grundlegende Literatur

Benda, Ernst, Werner Maihofer u. Hans-Jochen Vogel (Hrsg.) (1983): Handbuch des Verfassungsrechts der Bundesrepublik Deutschland. Berlin, New York

Berber, Friedrich (1978): Das Staatsideal im Wandel der Weltgeschichte. 2. neubearb. Aufl. München

Berg-Schlosser, Dirk, Herbert Maier u. Theo Stammen (1985): Einführung in die Politikwissenschaft. 4. durchges. Aufl. München

Denninger, Erhard (1973; 1979): Staatsrecht. Einführung in die Grundprobleme des Verfassungsrechts der Bundesrepublik Deutschland. 2 Bde. Reinbek

Friedrich, Carl-Joachim (1955): Die Philosophie des Rechts in historischer Perspektive. Berlin u.a.

Hättich, Manfred (1967–72): Lehrbuch der Politikwissenschaft. 3 Bde. Mainz

Herzog, Roman (1971): Allgemeine Staatslehre. Frankfurt a.M.

Hesse, Konrad (1988): Grundzüge des Verfassungsrechts der Bundesrepublik Deutschland. 16. erg. Aufl. Heidelberg

Küchenhoff, Günther u. Erich (1960): Allgemeine Staatslehre. 4. Aufl. Stuttgart

Isensee, Josef u. Paul Kirchhof (Hrsg.) (1987 ff.): Handbuch des Staatsrechts der Bundesrepublik Deutschland. 7 Bde. Heidelberg

Jellinek, Georg (1959): Allgemeine Staatslehre. 3. Aufl., 6. Neudr. Bad Homburg

Kommentar zum Grundgesetz für die Bundesrepublik Deutschland (Alternativkommentar). 2 Bde. 2. Aufl. Neuwied 1989

Loewenstein, Karl (1969): Verfassungslehre. 2. Aufl. Tübingen

Maunz-Dürig-Herzog (1987): Grundgesetz. Kommentar. Von Theodor Maunz u.a. 2 Bde. München

v. Münch, Ingo (1985): Grundgesetzkommentar. 3 Bde. 3. Aufl. München

Sabine, George H. (1973): A history of political theory. 4. Aufl. Hinsdale

Schmitt, Carl (1970): Verfassungslehre. 5. unveränd. Aufl. Berlin

Seifert, Karl-Heinz u. Dieter Hömig (Hrsg.) (1988): Grundgesetz für die Bundesrepublik Deutschland. 3. Aufl. Baden-Baden

Stein, Ekkehart (1988): Staatsrecht. 11. neubearb. Aufl. Tübingen

Strauss, Leo (1956): Naturrecht und Geschichte. Stuttgart

Verdross, Alfred (1958): Abendländische Rechtsphilosophie. Ihre Grundlagen und Hauptprobleme in geschichtlicher Schau. Wien

Welzel, Hans (1962): Naturrecht und materiale Gerechtigkeit. 4. neubearb. u. erw. Aufl. Göttingen

Zippelius, Reinhold (1982): Allgemeine Staatslehre (Politikwissenschaft). Ein Studienbuch. 8. völlig neu bearb. Aufl. München

Zippelius, Reinhold (1989): Geschichte der Staatsideen. 6. erw. Aufl. München

2. Weiterführende Literatur

Abendroth, Wolfgang (1950): Zum Begriff des demokratischen und sozialen Rechtsstaates im Grundgesetz der Bundesrepublik Deutschland. In: Aus Geschichte und Politik. Festschrift zum 70. Geburtstag von Ludwig Bergsträsser. Hrsg. v. Alfred Herrmann. Düsseldorf, S. 279–300
Adam, Armin (1990): Die Zeit der Entscheidung. Carl Schmitt und die politische Apokalyptik. In: Georg Christoph Tholen u. Michael O. Scholl (Hrsg.), Zeit-Zeichen. Weinheim, S. 97–107
Adam, Robert (1964): Die USA. 1. Geschichte und Verfassungsordnung. München
Agnoli, Johannes u. Peter Brückner (1968): Die Transformation der Demokratie. Frankfurt a.M.
Amery, Carl, P. C. Mayer-Tasch u. Klaus M. Meyer-Abich (1979): Energiepolitik ohne Basis. Vom bürgerlichen Ungehorsam zu einer neuen Energiepolitik. 2. Aufl. Frankfurt a.M.
Anschütz, Gerhard (1933): Die Verfassung des Deutschen Reiches vom 11. August 1919. 14. Aufl. Berlin (Neudr. 1960)
Aristoteles (1981): Politik. Übers. u. mit erklärenden Anm. versehen v. Eugen Rolfes mit e. Einleitung v. Günther Bien. 4. Aufl. Hamburg
Aristoteles (1986): Politik. Übers. u. hrsg. v. Olof Gigon. 6. Aufl. München
Augustinus, Aurelius (1979): Der Gottesstaat – De civitate Dei. In dt. Sprache von Carl Johann Perl. 2 Bde. Paderborn u.a.
Bachof, Otto (1954): Begriff und Wesen des sozialen Rechtsstaats. In: Veröffentlichungen der Vereinigung der deutschen Staatsrechtslehrer 12 (1954), S. 37ff.
Bähr, Otto (1864): Der Rechtsstaat. Eine publizistische Skizze. Kassel, Göttingen
Ballestrem, Karl Graf (1983): Vertragstheoretische Ansätze in der Politischen Philosphie. In: Zeitschrift für Politik N. F. 30 (1983) H. 1, S. 3–17
Barschel, Uwe (1982): Die Staatsqualität der deutschen Länder. Ein Beitrag zur Theorie und Praxis des Föderalismus in der Bundesrepublik Deutschland. Heidelberg, Hamburg
Beck, Ulrich (1986): Risikogesellschaft. Frankfurt a.M.
Berve, Helmut (1933): Griechische Geschichte. Bd. 2. Freiburg i.Br.
Binkley, Wilfried E. u. Malcolm C. Moos (1958): A grammar of American politics. The national government. 3. Aufl. New York
Birnbacher, Dieter (1988): Verantwortung für zukünftige Generationen. Stuttgart
Birnbacher, Dieter (Hrsg.) (1980): Ökologie und Ethik. Stuttgart
Blümel, Willi (1977): Die Standortvorsorgeplanung für Kernkraftwerke und

andere umweltrelevante Großvorhaben in der Bundesrepublik Deutschland. In: Deutsches Verwaltungsblatt 92 (1977) H. 7, S. 301–322
Bloch, Marc (1961): Les rois thaumaturges (1923). Paris
Bodin, Jean (1981; 1986): Über den Staat. Sechs Bücher über den Staat. Übers. u. mit Anm. versehen v. Bernd Wimmer. Eingel. u. hrsg. v. P. C. Mayer-Tasch. 2 Bde. München
Böckenförde, Ernst-Wolfgang (1969): Entstehung und Wandel des Rechtsstaatsbegriffes. In: Festschrift für Adolf Arndt zum 65. Geburtstag. Hrsg. v. Horst Ehmke u. a. Frankfurt a. M., S. 53–76
Böckenförde, Ernst-Wolfgang (1981): Die sozialen Grundrechte im Verfassungsgefüge. In: ders., Jürgen Jekewitz u. Thilo Ramm (Hrsg.), Soziale Grundrechte. 5. Rechtspolitischer Kongreß der SPD vom 29. Februar bis 2. März 1980 in Saarbrücken. Dokumentation: Teil 2, Heidelberg, S. 7–16
Boethius, Anicius Anlius Severinus (1932): Trost der Philosophie. Lat.-dt. Übers. v. Eberhard Gothein. Berlin
Brakelmann, Günter (1981): Die soziale Frage des 19. Jahrhunderts. 7. Aufl. Bielefeld
Brandt, Reinhard (1974): Eigentumstheorien von Grotius bis Kant. Stuttgart-Bad Cannstatt
Brück, Gerhard W. (1989): Von der Utopie zur Weltanschauung. Zur Geschichte und Wirkung der sozialen Ideen in Europa. Köln
Bruno, Giordano (1923): Von der Ursache, dem Prinzip und dem Einen. Übers. u. mit Anm. v. Adolf Lasson. Leipzig
Brunner, Georg u. Boris Meissner (Hrsg.) (1979): Verfassungen der kommunistischen Staaten. Paderborn u. a.
Bull, Hans P. (1973): Die Staatsaufgaben nach dem Grundgesetz. Frankfurt a. M.
Der Bundesminister des Innern u. Der Bundesminister der Justiz (Hrsg.) (1983): Staatszielbestimmungen, Gesetzgebungsaufträge. Bericht der Sachverständigenkommission. Bonn
Burke, Edmund (1987): Betrachtungen über die Französische Revolution. Deutsch v. Friedrich Gentz u. Rosa Schnabel. Zürich
Capelle, Wilhelm (Hrsg.) (1968): Die Vorsokratiker. Stuttgart
Comey, David Dinsmore (1976): Die sozialen Zwänge der Kernenergie. In: Kernenergie – offen bilanziert. Magazin Brennpunkte 4, Frankfurt a. M., S. 123–138
Contiades, Ion (1967): Verfassungsgesetzliche Strukturbestimmungen. Stuttgart u. a.
Damaschke, Adolf (1913): Geschichte der Nationalökonomie. Jena
Dennert, Jürgen (Hrsg.) (1968): Beza, Brutus, Hofman. Calvinistische Monarchomachen. Übers. v. Hans Klingelhöfer. Eingel. v. Jürgen Dennert. Köln, Opladen
Deuerlein, Ernst (1972): Föderalismus. Die historischen und philosophischen Grundlagen des föderativen Prinzips. Bonn
Doran, Charles F., Manfred O. Hinz u. P. C. Mayer-Tasch (1974): Umweltschutz – Politik des peripheren Eingriffs. Eine Einführung in die Politische Ökologie. Darmstadt, Neuwied

Ehrenberg, Victor (1957): Der Staat der Griechen. Teil 1. Leipzig
Elazar, Daniel J. (1987): Exploring federalism. Tuscaloosa
Engels, Friedrich (1958): Die Lage der arbeitenden Klasse in England. Nach eigner Anschauung und authentischen Quellen. Berlin (MEW 2), S. 225–506
Epikur (1949): Von der Überwindung der Furcht. Katechismus, Lehrbriefe, Spruchsammlung, Fragmente. Eingel. u. übers. v. Olof Gigon. Zürich
Eriugena, Johannes Scotus (1983): Über die Einteilung der Natur. Übers. v. Ludwig Noack. Hamburg
Ermacora, Felix (1970): Allgemeine Staatslehre. Vom Nationalstaat zum Weltstaat. 2 Bde. Berlin
Eschenburg, Theodor (1956): Herrschaft der Verbände? Stuttgart
Fetscher, Iring (1976): Herrschaft und Emanzipation. Zur Philosophie des Bürgertums. München
Feuerbach, Paul Johann Anselm (1798): Anti-Hobbes oder Über die Grenzen der höchsten Gewalt und das Zwangsrecht der Bürger gegen den Oberherrn. Erfurt
Fichte, Johann G. (1920): Rechtslehre. Hrsg. v. Hans Schulz. Leipzig
Fichte, Johann G. (1929): Einige Vorlesungen über die Bestimmung der Gelehrten (Jena 1794). In: Fichtes Schriften zur Gesellschaftsphilosophie. II. Teil. Die drei Schriften über die Gelehrten. Eingel. u. mit Anm. vers. v. Hans Riehl. Jena, S. 33–98
Fichte, Johann G. (1979): Der geschloßne Handelsstaat. Ein philosophischer Entwurf als Anhang zur Rechtslehre, und Probe einer künftig zu liefernden Politik; mit einem bisher unbekannten Manuskript Fichtes ›Ueber Staatswirthschaft‹. Auf d. Grundlage d. Ausg. v. Fritz Medicus hrsg. u. mit e. Einl. vers. v. Hans Hirsch. Hamburg
Fleckenstein, Josef (1989): Ordnungen und formende Kräfte des Mittelalters. Göttingen
Forsthoff, Ernst (1971): Der Staat der Industriegesellschaft. Dargestellt am Beispiel der Bundesrepublik Deutschland. 2. Aufl. München
Forsthoff, Ernst (Hrsg.) (1968): Rechtsstaatlichkeit und Sozialstaatlichkeit. Aufsätze und Essay. Darmstadt
France, Anatole (1964): Die rote Lilie. Hamburg
Frenkel, Max (1984): Föderalismus und Bundesstaatlichkeit. Band 1: Föderalismus. System, Recht und Probleme des Bundesstaates im Spannungsfeld von Demokratie und Föderalismus. Bern
Friauf, Karl H. (1971): Zur Rolle der Grundrechte im Interventions- und Leistungsstaat. In: Deutsches Verwaltungsblatt 86 (1971), H. 18, S. 674–682
Galilei, Galileo (1987): Dialog über die beiden hauptsächlichen Weltsysteme, das ptolemäische und das kopernikanische (Auszüge). In: ders., Schriften, Briefe, Dokumente. Hrsg. von Anna Mudry. Bd. 1: Schriften. München
Gehlen, Arnold (1956): Industrielle Gesellschaft und Staat – Über einige Triebkräfte des politischen Lebens der Gegenwart. In: Wort und Wahrheit 11 (1956), S. 665–674
Gierke, Otto von (1954 a): Das deutsche Genossenschaftsrecht. 4 Bde. Graz

Gierke, Otto von (1954b): Das Wesen der menschlichen Verbände. Sonderausg. Darmstadt

Gneist, Rudolf von (1958): Der Rechtsstaat und die Verwaltungsgerichte in Deutschland. 3. Aufl. Darmstadt (Fotomechan. Nachdr. d. 2. umgearb. u. erw. Aufl. v. 1879)

Gough, J. W. (1967): The social contract. A critical study of its development. 2. Aufl. Oxford

Grebing, Helga (1966): Geschichte der deutschen Arbeiterbewegung. Ein Überblick. 2. Aufl. München

Gruhl, Herbert (1984): Ein Planet wird geplündert. Frankfurt a. M.

Gruhl, Herbert (Hrsg.) (1984): Glücklich werden die sein ... Zeugnisse ökologischer Weltsicht aus vier Jahrtausenden. Düsseldorf

Häberle, Peter (1972): Grundrechte im Leistungsstaat. In: Veröffentlichungen der Vereinigung der deutschen Staatsrechtslehrer 30 (1972), S. 43–141

Häberle, Peter (1988): 1789 als Teil der Geschichte. Gegenwart und Zukunft des Verfassungsstaats. In: Jahrbuch des öffentlichen Rechts der Gegenwart, N. F. 37 (1988), S. 35–64

Habermas, Jürgen (1962): Strukturwandel der Öffentlichkeit. Untersuchungen zu einer Kategorie der bürgerlichen Gesellschaft. Darmstadt, Neuwied

Hamilton, Alexander, James Madison u. John Jay (1958): Der Föderalist. Hrsg. u. mit e. Einführung versehen v. Felix Ermacora. Wien

Harrington, James (1973): Politische Schriften. In der Übers. v. Dagmar Herwig u. Jürgen Gebhardt. Hrsg. u. eingel. v. Jürgen Gebhardt. München

Harrington, James (1980): The Oceana and other works. With an account of his life by John Toland. 2. Nachdr. d. Ausg. London 1771. Aalen

Hartwich, Hans-H. (1977): Sozialstaatspostulat und gesellschaftlicher Status quo. 2. Aufl. Opladen

Hattenhauer, Hans (1971): Zwischen Hierarchie und Demokratie. Eine Einführung in die geistesgeschichtlichen Grundlagen des geltenden deutschen Rechts. Karlsruhe

Hegel, Georg Friedrich Wilhelm (1970a): Werke. Bd. 7: Grundlinien der Philosophie des Rechts. Frankfurt a. M.

Hegel, Georg Friedrich Wilhelm (1970b): Werke. Bd. 13: Vorlesungen über die Ästhetik. Frankfurt a. M.

Hegel, Georg Friedrich Wilhelm (1974): Vorlesungen über Rechtsphilosophie 1818–1831. 4. Band. Edition u. Kommentar in sechs Bänden von Karl-H. Ilting. Stuttgart-Bad Cannstatt

Heidegger, Martin (1978): Die Techik und die Kehre. Pfullingen

Heidegger, Martin (1984): Was heißt Denken? Tübingen

Heilmann, Alfons u. H. Kraft (Hrsg.) (1963): Texte der Kirchenväter. Eine Auswahl nach Themen geordnet. Bd. 1. München

Heller, Hermann (1930): Rechtsstaat oder Diktatur? Tübingen

Heller, Hermann (1983): Staatslehre. In der Bearb. v. Gerhart Niemeyer. 6. rev. Aufl. Tübingen

Hennis, Wilhelm (1968): Politik als praktische Wissenschaft. Aufsätze zur Politischen Theorie und Regierungslehre. München

Hennis, Wilhelm (1973): Die mißverstandene Demokratie. Freiburg i. Br.
Henseler, Peter (1983): Verfassungsrechtliche Aspekte zukunftsbelastender Parlamentsentscheidungen. In: Archiv des öffentlichen Rechts 108 (1983), S. 489–560
Hesse, Konrad (1962): Der unitarische Bundesstaat. Karlsruhe
Hertig, Hans Peter (1984): Volksabstimmungen. In: Handbuch Politisches System der Schweiz. Bd. 2. Bern, Stuttgart, S. 247–279
Hildegard von Bingen (1972): Der Mensch in der Verantwortung. Das Buch der Lebensverdienste (Liber vitae meritorum). Nach den Quellen übers. u. erl. v. Heinrich Schipperges. Salzburg
Hobbes, Thomas (1969): Leviathan oder Wesen, Form und Gewalt des kirchlichen und bürgerlichen Staates. I.: Der Mensch. II.: Der Staat. In der Übersetzung v. Dorothee Tidow mit einem Essay ›Zum Verständnis des Werkes‹, einem biograph. Grundriß u. einer Bibliographie hrsg. v. Peter Cornelius Mayer-Tasch. 2. Aufl. Reinbek
Höffe, Otfried (1980): Umweltschutz als Staatsaufgabe – Umrisse einer rechtsphilosophischen Begründung. In: Mensch und Umwelt – Festgabe der Rechts-, Wirtschafts- und Sozialwissenschaftlichen Fakultät der Univ. Freiburg (Schweiz) zum Schweizerischen Juristentag 1980. Freiburg i. Ue., S. 307 ff.
Höffe, Otfried (1983): Natur als Orientierungspunkt der Ethik. Frankfurt a. M.
Höffe, Otfried (Hrsg.) (1975): Einführung in die utilitaristische Ethik. Klassische und zeitgenössische Texte. München
Hoffmann, Hasso (1986): Nachweltschutz als Verfassungsfrage. In: Zeitschrift für Rechtspolitik 19 (1986), S. 87–90
Hoffmann, Hasso (1988): Natur und Naturschutz im Spiegel des Verfassungsrechts. In: Juristenzeitung 43 (1988) H. 6, S. 265–278
Hofmann, Werner (unter Mitwirkung v. Wolfgang Abendroth) (1971): Ideengeschichte der sozialen Bewegungen des 19. und 20. Jahrhunderts. 4. Aufl. Berlin u. a.
Humboldt, Wilhelm von (1962): Ideen zu einem Versuch, die Grenzen der Wirksamkeit des Staates zu bestimmen. Nachw. v. Dietrich Spitta. Stuttgart
Huster, Ernst-U. (1989): Ethik des Staats. Zur Begründung politischer Herrschaft in Deutschland. Frankfurt a. M. u. a.
Ihering, Rudolf von (1891): Der Kampf um's Recht. 10. Aufl. Wien
Imboden, Max (1959): Montesquieu und die Lehre von der Gewaltenteilung. Berlin
Immler, Hans (1985): Natur in der ökonomischen Theorie. Teil 1: Vorklassik – Klassik – Marx. Teil 2: Naturherrschaft als ökonomische Theorie – Die Physiokraten. Opladen
Internationale Juristenkommission (1962): Spain and the rule of law. Genf
Joachim von Fiore (1955): Das Buch des heiligen Geistes. Bearb. v. Alfons Rosenberg. Übers. aus d. lat. Originalwerken v. R. Birchler. München-Planegg
Jonas, Hans (1979): Das Prinzip Verantwortung. Frankfurt a. M.

Jungk, Robert (1977): Der Atom-Staat. Vom Fortschritt in die Unmenschlichkeit. München
Kaiser, Joseph H. (1956): Die Repräsentation organisierter Interessen. Berlin
Kant, Immanuel (1954): Metaphysik der Sitten. 2 Teile. Hrsg. v. Karl Vorländer. Hamburg
Kant, Immanuel (1957): Kritik der Urteilskraft. Akademie-Textausgabe. Bd. 5. Berlin
Kant, Immanuel (1964): Werke in 6 Bdn. Hrsg. v. Wilhelm Weischedel. Bd. 6: Schriften zur Anthropologie, Geschichtsphilosophie, Politik und Pädagogik. Darmstadt
Kelsen, Hans (1928): Vom Wesen und Wert der Demokratie. Tübingen
Kern, Fritz (1914): Gottesgnadentum und Widerstandsrecht im frühen Mittelalter. Zur Entwicklungsgeschichte der Monarchie. Leipzig
Kimminich, Otto (1988): Umweltverfassungsrecht. In: ders., Heinrich v. Lersner u. Peter Christoph Storm, Handwörterbuch des Umweltrechts. Bd. 2. Berlin, S. 874ff.
Kloepfer, Michael (1988): Umweltschutz und Verfassungsrecht – Zum Umweltschutz als Staatspflicht. In: Deutsches Verwaltungsblatt 103 (1988), S. 305–316
Kloepfer, Michael (Hrsg.) (1989): Umweltstaat. Berlin u.a.
Koehler, Gottfried (1938): Inan de Mariarc als politischer Denker. Ein Beitrag zum spanischen Anti-Absolutismus im 16. Jahrhundert. Dresden, Leipzig
Kohr, Leopold (1965): Weniger Staat. Gegen die Übergriffe der Obrigkeit. Wien, Düsseldorf
Kommentar zum Grundgesetz für die Bundesrepublik Deutschland. 2 Bde. Bearb. v. R. Bäumlin u.a. 2. Aufl. Neuwied 1989
Koschaker, Paul (1958): Europa und das römische Recht. 3. Aufl. München
Künzli, Arnold (1986): Mein und Dein. Zur Ideengeschichte der Eigentumsfeindschaft. Köln
Lang, Kaspar (1971): Die Philosophie des Föderalismus. Versuch einer ethisch fundierten Staatsphilosophie der Verantwortung. Zürich
Lassalle, Ferdinand (1919): Gesammelte Reden und Schriften. Hrsg. v. Eduard Bernstein. Berlin
Lassalle, Ferdinand (o.J.): Arbeiterprogramm. In: ders., Gesamtwerke. Bd. 1: Politische Reden und Schriften. Hrsg. v. Erich Blum. Leipzig, S. 156–200
Laufer, Heinz (1985): Das föderative System der Bundesrepublik Deutschland. 5. Aufl. München
Leibholz, Gerhard u. H.J. Rinck (1988): Grundgesetz für die Bundesrepublik Deutschland. Kommentar an Hand der Rechtsprechung des Bundesverfassungsgerichts. Loseblattausg. 6. Aufl. Köln-Marienburg
Leibniz, Gottfried Wilhelm (1967): Die Hauptwerke. Zusammengefaßt u. übertr. v. Gerhard Krüger. Stuttgart
Leimbacher, Jörg (1988): Die Rechte der Natur. Basel, Frankfurt a.M.
Locke, John (1974): Über die Regierung. In der Übers. v. Dorothee Tidow mit e. Nachw. hrsg. v. Peter Cornelius Mayer-Tasch. Rev. Fassung der 1966 erstmals publ. Ausg. Stuttgart

Ludwig, Walter (1928): Lord Bolingbroke und die Aufklärung. Eine Untersuchung seiner Geschichtsauffassung und seiner Staatstheorie. Heidelberg

Lübbe, Hermann u. Elisabeth Ströker (Hrsg.) (1986): Ökologische Probleme im kulturellen Wandel. O. O.

Macpherson, Crawford B. (1967): Die politische Theorie des Besitzindividualismus. Von Hobbes bis Locke. Frankfurt a. M.

Malunat, Bernd M. (1988): Weltnatur und Staatenwelt. Gefahren unter dem Gesetz der Ökonomie. Zürich u. a.

Marburger, P. (1981): Das technische Risiko als Rechtsproblem. Bitburger Gespräche, Jahrbuch 1981

Marcuse, Herbert (1973): Konterrevolution und Revolte. Frankfurt a. M.

Marsilius von Padua (1958): Der Verteidiger des Friedens. Darmstadt

Marx, Karl (1969): Das Kapital. Kritik der politischen Ökonomie. 3 Bde. Berlin (MEW 23–25)

Marx, Karl (1983): Thesen über Feuerbach. Berlin (MEW 3), S. 5–7

Marx, Karl u. Friedrich Engels (1959): Manifest der Kommunistischen Partei. Berlin (MEW 4), S. 459–493

Marx, Karl u. Friedrich Engels (1983): Die deutsche Ideologie. Berlin (MEW 3)

Maunz, Theodor u. Reinhold Zippelius (1985): Deutsches Staatsrecht. 23. Aufl. München

Mayer-Tasch, Peter Cornelius (1965): Thomas Hobbes und das Widerstandsrecht. Tübingen

Mayer-Tasch, Peter Cornelius (1971): Korporativismus und Autoritarismus. Eine Studie zur Theorie und Praxis der berufsständischen Rechts- und Staatsidee. Frankfurt a. M.

Mayer-Tasch, Peter Cornelius (1974): John Locke – Der Weg zur Freiheit. In: John Locke, Über die Regierung. Stuttgart, S. 189–231

Mayer-Tasch, Peter Cornelius (1976): Hobbes und Rousseau. 2. Aufl. Aalen

Mayer-Tasch, Peter Cornelius (1978): Umweltrecht im Wandel. Wiesbaden

Mayer-Tasch, Peter Cornelius (1979, zus. m. Carl Amery u. Klaus Michael Meyer-Abich): Energiepolitik ohne Basis. Vom bürgerlichen Ungehorsam zur energiepolitischen Wende. 2. Aufl. Frankfurt a. M.

Mayer-Tasch, Peter Cornelius (1980): Ökologie und Grundgesetz. Irrwege, Auswege. Frankfurt a. M.

Mayer-Tasch, Peter Cornelius (1984): Der Weg vom Rechtsstaat zum Atomstaat wird gepflastert. In: Alexander Roßnagel (Hrsg.), Recht und Technik im Spannungsfeld der Kernenergiekontroverse. Opladen, Wiesbaden, S. 64–87

Mayer-Tasch, Peter Cornelius (1985 a): Aus dem Wörterbuch der Politischen Ökologie. München

Mayer-Tasch, Peter Cornelius (1985 b): Die Bürgerinitiativbewegung. Der aktive Bürger als rechts- und politikwissenschaftliches Problem. 5. Aufl. Reinbek

Mayer-Tasch, Peter Cornelius (1987, in Verbindung m. Franz Kohout,

Bernd M. Malunat u. K. Peter Merk): Die verseuchte Landkarte. Das grenzen-lose Versagen der internationalen Umweltpolitik. München
Mayer-Tasch, Peter Cornelius (1988): Widerstandsrecht und Widerstandspflicht im Zeichen der sozioökologischen Krisen. In: Schweizerische Akademie der Geisteswissenschaften (Hrsg.), Widerstand im Rechtsstaat. 10. Kolloquium 1987 der Schweizerischen Akademie. Freiburg i. Ue., S. 29–43
Mayer-Tasch, Peter Cornelius (1990a): Fortschritt in Kritik und Vertrauen. In: Kritik und Vertrauen. Festschrift für Peter Schneider zum 70. Geburtstag. Hrsg. v. Erhard Denninger u.a. Frankfurt a.M., S. 246–267
Mayer-Tasch, Peter Cornelius (1990b): Ein Netz für Ikarus. 2. Aufl. München
Mayer-Tasch, Peter Cornelius (Hrsg.) (1975): Die Verfassungen der nichtkommunistischen Staaten Europas. Mit e. Essay, verfassungsgeschichtl. Abrissen u. e. vergleichenden Sachreg. hrsg. v. Peter Cornelius Mayer-Tasch in Verb. m. Ion Contiades. 2., neubearb. Aufl. München
Mayer-Tasch, Peter Cornelius (Hrsg.) (1986): Die Luft hat keine Grenzen. Internationale Umweltpolitik. Fakten und Trends. Frankfurt a.M.
Merk, Kurt Peter (1991): Der Generationenvertrag oder das Dilemma der Kinder. Frankfurt a.M.
Meyer, Thomas u.a. (Hrsg.) (1986): Lexikon des Sozialismus. Köln
Meyer-Abich, Klaus Michael (1984): Wege zum Frieden mit der Natur. München
Mill, John Stuart (1974): Über die Freiheit. Aus d. Engl. übers. v. Bruno Lemke. Mit Anhang u. Nachw. hrsg. v. Manfred Schlenke. Stuttgart
Miller, Susanne u. Heinrich Potthoff (1988): Kleine Geschichte der SPD. Darstellung und Dokumentation, 1848–1983. 6. Aufl. Bonn
Mitteis, Heinrich (1955): Der Staat des hohen Mittelalters. Grundlinie einer vergleichenden Verfassungsgeschichte des Lehnzeitalters. 5. Aufl. Weimar
Mohl, Robert von (1962): Staatsrecht, Völkerrecht und Politik. Monographien. (Nachdr. d. Ausg. 1860–69) Graz
Montesquieu, Charles Louis de Secondat (1951): Vom Geist der Gesetze. In neuer Übertragung, eingel. u. hrsg. v. Ernst Forsthoff. 2. Bde. Tübingen
Morus, Thomas (1976): Utopia. Übertr. v. Gerhard Ritter m. e. Nachw. v. Eberhard Jäckel. Stuttgart
Murswiek, Dietrich (1985): Die staatliche Verantwortung für die Risiken der Technik. Berlin
Murswiek, Dietrich (1988): Umweltschutz – Staatszielbestimmung oder Grundsatznorm. In: Zeitschrift für Rechtspolitik 21 (1988), S. 14–20
Nell-Breuning, Oswald von (1986): Sozialenzykliken. In: Th. Meyer u.a. (Hrsg.), Lexikon des Sozialismus. Köln 1986, S. 554ff.
Nestle, Wilhelm (Hrsg.) (1929): Die Vorsokratiker. 3. Aufl. Leipzig
Neumann, Lothar F. u. Klaus Schaper (1984): Die Sozialordnung der Bundesrepublik Deutschland. 3. Aufl. Bonn
Nietzsche, Friedrich (1913): Werke. Abt. 1, Bd. 6: Also sprach Zarathrustra. Leipzig
Nikolaus von Kues (1971): Mutmaßungen. Übers., mit Einf. u. Anm. hrsg. v. Josef Koch u. Winfried Happ (lat.-dt.). Hamburg

Olson, Mancur (1968): Die Logik des kollektiven Handelns. Tübingen
Opielka, Michael u. Georg Vobruba (Hrsg.) (1986): Das garantierte Grundeinkommen. Erklärung und Perspektiven einer Forderung. Frankfurt a. M.
Opitz, Peter J. (1984): Thomas Hobbes. In: Kurt Faßmann (Hrsg.), Exempla historica. Epochen der Weltgeschichte in Biographien. Die Konstituierung der neuzeitlichen Welt: Philosophien. Frankfurt a. M., S. 123–145.
Owen, Robert (1947): A new view of society and other writings. London, New York
Peters, Heinz-Joachim (1987): Praktische Auswirkungen eines im Grundgesetz verankerten Staatsziels Umweltschutz. In: Natur und Recht 9 (1987) Heft 7, S. 293–296
Platon (1957): Sämtliche Werke. Bd. 2: Symposion. Übers. v. Friedrich Schleiermacher. Reinbek
Platon (1958): Sämtliche Werke. Bd.4 : Die Gesetze (Nomoi). Übers. v. Friedrich Schleiermacher. Reinbek
Platon (1976): Sämtliche Werke. Bd. 3: Staat (Politeia). In der Übersetzung v. Friedrich Schleiermacher mit d. Stephanus-Numerierung. Reinbek
Popitz, Heinrich (1986): Phänomene der Macht. Autorität – Herrschaft – Gewalt – Technik. Tübingen
Proudhon, Pierre J. (1963): Was ist das Eigentum? Erste Denkschrift. Untersuchung über den Ursprung und die Grundlagen des Rechts und der Herrschaft. In: ders., Ausgewählte Texte. Hrsg. u. eingel. v. Thilo Ramm. Stuttgart, S. 1–119
Pufendorf, Samuel (1921): Über die Verfassung des deutschen Reiches. Verdeutscht u. eingel. v. H. Breslau. Berlin
Pseudo-Dionysius Areopagita (1986): Über die himmlische Hierarchie – Über die kirchliche Hierarchie. Übers. u. mit Anm. vers. v. Günter Heil. Stuttgart
Quaritsch, Helmut (1970): Staat und Souveränität. Frankfurt a. M.
Rauschning, Dietrich (1980): Staatsaufgabe Umweltschutz. In: Veröffentlichungen der Vereinigung der deutschen Staatsrechtslehrer 38 (1980), S. 167–210
Rauschning, Dietrich (1986): Aufnahme einer Staatszielbestimmung über Umweltschutz in das Grundgesetz. In: Die öffentliche Verwaltung 39 (1986), S. 489–496
Rawls, John (1975): Eine Theorie der Gerechtigkeit. Frankfurt a. M.
Ricardo, David (1972): Grundsätze der politischen Ökonomie und der Besteuerung. Hrsg. v. Fritz Neumark. Frankfurt a. M.
Richter, Emmanuel (1983): Leitbilder des europäischen Föderalismus. Die Entwicklungsgeschichte der Idee eines europäischen Bundesstaates bis zum Beginn des 20. Jahrhunderts. Bonn
Ridder, Helmut (1975): Die soziale Ordnung des Grundgesetzes. Leitfaden zu den Grundrechten einer demokratischen Verfassung. Opladen
Ritter, Joachim (1965): Hegel und die französische Revolution. Frankfurt a. M.
Röhrich, Wilfried (1972): Sozialvertrag und bürgerliche Emanzipation. Von Hobbes bis Hegel. Darmstadt

Roellecke, Gerd (1969): Der Begriff des positiven Gesetzes und das Grundgesetz. Mainz
Rosenstock, Eugen (1919): Der ewige Progreß des Rechts gegen den Staat. Leipzig
Roßnagel, Alexander (1983): Bedroht die Kernenergie unsere Freiheit? Das künftige Sicherungssystem kerntechnischer Anlagen. München
Roßnagel, Alexander (1984): Radioaktiver Zerfall der Grundrechte. Mit Kommentaren v. P. C. Mayer-Tasch u. Peter Saladin. München
Rousseau, Jean-Jacques (1983): Vom Gesellschaftsvertrag oder Grundsätze des Staatsrechts. In Zusammenarb. m. Eva Pietzcker neu übers. u. hrsg. v. Hans Brockard. Stuttgart
Rousseau, Jean-Jacques (1984): Diskurs über die Ungleichheit. Krit. Ausg. des integralen Texts. Mit sämtl. Fragmenten u. erg. Materialien nach d. Originalausgaben u. d. Handschriften neu ediert, übers. u. kommentiert v. Heinrich Meier. Paderborn u.a.
Rupp, Hans H. (1971): Die verfassungsrechtliche Seite des Umweltschutzes. In: Juristenzeitung 26 (1971), S. 401–404
Rupp, Hans H. (1985): Ergänzung des Grundgesetzes um eine Vorschrift über den Umweltschutz? In: Deutsches Verwaltungsblatt 100 (1985), S. 990ff.
Saage, Richard (1973): Eigentum, Staat und Gesellschaft bei Immanuel Kant. Stuttgart u.a.
Sabine, George H. (1961): A history of political theory. 3. Aufl. New York
Sahlins, Marshall (1972): Stone age economics. New York
Samsinger, Elmar (1984): Föderalismus. Wien
Schachtschabel, Hans G. (1939): Der gerechte Preis. Geschichte einer wirtschaftsethischen Idee. Berlin
Scheuner, Ulrich (1971): Die Funktion der Grundrechte im Sozialstaat. Die Grundrechte als Richtlinie und Rahmen der Staatstätigkeit. In: Die öffentliche Verwaltung 24 (1971), S. 505–513
Scheuner, Ulrich (1975): Der Staat und die intermediären Kräfte. In: Zeitschrift für evangelische Ethik 1 (1975), S. 34ff.
Schiller, Friedrich (1953): Wilhelm Tell. Ein Schauspiel. Stuttgart
Schilling, Kurt (1957): Geschichte der sozialen Ideen. Individuum, Gemeinschaft, Gesellschaft. Stuttgart
Schinzinger, Francesca (1977): Ansätze ökonomischen Denkens von der Antike bis zur Reformationszeit. Darmstadt
Schluchter, Wolfgang (1979): Die Entwicklung des okzidentalen Rationalismus. Tübingen
Schmitt, Carl (1932): Legalität und Legitimität. Berlin
Schmitt, Carl (1954): Gespräch über die Macht und den Zugang zum Machthaber. Pfullingen
Schmitt, Carl (1963): Der Begriff des Politischen. Text von 1932 m. e. Vorw. u. drei Corollarien. Berlin
Schmitt, Carl (1970): Verfassungslehre. 5. unveränd. Aufl. (Unveränd. Nachdr. d. 1. Aufl. 1928). Berlin

Schmitt, Carl (1979): Politische Theologie. Vier Kapitel zur Lehre von der Souveränität. 3. Aufl. Berlin

Schmitt, Carl (1981): Land und Meer. Eine weltgeschichtliche Betrachtung. Köln

Schmitt, Carl (1984): Römischer Katholizismus und politische Form. Stuttgart

Schneider, Peter (1957): Ausnahmezustand und Norm. Eine Studie zur Rechtslehre von Carl Schmitt. Stuttgart

Schneider, Peter (1988): Im Zweifel für die Freiheit. In: Kritik. Vierteljahresschrift für Gesetzgebung und Rechtswissenschaft (1988) H. 4, S. 294 ff.

Schodder, Thomas F. W. (1988): Föderative Gewaltenteilung in der Bundesrepublik Deutschland. Eine Untersuchung ihrer gegenwärtigen Wirkungen und Probleme. Frankfurt a. M.

Schönherr, Hans-Martin (1989a): Von der Schwierigkeit, Natur zu verstehen. Entwurf einer negativen Ökologie. Frankfurt a. M.

Schönherr, Hans-Martin (1989b): Die Technik und die Schwäche. Ökologie nach Nietzsche, Heidegger und dem »schwachen« Denken. Wien

Schwan, Hartmut Heinrich (1982): Die deutschen Bundesländer im Entscheidungssystem der Europäischen Gemeinschaften. Berlin

Sening, Christoph (1985): Umweltzerstörung, Recht und Information. In: Natur und Recht 7 (1985) H. 4, S. 125–133

Seydel, Max von (1873): Commentar zur Verfassungsurkunde für das Deutsche Reich. Würzburg

Sichel, Walter (1901): Bolingbroke and his times. London

Sieferle, Rolf P. (1983): Fortschrittsfeinde? Opposition gegen Technik und Industrie von der Romantik bis zur Gegenwart. München

Sievers, Peter von (Hrsg.) (1969): Respublica christiana. München

Sieyès, Emanuel de (1924): Was ist der dritte Stand? Berlin

Sitter, Beat (1984): Plädoyer für das Naturrechtsdenken. Zur Anerkennung von Eigenrechten der Natur. Basel

Sitter, Beat (1988): Ethik der technisch wissenschaftlichen Zivilisation. Plädoyer für Würde und Eigenrecht der Natur und ein Überleben der Menschheit. In: Mensch Natur Gesellschaft 2 (1988), S. 61 ff.

Smith, Adam (1974): Der Wohlstand der Nationen. Eine Untersuchung seiner Natur und seiner Ursachen. Aus d. Engl. übertr. u. mit e. Würdigung v. Horst Claus Recktenwald. München

Soell, Hermann (1985): Umweltschutz ein Grundrecht? In: Natur und Recht 7 (1985), S. 205–213

Sörgel, Werner (1969): Konsensus und Interesse. Eine Studie zur Entstehung des Grundgesetzes für die Bundesrepublik Deutschland. Stuttgart

Spinoza, Baruch (1955): Theologisch-politisches Traktat. Übertr. u. eingel. von Carl Gebhardt. Hamburg

Spinoza, Baruch (1979): Werke. Bd. 1: Theologisch-politisches Traktat. Darmstadt

Stein, Lorenz von (1959): Geschichte der sozialen Bewegung in Frankreich von 1789 bis auf unsere Tage. 3 Bde. Darmstadt

Stein, Ludwig (1903): Die soziale Frage im Lichte der Philosophie. 2. Aufl. Stuttgart

Steinberg, Rudolf (Hrsg.) (1984): Staat und Verbände. Darmstadt

Stone, Christopher P. (1987): Umwelt vor Gericht. Die Eigenrechte der Natur. München (dt. Übers. v.: Should trees have standing? 1972)

Stricker, Günter (1967): Das politische Denken der Monarchomachen. Ein Beitrag zur Geschichte der politischen Ideen im 16. Jahrhundert. Diss. Heidelberg

Suhr, Dieter (1970): Rechtsstaatlichkeit und Sozialstaatlichkeit. In: Der Staat 9 (1970), S. 67–93

Tanner, Egon (1982): Ökonomisch optimale Aufgabenteilung zwischen den staatlichen Ebenen. Frankfurt a. M.

Tennstedt, Florian (1981): Sozialgeschichte der Sozialpolitik in Deutschland. Vom 18. Jahrhundert bis zum Ersten Weltkrieg. Göttingen

Teutsch, G. (1985): Lexikon der Umweltethik. Düsseldorf

Thieme, Werner (1976): Die Zulässigkeit von Umweltschutzklagen. In: Neue Juristische Wochenschrift 39 (1976), S. 705 ff.

Tholen, Georg Christoph u. Michael O. Scholl (Hrsg.) (1990): Zeit-Zeichen. Weinheim

Thomas von Aquin (1953): Summe der Theologie. Bd. 18: Recht und Gerechtigkeit. Kommentiert v. A. F. Utz. Heidelberg u. a.

Thomas von Aquin (1981): Über die Herrschaft der Fürsten. Übers. v. F. Schreyvogl. Nachwort v. U. Matz. Stuttgart

Tocqueville, Alexis de (1962): Über die Demokratie in Amerika. Stuttgart

Tönnies, Ferdinand (1912): Gemeinschaft und Gesellschaft. Grundbegriffe der reinen Soziologie. 2. Aufl. Berlin

Triepel, Heinrich (1907): Unitarismus und Föderalismus. Eine staatsrechtliche und politische Studie. Tübingen

Tutzinger Forum Ökologie (1990): Vergraben – vergessen – verdrängen. Von alten Altlasten und neuen Altlasten. Tutzinger Materialie Nr. 65

Vahle, Hermann (1974): Boucher und Rossaeus. Zur politischen Theorie und Praxis der französischen Liga (1576–1595). In: Archiv für Kulturgeschichte 56 (1974), S. 313–349.

Vesting, Thomas (1990): Politische Einheitsbildung und technische Realisation. Über die Expansion der Technik und die Grenzen der Demokratie. Baden-Baden

Voegelin, Eric (Hrsg.) (1968): Zwischen Revolution und Restauration. Politisches Denken im England des 17. Jahrhunderts. München

Voigt, Alfred (Hrsg.) (1965): Der Herrschaftsvertrag. Übersetzungen v. Peter Badura u. Hasso Hofmann. Neuwied, Berlin

Waitz, Georg (1853): Das Wesen des Bundesstaates. In: Allgemeine Kieler Monatsschrift für Wissenschaft und Literatur (1853), S. 494–530

Weber, Max (1979): Vorbemerkung zu den gesammelten Aufsätzen zur Religionstheorie. In: ders., Soziologie, universalgeschichtliche Analysen, Politologie. Hrsg. v. Johannes Winckelmann, Stuttgart

Weyer, Willi (Hrsg.) (1972): Rechtsstaat – Sozialstaat. Stuttgart u. a.

Wissowa, Georg (Hrsg.) (1921): Paulys Realencylopädie der classischen Altertumswissenschaft. 21. Halbband. Neue Bearb. Stuttgart
Wolff, Christian (1980): Grundsätze des Natur- und Völkerrechts. Aalen
Zacher, Hans F. (1983): Sozialstaat und Recht. Grundlagen – Entwicklungen – Krisen. In: Vierteljahresschrift für Sozialrecht 11 (1983). S. 119ff.
Zacher, Hans F. (1989): Vierzig Jahre Sozialstaat – Schwerpunkte der rechtlichen Ordnung. In. N. Blüm u. H. F. Zacher (Hrsg.), 40 Jahre Sozialstaat Bundesrepublik Deutschland. Baden-Baden, S. 19–129
Zenger, Christoph (1988): Rechte künftiger Generationen. Basel

Personenregister

Gesellschaft Politik Wirtschaft

Jean Améry:
Unmeisterliche
Wanderjahre
Aufsätze
dtv/Klett-Cotta 11162

Hannah Arendt:
Zur Zeit
Politische Essays
dtv 11152

Leonhard Bauer/
Herbert Matis:
Geburt der Neuzeit
Vom Feudalsystem zur
Marktgesellschaft
dtv 4466

Hans Boldt:
Deutsche
Verfassungsgeschichte
Band 1: Von den
Anfängen bis zum
Ende des älteren
Deutschen Reiches
dtv 4424
Band 2: Von 1806
bis zur Gegenwart
dtv 4425

Joachim C. Fest:
Aufgehobene
Vergangenheit
dtv 10212

Erich Fromm:
Arbeiter und
Angestellte
am Vorabend
des Dritten Reiches
Eine sozialpsycho-
logische Untersuchung
dtv 4409

Arnold Hauser:
Kunst und
Gesellschaft
dtv 4477

Klassische Texte der
Staatsphilosophie
Herausgegeben von
Norbert Hoerster
dtv 4455

Liebhaber des
Friedens
Herausgegeben von
Hans Jürgen Schultz
dtv 11112

Dagobert Lindlau:
Der Mob
Recherchen zum
organisierten
Verbrechen
dtv 11139

Leona Siebenschön:
Wenn du die Freiheit
hast ...
Die antiautoritäre
Generation wird
erwachsen
dtv 10950

Der Traum
vom besten Staat
Texte aus Utopien
von Platon bis Morris
Hrsg v. H. Swoboda
dtv 2955

Frank Robert Vivelo:
Handbuch der
Kulturanthropologie
dtv/Klett-Cotta 4470

Max Weber
Ein Symposium
Hrsg. v. Ch. Gneuss
und J. Kocka
dtv 4475

Wörterbuch der
Soziologie
Herausgegeben von
G. Endruweit, B. Lutz
und G. Trommsdorff
3 Bände in Kassette
dtv/Enke 3289

Christopher Robert Hallpike:
Die Grundlagen primitiven Denkens

dtv/Klett-Cotta

Ernst R. Sandvoss:
Geschichte der Philosophie

Band 2:
Mittelalter
Neuzeit
Gegenwart

dtv wissenschaft

Rolf Wiggershaus:
Die Frankfurter Schule

Geschichte
Theoretische Entwicklung
Politische Bedeutung

dtv wissenschaft

Geschichte der Philosophie

Wolfgang Bauer:
China und die Hoffnung auf Glück
Paradiese, Utopien, Idealvorstellungen in der Geistesgeschichte Chinas
dtv 4547

Christopher Robert Hallpike:
Die Grundlagen primitiven Denkens
dtv 4534

Willy Hochkeppel:
War Epikur ein Epikureer?
Aktuelle Weisheitslehren der Antike
dtv 10360

Erich Jantsch:
Die Selbstorganisation des Universums
Vom Urknall zum menschlichen Geist
dtv 4397

Klassiker des philosophischen Denkens
Herausgegeben von Norbert Hoerster
2 Bände
dtv 4386/4387

Klassische Texte der Staatsphilosophie
Herausgegeben von Norbert Hoerster
dtv 4455

Panajotis Kondylis:
Die Aufklärung im Rahmen des neuzeitlichen Rationalismus
dtv/Klett-Cotta 4450

Ernst R. Sandvoss:
Geschichte der Philosophie
Band 1: Indien, China, Griechenland, Rom
dtv 4440
Band 2: Mittelalter, Neuzeit, Gegenwart
dtv 4441

Texte zur Ethik
Herausgegeben von Dieter Birnbacher und Norbert Hoerster
dtv 4456

Der Traum vom besten Staat
Texte aus Utopien von Platon bis Morris
Herausgegeben von Helmut Swoboda
dtv 2955

Rolf Wiggershaus:
Die Frankfurter Schule
Geschichte. Theoretische Entwicklung. Politische Bedeutung
dtv 4484